# 汽车诉讼案例评析

王锦奇／编著

法律出版社 LAW PRESS · CHINA
北京

图书在版编目(CIP)数据

汽车诉讼案例评析 / 王锦奇编著. -- 北京 : 法律出版社, 2023
ISBN 978-7-5197-6894-2

Ⅰ. ①汽… Ⅱ. ①王… Ⅲ. ①汽车—经济纠纷—案例—中国 Ⅳ. ①D922.292.5

中国版本图书馆CIP数据核字(2022)第122638号

汽车诉讼案例评析
QICHE SUSONG ANLI PINGXI

王锦奇 编著

策划编辑 朱 峰
责任编辑 马秋婧
装帧设计 贾丹丹

出版发行 法律出版社
编辑统筹 辞书·融出版编辑部
责任校对 晁明慧
责任印制 吕亚莉
经 销 新华书店

开本 787毫米×1092毫米 1/16
印张 20.25 字数 285千
版本 2023年5月第1版
印次 2023年5月第1次印刷
印刷 北京建宏印刷有限公司

地址:北京市丰台区莲花池西里7号(100073)
网址:www.lawpress.com.cn
投稿邮箱:info@lawpress.com.cn
举报盗版邮箱:jbwq@lawpress.com.cn
销售电话:010-83938349
客服电话:010-83938350
咨询电话:010-63939796


书号:ISBN 978-7-5197-6894-2
定价:80.00元
凡购买本社图书,如有印装错误,我社负责退换。电话:010-83938349

# 序　言

1769年，英国人詹姆斯·瓦特发明了蒸汽机，拉开了第一次工业革命的序幕。

1876年，德国工程师尼古拉斯·奥古斯特·奥托成功研制出第一台四部冲程内燃机。

1885年，德国人卡尔·弗里特立奇·本茨购买奥托的专利，并将内燃机和一台加速器安装在一辆三轮马车上，于1886年1月29日申请第一辆三缸汽车专利（专利号：DRP37435），卡尔·本茨获得了世界第一辆汽车发明权，这一天也被认为是现代汽车诞生日。

1886年，德国人戈特利布·戴姆勒制成世界上第一辆四轮汽车，作为四轮汽车的鼻祖，搭载的是1.1匹马力的汽油机。

1887年，奔驰汽车公司成立，1890年戴姆勒公司成立，直到1926年，奔驰戴姆勒合并成为戴姆勒–奔驰公司，开始生产梅赛德斯–奔驰牌汽车。

1888年，法国标致汽车公司成立，并发明了齿轮变速器和差速器。

1896年，亨利·福特成功研制2缸4轮汽车，1903年福特汽车公司成立。1908年福特汽车公司生产出世界上第一辆属于普通百姓的汽车——T型车，汽车开始走进千家万户。

1913年，福特公司最先建立起汽车生产流水线装配系统，是汽车发展演变史的第一次革命，是世界汽车制造业的一次惊天动地的革命，从此，汽车进入了流水线生产化的时代。

汽车是人们的“翅膀”，拥有汽车就拥有了自由，不仅能超越时空的限制，还能尽情追求自己的所爱、自己的事业理想、自己的闲暇、自己的爱情、自己的速度和激情。然而汽车又曾被称为“市虎”“马路如虎口，勿在当中走”，开车行驶在马路上，分分秒秒与死亡擦肩而过……

汽车之所以危险，因为开车本质属于“高速作业”。普通人跑步的速度的极限为10米/秒，持续一小时才为36公里，如果您用这个速度快速跑向一堵墙，不做防护措施，那么势必会头破血流；如果您用这个速度奔跑着不慎摔倒，轻则轻伤，重则导致重伤甚至死亡！

人在36公里/小时的速度下尚且如此，更何况汽车呢？在路面正常顺畅通行时，我们常常不知不觉就到了50公里/小时的速度，如果以50公里/小时的速度撞上一个物体，汽车与被撞击的物体必有重大损伤，驾驶人首当其冲，乘车人也难逃厄运。

笔者对此深有感触：笔者在南京大学求学时的班长于1999年乘坐他人驾驶的汽车行驶在青岛至济南的高速公路上，笔者的班长坐在副驾驶的位置，未系安全带，结果发生交通事故，该车辆撞上了隔离带，车内其他人都只是轻伤，只有笔者的班长飞出车外，脑袋着地不幸身亡。叹息年轻有为、阳光可爱的班长，尚未婚配就撒手人寰，留下年迈的父母，白发人送黑发人，实在是令人扼腕痛惜！

2008年，笔者的一名同事饮酒后驾车，回家过程中撞上路肩，当时这名同事感觉身体无碍，事故发生后打电话安慰家中亲人，甚至联系维修公司维修车辆，但未曾想事故发生时撞到车辆的方向盘并导致身体内脏破裂，最终遗憾去世，留下伤心的妻子、年迈的父母和三个年幼的孩子。

如果我们不谨慎驾驶汽车，不认真遵守交通法规，则死亡随处可见。

2008年的一天，笔者给一位大伯送完葬后就目睹一起惨烈的交通事故。某人回家参加朋友的婚礼，为了饮酒，还专门找了一名司机代驾，但席后其饮酒甚多，执意要自己驾驶汽车，这名司机百般劝阻无济于事，最终只能由其驾驶汽车，驾车驶入公路后，右前方有一辆拖拉机行驶缓慢，其为了超车，大力踩一脚油门加速驶上左侧车道，结果却与对面驶来的满载煤炭的卡车迎头相撞……在一片哭喊声中，煤炭因惯性淹没了驾驶的汽车，大火随之而起，把两辆车、六个人烧得惨不忍睹……

当我们驾驶汽车以120公里/小时的速度行驶时，行驶速度就是33米/秒；以90公里/小时的速度行驶时，行驶速度就是25米/秒。普通人从意识到危险到采取措施至少需要3~4秒的反应时间，所以我们驾驶车辆一定要谨慎，保持良好的精神状态，防止疲劳驾驶，绝不酒后开车！

车祸猛于虎！开车须谨慎，驾车须谨慎！

我们都是普通人，在家是位好父亲、好母亲、好兄弟姐妹；在单位是位好领导、好同事、好员工。平常工作中我们出现一些疏忽大意、过于自信的过失可能没事，或者可能只会损失一些时间、金钱，最严重的可能也仅仅是承担民事责任。但当我们开上自己的爱车，我们的疏忽大意、过于自信的过失等心理甚至会把我们变成罪犯；汽车是人们的翅膀，让人能享受自由和激情，但因为驾驶汽车具有一定的危险性，所以，汽车与人一样有“户口簿”：机动车登记证书；有“身份证”：机动车行驶证；还要悬挂公示汽车的“身份标识”：号码牌。

对于汽车，我国从民法、行政法、刑法等其他法律角度对汽车的管理施以特殊规定，如《民法典》物权编第225条规定的机动车、航空器等特殊动产采取的登记对抗模式;《民法典》侵权责任编第五章以专章的形式规定的机动车交通事故责任;《道路交通安全法》第8条规定国家对机动车实行登记制度；第9条规定申请机动车登记提交的证明；第11条规定机动车悬挂“身份标识”;《刑法》第114条规定的以危险方法危害公共安全罪、第122条规定的劫持汽车罪、第133条规定的交通肇事罪等。

鉴于笔者以上的经历和感悟，笔者整理了自己代理过的汽车诉讼案例，节选了部分最高人民法院公布的指导性案例、公报案例和部分经典案例、参阅案例，精心整理汇编为本书，以期能为各位读者提供一些可借鉴之处，为各位读者从事实务提供裨益。

王锦奇

2022年2月27日

# 法律、法规、相关司法解释及其他规范性文件简称表

| 全称 | 简称 |
| --- | --- |
| 《中华人民共和国民法典》 | 《民法典》 |
| 《中华人民共和国保险法》 | 《保险法》 |
| 《中华人民共和国消费者权益保护法》 | 《消费者权益保护法》 |
| 《中华人民共和国产品质量法》 | 《产品质量法》 |
| 《中华人民共和国道路交通安全法》 | 《道路交通安全法》 |
| 《中华人民共和国劳动争议调解仲裁法》 | 《劳动争议调解仲裁法》 |
| 《中华人民共和国劳动法》 | 《劳动法》 |
| 《中华人民共和国社会保险法》 | 《社会保险法》 |
| 《中华人民共和国商标法》 | 《商标法》 |
| 《中华人民共和国反不正当竞争法》 | 《反不正当竞争法》 |
| 《中华人民共和国专利法》 | 《专利法》 |
| 《中华人民共和国刑法》 | 《刑法》 |
| 《中华人民共和国进出口商品检验法》 | 《进出口商品检验法》 |
| 《缺陷汽车召回管理条例》 | 《缺陷汽车召回条例》 |
| 《机动车交通事故强制责任保险条例》 | 《机动车交强险条例》 |
| 《中华人民共和国劳动合同法实施条例》 | 《劳动合同法实施条例》 |
| 《最高人民法院关于民事诉讼证据的若干规定》 | 《民事诉讼证据规定》 |
| 《最高人民法院关于确定民事侵权精神损害赔偿责任若干问题的解释》 | 《关于民事侵权精神损害赔偿责任问题的解释》 |
| 《最高人民法院关于审理道路交通事故损害赔偿案件适用法律若干问题的解释》 | 《关于审理道路交通事故损害赔偿案件适用法律问题的解释》 |

续表

| 全称 | 简称 |
| --- | --- |
| 《最高人民法院关于审理人身损害赔偿案件适用法律若干问题的解释》 | 《关于审理人身损害赔偿案件适用法律问题的解释》 |
| 《最高人民法院关于适用〈中华人民共和国民事诉讼法〉的解释》 | 《民事诉讼法司法解释》 |
| 《最高人民法院关于审理交通肇事刑事案件具体应用法律若干问题的解释》 | 《关于审理交通肇事刑事案件法律问题的解释》 |
| 《最高人民法院关于适用〈中华人民共和国担保法〉若干问题的解释》 | 《关于适用〈担保法〉若干问题的解释》 |
| 《最高人民法院关于适用〈中华人民共和国刑事诉讼法〉的解释》 | 《刑事诉讼法司法解释》 |
| 《最高人民法院关于处理自首和立功具体应用法律若干问题的解释》 | 《关于处理自首和立功具体法律问题的解释》 |
| 《最高人民法院关于贯彻执行〈中华人民共和国民法通则〉若干问题的意见（试行）》 | 《民通意见（试行）》 |
| 《最高人民法院关于适用〈中华人民共和国民法典〉有关担保制度的解释》 | 《关于适用〈民法典〉有关担保制度的解释》 |
| 《最高人民法院关于审理利用信息网络侵害人身权益民事纠纷案件适用法律若干问题的规定》 | 《关于审理利用信息网络侵害人身权益民事纠纷案件适用法律若干问题的规定》 |
| 《最高人民法院关于审理商标民事纠纷案件适用法律若干问题的解释》 | 《关于审理商标民事纠纷案件适用法律问题的解释》 |
| 《最高人民法院关于审理不正当竞争民事案件应用法律若干问题的解释》 | 《关于审理不正当竞争民事案件应用法律问题的解释》 |
| 《最高人民法院关于适用〈中华人民共和国反不正当竞争法〉若干问题的解释》 | 《关于适用〈反不正当竞争法〉若干问题的解释》 |
| 《北京市实施〈中华人民共和国道路交通安全法〉办法》 | 《北京市实施〈道路交通安全法〉办法》 |

# 目录
CONTENTS

## 一、汽车买卖合同纠纷

## 二、汽车产品责任纠纷



## 三、汽车交通事故责任纠纷

## 四、汽车公司劳动争议纠纷

## 五、汽车公司修理合同纠纷



## 六、汽车公司其他侵权纠纷

## 七、汽车与犯罪

# 一、汽车买卖合同纠纷

1

# 河北某汽车贸易有限公司与王某买卖合同纠纷案

——证据在诉讼中的实际运用及鉴定意见的证明力

## 案件基本信息

1. 法院裁判文书

河北省石家庄市中级人民法院(2008)石民四终字第00598号民事判决书

2. 案由

买卖合同纠纷

3. 当事人

上诉人(原审被告):河北某汽车贸易有限公司

被上诉人(原审原告):王某

## 裁判要旨

民事主体的财产权利以及其他合法权益受法律保护,任何组织或者个人不得侵犯。在合同的履行中,一方当事人履行合同义务不符合约定的,应当承担继续履行、采取补救措施或者赔偿损失等其他违约责任。如果承揽人在涉案车辆维修过程中存在重大瑕疵,亦无法举证证明涉案车辆的故障可能因二次拆检或存在其他损坏事由,应向定作人承担赔偿责任。

## 基本案情

2000年7月31日王某购买了奥迪A6−2.8 AT（发动车机号×××，车架号×××）轿车一辆。

2007年1月13日，王某因车辆变速箱出现问题在河北某汽车贸易有限公司处维修，共花费16,000元。

2007年6月15日该车在江苏省阳澄湖附近路段行驶时，汽车前盖冒烟，车辆不能行驶，经上海市机动车检测中心检测，该车变速箱内留有零件编号纸贴和边口塑料护套，由此会造成润滑油不能正常工作，加剧转矩变换箱轴径等不良情况的出现，王某认为河北某汽车贸易有限公司维修后的车辆存在问题，给自己造成损失，应予赔偿。

## 争议焦点

1. 王某拆解的滤油器、变矩装置的配件能否认定是河北某汽车贸易有限公司更换的；

2. 上海市机动车检验中心的检验报告能否作为本案的定案依据。

## 裁判理由

河北省石家庄市裕华区人民法院经审理认为，原告王某在被告河北某汽车贸易有限公司处维修车辆，被告河北某汽车贸易有限公司应按照要求认真维修，但被告河北某汽车贸易有限公司在维修过程中却因疏忽将零件编号纸贴和塑料护套留在变速箱内，导致原告王某车辆受损，有检测报告予以证明，因此对原告王某此后造成的修车费、拖车费及检测费，被告河北某汽车贸易有限公司应予赔偿。

关于2007年1月13日的维修费用，因被告河北某汽车贸易有限公司对维修存在重大瑕疵，致使变速箱出现问题，并给原告王某造成损失，因此维修变速箱的费用被告应予退还。

关于原告要求的租车费用，现原告提供的证据不能证实此费用是因被告修车原因导致其必然要发生的费用，故此费用本院不予支持。

因此，依照《民法通则》第5条〔1〕、第106条〔2〕之规定，判决如下：被告河北某汽车贸易有限公司于本判决生效后10日内赔偿原告王某54,237元，案件受理费1353元，原告承担743元，被告承担610元。

被告河北某汽车贸易有限公司不服判决提起上诉。

二审法院认为，被上诉人王某的车辆损坏地与上诉人河北某汽车贸易有限公司所在地距离遥远，客观上不可能拖拉至上诉人处进行维修拆解，只能就近自行维修，在被上诉人王某不明损害原因的情况下，未通知上诉人河北某汽车贸易有限公司一同拆检的做法符合常理，主观上不存在过错，被上诉人王某要求上诉人河北某汽车贸易有限公司对其承担责任的理由是上诉人河北某汽车贸易有限公司为其维修车辆时，因疏忽将零件编号纸贴和边口塑料护套留在变速箱内导致，上诉人河北某汽车贸易有限公司称被上诉人王某的车辆损坏并非其为被上诉人王某维修后存留纸贴和边口塑料护套所致，但未能提供被上诉人王某自在上诉人河北某汽车贸易有限公司维修变速箱后又在其他处开启过变速箱和被上诉人王某的坏损并非变速箱留存纸贴和边口塑料护套所致的相关证据，因此上诉人河北某汽车贸易有限公司所称“被上诉人王某单方拆解车辆致使无法分清责任，被上诉人王某应当对单方拆解行为承担败诉

〔1〕 本条现为《民法典》第3条：“民事主体的人身权利、财产权利以及其他合法权益受法律保护，任何组织或者个人不得侵犯。”

〔2〕 本条现为《民法典》第176条：“民事主体依照法律规定或者按照当事人约定，履行民事义务，承担民事责任。”

后果”，不能成立。

上海市机动车检验中心具有合法资质，出具的鉴定报告合法，故上诉人河北某汽车贸易有限公司称“被上诉人王某第一次单方做的检测报告依据错误，证据形式不符合法律规定，属于无效证据；检验机构第二次出具的检验报告形式、程序违法，依据错误”也不能成立。

被上诉人王某的车辆是否已经超过保修期与本案处理结果无任何关系，故上诉人河北某汽车贸易有限公司称“被上诉人王某的车辆已经超过保修期”无任何意义。无证据证明被上诉人王某在上诉人河北某汽车贸易有限公司处更换变速箱后又开启过变速箱，上海市机动车检验中心鉴定意见为被上诉人王某车损系纸贴和边口塑料护套留在变速箱内所致，故上诉人河北某汽车贸易有限公司主张被上诉人王某自行拆解致使无法确定责任的主张，本院不予支持。

综上所述，上诉人王某的理由均不成立，本院依法予以驳回，一审法院认定事实清楚，适用法律正确，依法应予以维持。依照《民事诉讼法》第153条第1款第1项〔1〕、第158条〔2〕之规定，判决：驳回上诉，维持原判。

## 作者点评

笔者认为，本案中王某庭前委托的上海市某机动车检验中心出具的检验报告是否具有证据效力及该证据证明力的大小是确定河北某汽车贸易公司是否承担责任的关键。

在复杂民事诉讼活动中，鉴定意见因其专业性、科学性，在判决中作为证

〔1〕 2021年《民事诉讼法》修改后，本项变更为第177条第1款第1项：“第二审人民法院对上诉案件，经过审理，按照下列情形，分别处理：（一）原判决、裁定认定事实清楚，适用法律正确的，以判决、裁定方式驳回上诉，维持原判决、裁定。”

〔2〕 2021年《民事诉讼法》修改后，本条变更为第182条。

据被采纳，以便得出公正的判决结果。关于“一方当事人就专门性问题自行委托鉴定机构出具意见”的效力问题，最高人民法院在《民事诉讼证据规定》中作了明确规定。客观来说，单方委托鉴定机构形成的意见与双方协商一致委托的司法鉴定机构出具的意见相比，证明效力显然更低一些。然而在本案中，当事人王某单方委托上海市某机动车检验中心形成的检验报告虽在性质上不属于鉴定意见，但涉案车辆发生故障时，不仅地处遥远的外地且车辆处于行驶状态，王某在涉案车辆情况不明的状态下自行请求鉴定机构对涉案车辆予以拆检的行为符合一般人的价值判断，本案中河北某汽车贸易有限公司在质证过程中既无法提交相关证据否定检验报告的效力，亦无法提出其他可能存在的、合理限度的原因，因此，法院根据证据认定的高度盖然性原则，综合审查判断得出了“河北某汽车贸易有限公司在维修过程中因疏忽将零件编号纸贴和塑料护套留在变速箱内，导致了被上诉人王某车辆受损”的结论。法院的判决于法有据，并无不当。

## 法条链接

《中华人民共和国民法典》

**第三条** 民事主体的人身权利、财产权利以及其他合法权益受法律保护，任何组织或者个人不得侵犯。

**第五百七十七条** 当事人一方不履行合同义务或者履行合同义务不符合约定的，应当承担继续履行、采取补救措施或者赔偿损失等违约责任。

**第五百八十二条** 履行不符合约定的，应当按照当事人的约定承担违约责任。对违约责任没有约定或者约定不明确，依据本法第五百一十条的规定仍不能确定的，受损害方根据标的的性质以及损失的大小，可以合理选择请求对方承担修理、重作、更换、退货、减少价款或者报酬等违约责任。

**第五百八十三条** 当事人一方不履行合同义务或者履行合同义务不符合约定的，在履行义务或者采取补救措施后，对方还有其他损失的，应当赔偿损失。

**第七百八十一条** 承揽人交付的工作成果不符合质量要求的，定作人可以合理选择请求承揽人承担修理、重作、减少报酬、赔偿损失等违约责任。

**《最高人民法院关于民事诉讼证据的若干规定》**

**第四十一条** 对于一方当事人就专门性问题自行委托有关机构或者人员出具的意见，另一方当事人有证据或者理由足以反驳并申请鉴定的，人民法院应予准许。

# 2

# 大庆某汽车销售服务有限公司与张某某买卖合同纠纷案

——欺诈情形的认定及惩罚性赔偿适用的条件

## 案件基本信息

1. 法院裁判文书

黑龙江省大庆高新技术产业开发区人民法院（2018）黑0691民初546号民事判决书

2. 案由

买卖合同纠纷

3. 当事人

原告：张某某

被告：大庆某汽车销售服务有限公司

## 裁判要旨

消费者享有知悉其购买的汽车真实情况的权利，销售者负有将涉案车辆真实情况告知消费者的义务。隐瞒车辆真实情况诱使消费者作出错误意思表示构成欺诈，消费者不仅可以请求撤销签订的汽车买卖合同，还可依据《消费者权益保护法》第55条的规定请求销售者承担“退一赔三”的惩罚性赔偿责任。

## 基本案情

2017年6月5日，案外人杨某为涉案车辆在中国某财产保险股份有限公司投保了交强险，被保险人为杨某。2017年6月6日，被告大庆某汽车销售服务有限公司给案外人杨某出具了涉案车辆的机动车销售统一发票。

2017年9月29日，原告张某某在被告大庆某汽车销售服务有限公司处购买涉案车辆，被告向原告出具机动车销售统一发票，进口机动车随车检验单、货物进口证明书、车辆一致性证书。被告大庆某汽车销售服务有限公司在销售时向原告张某某表示，其向原告张某某销售的是全新的车辆，并未向原告张某某告知车辆曾向案外人杨某销售的事实。原告张某某购车后到车辆管理所办理新车落户手续时发现了涉案车辆曾经售予他人的事实。

## 争议焦点

1. 大庆某汽车销售服务有限公司行为是否属于欺诈；

2. 是否应对大庆某汽车销售服务有限公司适用惩罚性赔偿。

## 裁判理由

黑龙江省大庆市高新技术开发区人民法院经审理查明，被告大庆某汽车销售服务有限公司作为销售者，对于车辆的情况负有告知义务，但其销售涉案车辆的时候并未将车辆的真实情况告知原告张某某，主观上具有隐瞒的故意，被告大庆某汽车销售服务有限公司隐瞒的情况对于张某某选择车辆具有重大影响，因此其隐瞒的目的是让张某某陷入错误认识，被告大庆某汽车销售服务有限公司具有欺诈的双重故意。张某某因为错误认识，即认为该车辆是未经销售的车辆，作出了购买车辆的不真实的意思表示，故原、被告之间的汽车买卖合同属于因欺诈订立的合同，张某某依法享有撤销权，故对于张某某请求撤销与被告大庆某汽车销售服务有限公司之间的汽车买卖合同，被告返还原告购车款300,000元的诉讼请求予以支持。

张某某作为消费者，出于消费的目的购买了被告大庆某汽车销售服务有限公司销售的汽车，而被告大庆某汽车销售服务有限公司实施了欺诈的行为，因此原告有权要求增加其受到的损失，增加赔偿的金额为消费者购买商品的价款的三倍，该赔偿系惩罚性赔偿，是在弥补损害之外，另行主张的赔偿责任，故对于张某某要求被告大庆某汽车销售服务有限公司赔偿原告所购车辆价款的三倍即900,000元的诉讼请求依法予以支持，依照《合同法》第54条第1款〔1〕、第58条〔2〕,《消费者权益保护法》第55条第1款之规定，判决：(1)撤销张某某与被告大庆某汽车销售服务有限公司之间签订的汽车销售合同，张某某向被告大庆某汽车销售服务有限公司返还购买的捷豹汽车（车辆识别代号：×××），被告大庆某汽车销售服务有限公司向张某某返还购车款300,000元；(2)被告大庆某汽车销售服务有限公司向张某某支付惩罚性赔偿金900,000元。以上款项于本判决生效之日起15日内付清，如果未按本判决指定的期间履行给付金钱义务，应当按照《民事诉讼法》第253条〔3〕规定，加倍支付迟延履行期间的债务利息；案件受理费15,600元，减半收取7800元，由大庆某汽车销售服务有限公司负担。

---

〔1〕 本款现为《民法典》第147条、第151条。第147条规定：“基于重大误解实施的民事法律行为，行为人有权请求人民法院或者仲裁机构予以撤销。”第151条规定：“一方利用对方处于危困状态、缺乏判断能力等情形，致使民事法律行为成立时显失公平的，受损害方有权请求人民法院或者仲裁机构予以撤销。”

〔2〕 本条现为《民法典》第157条：“民事法律行为无效、被撤销或者确定不发生效力后，行为人因该行为取得的财产，应当予以返还；不能返还或者没有必要返还的，应当折价补偿。有过错的一方应当赔偿对方由此所受到的损失；各方都有过错的，应当各自承担相应的责任。法律另有规定的，依照其规定。”

〔3〕 2021年《民事诉讼法》修改后，本条变更为第260条。

## 作者点评

故意告知虚假事实或者故意隐瞒与订立合同有关的重要事实是欺诈的两种表现形态，二者均以行为人负有“真实的信息告知义务”为前提。判断经营者是否负有信息告知义务，应在诚实信用原则框架之下，从是否实现缔约合同的根本目的、是否对消费者有重大不利影响及是否满足消费者合理期待等方面综合考量。

如果经营者在合同订立过程中欺诈消费者，依据《消费者权益保护法》第55条第1款经营者向消费者承担“退一赔三”的惩罚性赔偿，只要经营者构成欺诈，无论是根本性的欺诈（如缩减汽车里程数、以劣旧发动机装配汽车）还是局部性的欺诈（如导航损害修理），还是轻微瑕疵信息的隐瞒（如有轻微划痕车身的修复）所构成的欺诈，均应统一依整车价款的三倍进行赔偿。〔1〕

本案中大庆某汽车销售服务有限公司故意隐瞒车辆此前出售的事实，将车辆二次销售给张某某，违反了信息告知义务，构成欺诈，施以惩罚性赔偿的惩戒并无不当，也有利于引导平衡经营者与消费者的利益关系，构建经营者与消费者互利共赢的市场秩序。

## 法条链接

《中华人民共和国民法典》

**第一百四十七条** 基于重大误解实施的民事法律行为，行为人有权请求人民法院或者仲裁机构予以撤销。

**第一百四十八条** 一方以欺诈手段，使对方在违背真实意思的情况下实施的民事法律行为，受欺诈方有权请求人民法院或者仲裁机构予以撤销。

---

〔1〕 参见冉克平：《论汽车经销商的缔约欺诈及惩罚性赔偿》，载《广东社会科学》2020年第2期。

**第一百四十九条**　第三人实施欺诈行为，使一方在违背真实意思的情况下实施的民事法律行为，对方知道或者应当知道该欺诈行为的，受欺诈方有权请求人民法院或者仲裁机构予以撤销。

**第一百五十条**　一方或者第三人以胁迫手段，使对方在违背真实意思的情况下实施的民事法律行为，受胁迫方有权请求人民法院或者仲裁机构予以撤销。

**第一百五十一条**　一方利用对方处于危困状态、缺乏判断能力等情形，致使民事法律行为成立时显失公平的，受损害方有权请求人民法院或者仲裁机构予以撤销。

《中华人民共和国消费者权益保护法》

**第八条**　消费者享有知悉其购买、使用的商品或者接受的服务的真实情况的权利。

消费者有权根据商品或者服务的不同情况，要求经营者提供商品的价格、产地、生产者、用途、性能、规格、等级、主要成份、生产日期、有效期限、检验合格证明、使用方法说明书、售后服务，或者服务的内容、规格、费用等有关情况。

**第五十五条**　经营者提供商品或者服务有欺诈行为的，应当按照消费者的要求增加赔偿其受到的损失，增加赔偿的金额为消费者购买商品的价款或者接受服务的费用的三倍；增加赔偿的金额不足五百元的，为五百元。法律另有规定的，依照其规定。

经营者明知商品或者服务存在缺陷，仍然向消费者提供，造成消费者或者其他受害人死亡或者健康严重损害的，受害人有权要求经营者依照本法第四十九条、第五十一条等法律规定赔偿损失，并有权要求所受损失二倍以下的惩罚性赔偿。

# 3

# 大连某汽车销售服务有限公司与刘某买卖合同纠纷案

——合同是否成立及定金罚则的适用

## 案件基本信息

1. 法院裁判文书

辽宁省大连市甘子井区人民法院（2019）辽0211民初10416号民事判决书

2. 案由

买卖合同纠纷

3. 当事人

原告：刘某

被告：大连某汽车销售服务有限公司

## 裁判要旨

合同的成立通常要经过“要约—承诺”两个步骤，消费者发出了购买车辆的要约，但销售者提交的汽车销售合同中消费者并未签字，依据《合同法》相关规定，当事人采用合同书形式订立合同的，自当事人均签名、盖章或者按指印时合同成立。

## 基本案情

刘某与大连某汽车销售服务有限公司于2019年5月10日就购买捷豹汽车一事进行协商，大连某汽车销售服务有限公司向刘某交付了一份汽车销售合同，其上注明：型号XJL3.0全景商务四驱版，车身颜色剧院红，内饰颜色黑色，合同价款53,500元，付款方式为分期支付，首付款50,000元作为定金于签订合同之时交付，车辆交付时间为2019年5月26日，交车地点大连市，交车方式自提。但大连某汽车销售服务有限公司未在该汽车销售合同上签章或签字。大连某汽车销售服务有限公司于2019年5月10日收取了刘某交付的50,000元并向原告出具了收款收据，其上载明“5·10收刘某车款定金刷卡5万元”。后大连某汽车销售服务有限公司未能向刘某提供车辆。

## 争议焦点

1. 原告、被告间合同是否成立；

2. 本案可否适用定金罚则。

## 裁判理由

法院认为，虽然原告举证了汽车销售合同以证明原、被告的车辆买卖合同成立，但该合同上并没有被告的签章，故不能认定原、被告已就买卖合同的具体条款达成一致意见，不能认定原、被告的车辆买卖合同已成立并生效。但被告向原告出具的收款收据上明确载明所收取的50,000元系定金，故原告所交纳的50,000元应认定为定金，结合本案的情况，该定金应确认为立约定金，该定金系用于担保原、被告双方签订车辆买卖合同。现因被告无法提供车辆导致原、被告双方无法签订买卖合同，系被告违约，应适用定金罚则，故被告应向原告双倍返还定金，即被告应向原告支付100,000万元。

关于原告主张的合理性费用20,000元，本院认为，原告未举证证明该20,000元的构成，且本案已适用定金罚则，故对原告的该项主张，本院不予支持。

综上所述，依据《合同法》第44条〔1〕、第60条〔2〕，《关于适用〈担保法〉若干问题的解释》〔3〕第115条〔4〕，《民事诉讼法》第64条〔5〕之规定，判决如下：（1）大连某汽车销售服务有限公司自本判决发生法律效力之日起10日内向原告刘某给付100,000元；（2）驳回原告刘某的其他诉讼请求。如未按本判决指定的期限履行给付金钱义务，应当按照《民事诉讼法》第253条〔6〕之规定，加倍支付迟延履行期间的债务利息。案件受理费减半收取1350元，由被告大连某汽车销售服务有限公司负担1120元，由原告刘某负担230元。

## 作者点评

定金制度在《民法典》施行前散见于《合同法》、《担保法》及相关司法解释中。

定金在我们合同签订中发挥着举足轻重的作用，因定金引发的法律纠纷也俯拾皆是，然而定金制度在我们的法律体系中依然处于一个“既核心又边缘”的地位，《民法典》中关于定金的规定，依然仅是“违约定金”，未对其他类型定金作出特别说明。

---

〔1〕 本条现为《民法典》第502条。

〔2〕 本条现为《民法典》第509条。

〔3〕 根据2020年12月23日最高人民法院审判委员会第1823次会议通过的《最高人民法院关于废止部分司法解释及相关规范性文件的决定》，《关于适用〈担保法〉若干问题的解释》自2021年1月1日起废止。

〔4〕 本条在《关于适用〈民法典〉有关担保制度的解释》中无对应条文。

〔5〕 2021年《民事诉讼法》修改后，本条变更为第67条。

〔6〕 2021年《民事诉讼法》修改后，本条变更为第260条。

《担保法》和《民法典》二者在定金适用条件方面并不一致。《担保法》的适用前提是"一方不履行约定"；而《民法典》的适用前提是"一方履行债务不符合约定"，且当事人违约行为致使不能实现合同目的时，才能适用定金罚则。〔1〕

与原先定金制度相关解释规定于《关于适用〈担保法〉若干问题的解释》不同，《关于适用〈民法典〉有关担保制度的解释》未提及定金制度，可能是因为最高人民法院认为定金制度与违约责任密切相关，更适宜规定在未来出台的《民法典》合同编相关司法解释之中。

那么实务中我们涉及定金问题的案件又该如何处理？律师代理定金类案件时能否运用此前《关于适用〈担保法〉若干问题的解释》关于定金的相关条款作为说明理由，应取决于该解释相关条款是否与《民法典》相冲突。如果与《民法典》不冲突，则代理相关案件时依然可以适用原先的思路。〔2〕

## 法条链接

《中华人民共和国民法典》

**第四百七十一条** 当事人订立合同，可以采取要约、承诺方式或者其他方式。

**第四百九十条** 当事人采用合同书形式订立合同的，自当事人均签名、盖章或者按指印时合同成立。在签名、盖章或者按指印之前，当事人一方已经履行主要义务，对方接受时，该合同成立。

法律、行政法规规定或者当事人约定合同应当采用书面形式订立，当事人

〔1〕 参见最高人民法院民事审判第二庭：《最高人民法院民法典担保制度司法解释理解与适用》，人民法院出版社2021年版，第643页。

〔2〕 参见最高人民法院民事审判第二庭：《最高人民法院民法典担保制度司法解释理解与适用》，人民法院出版社2021年版，第642页。

未采用书面形式但是一方已经履行主要义务，对方接受时，该合同成立。

**第五百八十六条** 当事人可以约定一方向对方给付定金作为债权的担保。定金合同自实际交付定金时成立。

定金的数额由当事人约定；但是，不得超过主合同标的额的百分之二十，超过部分不产生定金的效力。实际交付的定金数额多于或者少于约定数额的，视为变更约定的定金数额。

# 4

# 罗某某与赣州某汽车贸易有限公司等买卖合同纠纷案

——合同的瑕疵履行及合同的相对性判定

## 案件基本信息

1. 法院裁判文书

江西省赣州经济技术开发区人民法院(2017)赣0791民初656号民事判决书

2. 案由

买卖合同纠纷

3. 当事人

原告:罗某某

被告一:赣州某汽车贸易有限公司

被告二:营口某汽车销售服务有限公司

被告三:某汽车贸易有限公司

## 裁判要旨

合同成立生效后,销售者、消费者应按照约定全面履行自己的义务,销售者交付的车辆不符合约定,并且强制要求消费者提车,致使消费者不能实现合同目的的,消费者不仅可以请求法院解除合同,还可以请求销售者承担违约责任。

## 基本案情

2017年2月23日，罗某某（乙方）和赣州某汽车贸易有限公司（甲方）签订一份购车合同，约定罗某某向赣州某汽车贸易有限公司购买2017款宝马730Li豪华版轿车一辆，车价770,000元，罗某某在合同签订后支付定金10,000元，剩余车款或首付款于罗某某贷款批准后，赣州某汽车贸易有限公司向厂家发车前付清，提车时间为2017年3月10日，在甲方公司提车，双方人员在提车现场按照装备清单进行检验，检验无误后，双方签字确认，车辆一经销出乙方不得要求退车。购车合同下方备注"甲方未按时交车，赔偿乙方10,000元，乙方未按时提车时乙方赔偿甲方所有损失，甲方提供的车辆如有质量问题或未按国家标准配置须赔偿乙方所有损失"。签订合同当日罗某某向赣州某汽车贸易有限公司支付了定金10,000元，2017年3月14日罗某某又支付了购车款200,000元，共计支付赣州某汽车贸易有限公司210,000元。

2017年3月10日赣州某汽车贸易有限公司未按时交付车辆，征得罗某某同意后，赣州某汽车贸易有限公司于2017年3月26日向原告交付车辆，但验车时罗某某发现该车没有360°全息影像系统和自动泊车辅助系统，遂拒绝提车。

另查明，罗某某向赣州某汽车贸易有限公司购车时，明确约定购买的车辆型号为2017款宝马730Li豪华型轿车，该车配置有360°全息影像系统和自动泊车辅助系统，但赣州某汽车贸易有限公司从营口某汽车销售服务有限公司提回的车辆并未配置这两个系统，导致罗某某拒绝提车。罗某某多次与被告协商未果，故诉至法院要求处理，罗某某为此支付律师代理费7000元。

## 争议焦点

营口某汽车销售服务有限公司和某汽车贸易有限公司是否为本案适格被告。

## 裁判理由

本院认为，原告罗某某向被告一赣州某汽车贸易有限公司购买车辆，双方签订购车合同，合同内容不违反法律规定，合同依法成立并生效。

原告罗某某向被告一赣州某汽车贸易有限公司支付购车款210,000元，被告一应当按照合同约定向原告交付标的物，但被告一交付车辆不符合原、被告约定，不具备360°全息影像系统和自动泊车辅助系统，导致不能实现合同目的，原告罗某某要求解除和被告一赣州某汽车贸易有限公司签订的购车合同，符合法律规定，本院予以支持。故原告罗某某要求被告一赣州某汽车贸易有限公司返还已交的购车款210,000元及其利息，符合法律规定，本院予以支持。

对原告罗某某要求被告一赣州某汽车贸易有限公司支付延迟交车的赔偿金10,000元，因延迟交车征得了原告罗某某的同意，本院不予支持。

对原告罗某某主张交通费和住宿费3889元，因发票的名称为天骄文化，和原告罗某某无关联性，本院不予支持。

对原告罗某某主张的律师代理费7000元，双方已在购车合同中明确约定损失由被告赔偿，此为原告的实际合理性支出，本院予以支持。

因本案案由为买卖合同纠纷，双方的法律关系为买卖合同关系，根据合同相对性原理，与原告罗某某订立购车合同的是被告一赣州某汽车贸易有限公司，而不是被告二营口某汽车销售服务有限公司和被告三某汽车贸易有限公司，故原告起诉这两个被告不是本案的适格被告，原告罗某某要求被告二营口某汽车销售服务有限公司、被告三某汽车贸易有限公司赔偿损失，没有法律依据，本院不予支持。据此，依照《合同法》第44条[1]、第60条[2]、第94条第1款第4项[3]、第114条[4]、第159条[5]，《民事诉讼法》第64条[6]之规定，判决如下：(1)依法解除原告罗某某和被告一赣州某汽车贸易有限公司于2017年2月23日签订的购车合同；(2)被告一赣州某汽车贸易有限公司退还原告罗某某某购车款210,000元及利息(利息自2017年3月14日起按中国人民银行同期贷款利率计算至付清之日止)；(3)被告一赣州某汽车贸易有限公司向原告罗某某支付律师代理费7000元；(4)驳回原告的其他诉讼请求；(5)履行期限：上述判决第二项、第三项，限被告赣州某汽车贸易有限公司于本判决生效后60日内付清。如果被告未按本判决指定的期限履行给付金钱的义务，应当依照《民事诉讼法》第253条[7]之规定，加倍支付迟延履行期间的债务利息。案件受理费4763元，由被告一赣州某汽车贸易有限公司承担。

## 作者点评

本案是典型的汽车买卖合同纠纷案件，营口某汽车销售服务有限公司和某汽车贸易有限公司是否是本案适格被告，是否应当承担违约责任，这涉及对合同的相对性原理的理解。

合同的相对性原理要求在合同中从主体到效力，从订立到履行，均仅限于合同当事人。只有债权人才能请求债务人履行合同约定的义务，也只有债务

---

〔1〕 本条现为《民法典》第502条。
〔2〕 本条现为《民法典》第509条。
〔3〕 本项现为《民法典》第563条第1款第4项。
〔4〕 本条现为《民法典》第585条。
〔5〕 本条现为《民法典》第626条。
〔6〕 2021年《民事诉讼法》修改后，本条变更为第67条。
〔7〕 2021年《民事诉讼法》修改后，本条变更为第260条。

人才负担该项义务，不特定的第三人既不承担权利，也不承担义务。[1]

本案的被告二营口某汽车销售服务有限公司和被告三某汽车贸易有限公司不是本案的适格被告，既非债权人，也非债务人，无须承担相应的违约责任。

实务中也产生了诸如公司企业之间大量的“三角债”等层出不穷的新问题，倒逼立法改革。立法者出于公平原则的考量，通过设立债权人的代位权、撤销权、第三人利益合同等制度，适当突破合同相对性原则，客观上对合同相对性原则造成了冲击。

## 法条链接

《中华人民共和国民法典》

**第四百六十五条** 依法成立的合同，受法律保护。

依法成立的合同，仅对当事人具有法律约束力，但是法律另有规定的除外。

**第五百六十三条** 有下列情形之一的，当事人可以解除合同：

（一）因不可抗力致使不能实现合同目的；

（二）在履行期限届满前，当事人一方明确表示或者以自己的行为表明不履行主要债务；

（三）当事人一方迟延履行主要债务，经催告后在合理期限内仍未履行；

（四）当事人一方迟延履行债务或者有其他违约行为致使不能实现合同目的；

（五）法律规定的其他情形。

---

〔1〕 参见杨清、苗文全：《刍议合同相对性原则》，载《河北经贸大学学报》2001年第4期。

以持续履行的债务为内容的不定期合同，当事人可以随时解除合同，但是应当在合理期限之前通知对方。

**第五百六十六条** 合同解除后，尚未履行的，终止履行；已经履行的，根据履行情况和合同性质，当事人可以请求恢复原状或者采取其他补救措施，并有权请求赔偿损失。

合同因违约解除的，解除权人可以请求违约方承担违约责任，但是当事人另有约定的除外。

主合同解除后，担保人对债务人应当承担的民事责任仍应当承担担保责任，但是担保合同另有约定的除外。

# 5

# 北京某汽车服务有限公司与张某买卖合同纠纷案

——销售者的告知义务及惩罚性赔偿的适用前提

## 案件基本信息

1. 法院裁判文书

北京市第二中级人民法院(2008)二中民终字第00453号民事判决书

2. 案由

买卖合同纠纷

3. 当事人

原告:张某

被告:北京某汽车服务有限公司

## 裁判要旨

车辆销售价格的降低或优惠以及赠送车饰是销售者常用的销售策略,不能由此推断出销售者是在明知车辆存在瑕疵的基础上对消费者进行优惠和降价。同时,销售者以自己单方面保存的验货单来证明消费者明知车辆有瑕疵,也无法达到高度盖然性的证明标准。

## 基本案情

2007年2月28日，张某从北京某汽车服务有限公司购买上海通用雪佛兰景程轿车一辆，价格138，000元，双方签有汽车销售合同。该合同第7条约定：“……卖方保证买方所购车辆为新车，在交付之前已作了必要的检验和清洁，车辆路程表的公里数为18公里且符合卖方提供给买方的随车交付文件中所列的各项规格和指标……”合同签订当日，张某向北京某汽车服务有限公司交付了购车款138，000元，同时支付了车辆购置税12,400元、一条龙服务费500元、保险费6060元。同日，北京某汽车服务有限公司将雪佛兰景程轿车一辆交付张某，张某为该车办理了机动车登记手续。

2007年5月13日，张某在将车辆送北京某汽车服务有限公司保养时，发现该车曾于2007年1月17日进行过维修。

审理中，北京某汽车服务有限公司表示张某所购车辆确曾在运输途中造成划伤，于2007年1月17日进行过维修，维修项目包括右前叶子板喷漆、右前门喷漆、右后叶子板喷漆、右前门钣金、右后叶子板钣金、右前叶子板钣金，维修中更换底大边卡扣、油箱门及前叶子板灯总成。送修人系该公司业务员。

北京某汽车服务有限公司称，对于车辆曾进行维修之事已在销售时明确告知张某，并据此予以较大幅度优惠，该车销售定价应为151,900元，经协商后该车实际销售价格为138，000元，还赠送了部分装饰。为证明上述事实，北京某汽车服务有限公司提供了车辆维修记录及有张某签字的日期为2007年2月28日的车辆交接验收单一份，在车辆交接验收单备注一栏中注有“加1/4油，此车右侧有钣喷修复，按约定价格销售”。北京某汽车服务有限公司表示该验收单系该公司保存，张某手中并无此单。

对于北京某汽车服务有限公司提供的上述两份证据，张某表示对于车辆维修记录没有异议，车辆交接验收单中的签字确系其所签，但北京某汽车服务有限公司在销售时并未告知张某车辆曾有维修，其在签字时备注一栏中没有“此车右侧有钣喷修复，按约定价格销售”字样。

另经依法释明，张某表示不同意对车辆现值进行评估。

## 争议焦点

北京某汽车服务有限公司在销售涉案车辆时是否将对车辆曾进行维修这一事实告知张某。

## 裁判理由

原审法院认为：张某、北京某汽车服务有限公司签订的汽车销售合同系双方当事人真实意思表示，且不违反法律、行政法规的禁止性规定，当属有效，双方均应按约定全面履行合同。

根据双方签订的汽车销售合同第7条的约定，北京某汽车服务有限公司保证张某所购车辆为新车，该合同中并未对车辆曾经的维修有过任何约定。现北京某汽车服务有限公司基于其单方保存的验收单主张其已告知张某车辆所存在的瑕疵，因张某对该验收单不予认可，北京某汽车服务有限公司亦无其他证据证明张某知道该车存在的瑕疵，在此情况下该验收单不能证明北京某汽车服务有限公司已尽到了告知义务。

车辆销售价格和赠送的车辆装饰是双方当事人协商的结果，不能证明张某对车辆存在的瑕疵有所了解，故法院认定北京某汽车服务有限公司在销售车辆时隐瞒了车辆存在的瑕疵，已构成对张某的欺诈。

对于被北京某汽车服务有限公司提出的张某购买汽车属于奢侈消费品，不适用《消费者权益保护法》的抗辩意见，法院认为，张某购买该车系因生活需要自用，北京某汽车服务有限公司没有证据证明张某购买该车用于经营性行为，故张某购买车辆的行为属生活消费，应适用《消费者权益保护法》。现张某要求撤销双方签订的汽车销售合同，北京某汽车服务有限公司退还购车款并加倍赔偿其损失，符合法律规定，予以支持，但增加赔偿的金额应以张某购买车辆的价款即138，000元为标准。其余各项费用包括车辆购置税、一条龙服务费及车辆保险费应由北京某汽车服务有限公司给予赔偿。

另应指出，因涉案车辆自交付后即由张某占有使用，在退还购车款时应由张某自行负担合理的折旧费用，但由于张某不同意对车辆进行价值评估，故折旧费数额由法院根据案件实际情况酌予确定。具体的折旧比例以车辆实际销售价格的10%即13,800元为宜。北京某汽车服务有限公司应将已收取的购车款在扣除车辆折旧费后退还张某。

综上所述，依据《合同法》第54条第2款〔1〕、第58条，《消费者权益保护法》第2条、第49条〔2〕之规定，判决如下：（1）撤销张某与北京某汽车服务有限公司于2007年2月28日签订的汽车销售合同；（2）张某于判决生效后7日内将车号为××××××、发动机号码为×××、车架号码为×××的雪佛兰景程轿车退还北京某汽车服务有限公司；（3）北京某汽车服务有限公司于判决生效后7日内退还张某购车款124,200元；（4）北京某汽车服务有限公司于判决生效后7日内赔偿张某购置税12,400元、服务费500元、保险费6060元；（5）北京某汽车服务有限公司于判决生效后7日内加倍赔偿张某购车款138,000元；（6）驳回张某其他诉讼请求。如果未按判决指定的期间履行给付金钱义务，应当依照《民事诉讼法》第232条〔3〕之规定，加倍支付延迟履行期间的债务利息。

原审法院判决后，北京某汽车服务有限公司不服，持原诉理由上诉至本

〔1〕 本款现为《民法典》第151条："一方利用对方处于危困状态、缺乏判断能力等情形，致使民事法律行为成立时显失公平的，受损害方有权请求人民法院或者仲裁机构予以撤销。"

〔2〕 2013年《消费者权益保护法》修改后，本条变更为第55条。

〔3〕 2021年《民事诉讼法》修改后，本条变更为第260条。

院，请求二审法院查明事实，依法改判。

本院经审理查明的事实与原审无异。有双方当事人的陈述、汽车销售合同、车辆维修记录、车辆交接验收单、海通用汽车有限公司的报价单等在案为证。

本院认为：根据双方签订的汽车销售合同约定，北京某汽车服务有限公司交付张某的车辆应为无瑕疵的新车，现所售车辆存在瑕疵是不争的事实。

车辆销售价格的降低或优惠以及赠送车饰是销售商常用的销售策略，也是双方当事人协商的结果，因此生产厂家的指导价与销售商的销售价格不同，不能由此推断出北京某汽车服务有限公司在张某明知车辆存在瑕疵的基础上对张某进行了优惠和降价。北京某汽车服务有限公司提交的有张某签名的车辆交接验收单，因系北京某汽车服务有限公司单方保存，且备注一栏内容由该公司不同人员书写，加之张某对此不予认可，该验收单不足以证明张某对车辆存在的瑕疵有所了解。故对北京某汽车服务有限公司抗辩称其向张某履行了瑕疵告知义务，本院不予采信。应认定北京某汽车服务有限公司在售车时隐瞒了车辆存在的瑕疵，已构成对张某的欺诈。

张某购买车辆系因生活需要自用，北京某汽车服务有限公司没有证据证明张某购买该车用于经营或其他非生活消费，故张某购买车辆的行为属生活消费，应适用《消费者权益保护法》。

综上所述，原审法院根据本案的实际情况，作出退车还款并加倍赔偿的判决并无不妥。对于北京某汽车服务有限公司之上诉请求，本院不予支持。依照《民事诉讼法》第153条第1款第1项〔1〕之规定，本院判决如下：驳回上诉，维持原判。一审案件受理费3004元，由北京某汽车服务有限公司负担（本判决生效后7日内交纳），二审案件受理费6008元，由北京某汽车服务有限公司负担

〔1〕 2021年《民事诉讼法》修改后，本条变更为第177条。

(已交纳)。本判决为终审判决。

## 作者点评

笔者认为,本案中张某购买汽车的目的是日常生活使用,无疑属于消费者。

汽车是复杂的商品,消费者与经销商关于汽车的信息、知识存在不同,消费者对车辆信息、专业知识了解有限,消费者与经销商信息也严重不对称。基于消费者在交易信息不对称中的弱势地位,应当给予特别保护,经销商不能以行业认知、行业惯例来对抗消费者所享有的知情权。〔1〕

按照一般消费者的理解,新车仅指全新、未经使用、未曾被维修过的车辆。本案中北京某汽车服务有限公司应当主动披露涉案车辆存在的瑕疵,以便张某在知道涉案车辆瑕疵后作出自主选择。而北京某汽车服务有限公司故意隐瞒了涉案车辆瑕疵信息,诱使张某基于"车辆无瑕疵"的错误判断作出购买了涉案车辆的意思表示,北京某汽车服务有限公司隐瞒涉案瑕疵的目的在于使张某产生购买的错误动机,影响了张某对车辆的知情权和自主选择权,北京某汽车服务有限公司构成消费欺诈,理应加倍赔偿张某的损失。

## 法条链接

《中华人民共和国民法典》

**第一百四十八条** 一方以欺诈手段,使对方在违背真实意思的情况下实施的民事法律行为,受欺诈方有权请求人民法院或者仲裁机构予以撤销。

〔1〕 参见牛文冉:《论消费者知情权与经营者告知义务——兼以公报案例分析侵犯知情权与构成欺诈的界限》,苏州大学2019年硕士学位论文,第3页。

《中华人民共和国消费者权益保护法》

**第二条** 消费者为生活消费需要购买、使用商品或者接受服务，其权益受本法保护；本法未作规定的，受其他有关法律、法规保护。

**第八条** 消费者享有知悉其购买、使用的商品或者接受的服务的真实情况的权利。

消费者有权根据商品或者服务的不同情况，要求经营者提供商品的价格、产地、生产者、用途、性能、规格、等级、主要成份、生产日期、有效期限、检验合格证明、使用方法说明书、售后服务，或者服务的内容、规格、费用等有关情况。

**第五十五条** 经营者提供商品或者服务有欺诈行为的，应当按照消费者的要求增加赔偿其受到的损失，增加赔偿的金额为消费者购买商品的价款或者接受服务的费用的三倍；增加赔偿的金额不足五百元的，为五百元。法律另有规定的，依照其规定。

# 6

# 上海某汽车销售服务有限公司与邓某买卖合同纠纷案

## ——消费者的知情权及欺诈、惩罚性赔偿的认定

## 案件基本信息

1. 法院裁判文书

上海市第一中级人民法院（2017）沪01民终7144号民事判决书

2. 案由

买卖合同纠纷

3. 当事人

上诉人（原审原告）：邓某

被上诉人（原审被告）：上海某汽车销售服务有限公司

## 裁判要旨

欺诈的表现形式有积极欺诈和消极欺诈，即故意告知对方虚假事实诱使对方作出错误的意思表示或者故意隐瞒真实情况，诱使对方作出错误的意思表示。车辆售前检测（PDI）作为对车辆的“维护”与对车辆进行“维修”存在重大区别。“维护”是指保全、保护，使免遭破坏；“维修”是指维护和修理。“拆装后保、后保整喷”的行为已经明显超出车辆正常售前检测的合理范畴。

## 基本案情

2016年8月30日，原告邓某至被告上海某汽车销售服务有限公司下属的一汽大众某店订购 CC2.90T豪华型（××××××），车身颜色为极地白轿车一辆，原、被告当日签订订单并约定：车辆价款250,000元，预付款5000元。

同日，双方还签订委托服务协议，约定由被告代理原告办理金融贷款、车辆保险等事宜，并就各项事宜的相关费用或预估费用作出约定。订购车辆当日，原告即按约定支付被告5000元购车定金。数日后，车架号×××、发动机号×××的大众轿车，即系争车辆到位。

同年9月27日，原告与被告推荐的金融公司签署借款合同，并支付车辆余款（包括前述借款），被告向原告开具了价税合计250,000元的机动车销售统一发票。嗣后，被告为原告办理车辆保险业务、贷款业务。

同年10月2日，被告向原告交付系争车辆及车辆三包凭证、车辆保单、售前检查证明（落款显示当日出具）等相关材料。

同年10月8日，系争车辆于江苏省盐城市正式注册登记，车牌号为苏××××××，原告为此支付车辆购置税21,900元及工本费125元。此外，原告支付机动车交通事故责任强制保险及商业第三者责任保险保费共计21,733.26元，支付车辆装饰费8500元。

系争车辆维修记录显示：2016年9月12日，维修项目“拆装后保、后保整喷”，里程数1公里；同年10月23日，维修项目“走合检查、检查130码方向盘是否抖动、一年 7500公里内作首保”，里程数1610公里；同年 10月27日，维修项目“两前轮换位、检查行驶跑偏、陪同客户试车正常”，里程数1797公里。

审理中，被告向一审法院提供案外人一汽大众销售有限责任公司出具的情况说明及被告上海某汽车销售服务有限公司的任务派工单，欲证明2016年9月12日维修记录系在根据厂方要求为系争车辆作PDI时发现车辆“后保险杠倒车雷达处轻微破损漆面”，对车辆进行的售前修复。原告邓某对此不予认可。

法院向案外人一汽大众销售有限责任公司工作人员核实车辆从生产厂商到最终购买车辆的消费者手中的操作流程，并向其出示系争车辆的维修记录。该工作人员表示2016年9月12日维修记录显示车辆里程数1公里基本是车辆从生产厂商下线没有驾驶过的状态，拆装后保和后保整喷有可能是油漆工艺问题，如若是事故车辆就可能涉及保险杠更换、车身钣金及零件更换等维修项目；关于交付车辆后系争车辆的走合检查、动平衡检查、检查行驶跑偏等项目，均系常规检查，与是否为事故车辆无关。该工作人员同时确认PDI为生产的延续，是经销商根据厂商要求在车辆交付前应作的检查。

## 争议焦点

上海某汽车销售服务有限公司是否隐瞒系争车辆未交付即被维修或使用的事实，是否构成对消费者的欺诈，是否须承担退款、赔偿相关损失及三倍价款惩罚性赔偿的责任。

## 裁判理由

上海市浦东新区人民法院经审理认为，消费者的合法权益受法律保护，消费者享有知悉其购买、使用的商品或者接受服务的真实情况的权利。

本案中，原告邓某、被告上海某汽车销售服务有限公司双方对于系争车辆于交付前有过维修记录，且交付后亦进行过维修的事实不存在争议。

被告辩称2016年9月12日的维修记录系在根据厂方要求为系争车辆作PDI时发现车辆后保险杠部位有轻微的外观瑕疵，对车辆进行的售前修复，结合法院向案外人一汽大众销售有限责任公司调查核实的情况，法院认为被告的辩称具有一定的合理性，予以采信。

系争车辆于交付后的两次修理，也系车辆使用人故障描述后进行的常规检查，不能据此证明系争车辆存在重大质量问题。

综上所述，根据现有证据及查明事实，无法认定被告的销售行为构成欺诈。应当指出的是，被告确实在履行合同中存在瑕疵，其未将完整电脑系统维修记录告知原告，以致原告产生合理怀疑。但原告现主张被告按《消费者权益保护法》规定退一赔三，并要求被告赔偿其车辆购置税、保险费、代办保险服务费、上牌报备费、贷款服务费、车辆装饰费等费用，无事实和法律依据，不予支持。

综上所述，上海市浦东新区人民法院作出判决：驳回原告邓某的全部诉讼请求。

邓某不服一审判决，向上海市第一中级人民法院提起上诉。

邓某上诉称，一审判决认定事实和适用法律错误。

首先，被上诉人上海某汽车销售服务有限公司以次充好，隐瞒系争车辆在交付前即被维修的事实，使邓某作出错误的意思表示，上海某汽车销售服务有限公司的销售行为构成欺诈；从整个购车过程看，上海某汽车销售服务有限公司恶意隐瞒车辆发生维修的事实。邓某于2016年8月30日订车后，上海某汽车销售服务有限公司告知没有库存车辆，后又通知邓某新车到店，双方于同年9月27日办理了车辆贷款和保险业务、余款支付事宜。其于同年10月2日提车。而车辆于同年9月12日已在上海某汽车销售服务有限公司4S店进行过维修，维修记录载明："拆装后保，后保整喷"。上海某汽车销售服务有限公司所称没有库存车不实，且其从未主动告知系争车辆经过维修的事实。邓某在使用车辆后还发现有"方向盘抖动、方向跑偏"的现象，便在上海某汽车销售服务有限公司4S店作了"走合检查、动平衡检查、检查行驶跑偏"的维修，由上可知该车辆可能系发生碰撞的事故车辆。

其次，一审法院采信上海某汽车销售服务有限公司所作的系根据厂方要求作售前检测时发现有轻微外观瑕疵并进行售前修复的辩称意见，进而以系争车辆不存在重大质量问题为由驳回邓某诉请，显属错误。

一审法院作出轻微外观瑕疵的判断与整个后保险杠整体喷漆的维修事实不符，且仅采信上海某汽车销售服务有限公司及与其关系密切的一汽大众销售有限公司工作人员的陈述失之偏颇，认定事实依据不足。现后保险杠的漆面与整个车身明显不一致，出现皱褶、泛黄。作为经营者，如果出现新车后保险杠作过维修，整体喷漆，应主动告知消费者，但上海某汽车销售服务有限公司利用消费者对一汽大众品牌的信任，明知车辆交付前已有维修记录却故意隐瞒，侵害了消费者的知情权和选择权，构成消费欺诈。故请求撤销一审法院判决，改判支持其一审诉讼请求。

邓某在二审中表示，撤回一审第二项诉讼请求，即撤回要求上海某汽车销售服务有限公司向其赔偿车辆购置税21,900元、保险费29，261.76元、代办保险服务费2000元、上牌报备费2000元、贷款服务费2000元、车辆装饰费8500元的诉讼请求。

被上诉人上海某汽车销售服务有限公司辩称，一审法院认定事实清楚，适用法律正确。

上海某汽车销售服务有限公司出售的是质量合格的新车，销售行为不存在欺诈。2016年8月30日订单中第4条明确注明“卖方将车辆交予买方前，已根据厂方要求为该车辆作了PDI，并根据PDI结果进行车辆检修、调校，确保该车辆符合厂方新车交付标准”。系争车辆到店后，上海某汽车销售服务有限公司即根据厂方要求对系争车辆进行PDI，经检测发现车辆后保险杠部位有轻微的外观瑕疵，为保证上诉人邓某取得符合厂方规定的无瑕疵车辆，上海某汽车销售服务有限公司在与厂方沟通后，对车辆的瑕疵部位进行维护，之后才将车辆交付，并向邓某出具PDI合格证明。

系争车辆维修属于售前的正常维修。维修记录截图显示，2016年9月12日车辆到店时，里程数为1公里，即证明系争车辆是未经过使用的新车。而记录中“拆装后保、后保整喷”项目，是上海某汽车销售服务有限公司对车辆进行PDI时所进行的合理维护，所需工时极少，并非重大维修。

引起车辆跑偏的原因有多种，轮胎胎压、轮胎花纹阻力偏差、新车运输过程中因颠簸等导致四轮定位调教参数有误、消费者使用不当等原因均可能引起。邓某认为系争车辆在交付前已被使用和维修，并无事实依据。

另外，上海某汽车销售服务有限公司所售系争车辆并无重大质量问题，该车经生产厂商检验合格后出厂，已取得机动车整车出厂合格证等随车文件，证明该车在投入流通时不存在任何质量问题。PDI维修记录是生产过程的延续，与事故车无关，与隐瞒和欺诈无关，不会主动向客户出示，客户在所有4S店都可以查到维修记录。

因此，上海某汽车销售服务有限公司在销售过程中，客观上不存在告知虚假情况或隐瞒真实情况的行为，主观上亦无任何过错，不存在销售欺诈行为。综上所述，上海某汽车销售服务有限公司不同意邓某的上诉请求。

上海市第一中级人民法院经二审，确认了一审查明的事实。

另查明，一审庭审中，法官就后保险杠瑕疵问题询问被上诉人上海某汽车销售服务有限公司，其答复：进入4S店就有了瑕疵，车是从长春运过来的，可能系厂方出厂运输到上海某汽车销售服务有限公司过程中造成的，具体不清楚。长途运输可能会造成瑕疵，所以厂方都会要求出售前对车辆进行PDI。

二审中，被上诉人上海某汽车销售服务有限公司确认与系争车辆同型号新车当时对外售价为250,000元，本车系作为新车按此价格出售。

上海市第一中级人民法院认为，本案上诉人邓某因个人生活需要购买车辆，且被上诉人上海某汽车销售服务有限公司没有证据证明邓某购买车辆系用于经营或其他非生活消费的情况，应认定邓某购买车辆的行为属于生活消费。为家庭生活消费需要购买汽车，发生欺诈纠纷的，消费者选择我国《消费者权益保护法》相关规定为其相关主张的请求权基础的，应当适用《消费者权益保护法》。

## 一、关于消费欺诈的认定

所谓欺诈是指一方当事人故意告知对方虚假情况，或者故意隐瞒真实情况，诱使对方当事人作出错误意思表示的行为。欺诈可以是积极作为——告知虚假情况，也可以是单纯的不作为（沉默）——隐瞒真实情况。欺诈行为包括负有告知义务时的不作为。

### （一）被上诉人上海某汽车销售服务有限公司未告知系争车辆发生瑕疵并实施“拆装后保、后保整喷”的维修行为侵犯了上诉人邓某作为消费者的知情权

我国《消费者权益保护法》规定了消费者的知情权、选择权和经营者的相应义务。

汽车属于比较复杂的商品，涉及大量的专业知识，消费者对相关领域的专业知识和信息知悉有限，在经营者和消费者之间存在严重的信息不对称。在判断需要主动告知消费者知情内容的范围时，一方面，应基于消费者在交易信息不对称中的弱势地位，给予特别保护，经营者不能以行业认知、行业惯例来对抗消费者所享有的知情权。另一方面，并非所有信息均应告知消费者。具体到售前质量检测，PDI是汽车行业特殊的做法，以确保交付的车辆符合安全标准和质量要求，是经营者理应承担的责任。相关PDI维修的内容是否属于消费者知情权的范围，应根据一般消费者的认知能力、消费心理及对消费者选择权行使的影响作出判断，直接影响消费者选择权行使和真实意思表示的信息，属于经营者应当主动披露的信息。就本案而言：

第一，系争车辆存在瑕疵。客观上，新车出厂到达4S店的运输途中和销售

环节可能会因为刮擦、碰撞等各种原因产生瑕疵。《消费者权益保护法》第23条第1款规定，经营者应当保证在正常使用商品或者接受服务的情况下其提供的商品或者服务应当具有的质量、性能、用途和有效期限；但消费者在购买该商品或者接受该服务前已经知道其存在瑕疵，且存在该瑕疵不违反法律强制性规定的除外；第3款规定，经营者提供的机动车、计算机、电视机、电冰箱、空调器、洗衣机等耐用商品或者装饰装修等服务，消费者自接受商品或者服务之日起6个月内发现瑕疵，发生争议的，由经营者承担有关瑕疵的举证责任。被上诉人上海某汽车销售服务有限公司承认交付前系争车辆后保险杠存在瑕疵，但辩称可能系厂方出厂运输到4S店过程中形成，且仅为“后保险杠倒车雷达处轻微破损漆面”这一轻微外观瑕疵，对此均未能提供充分证据予以证明。

第二，被上诉人上海某汽车销售服务有限公司实施的维修行为已经超出车辆正常售前检测的合理范畴。上海某汽车销售服务有限公司提出，其系根据操作规范，在交付系争车辆前作必要的检测时发现瑕疵而实施的喷漆维护，属于正常合理的售前质量检测。法院认为，汽车作为涉及消费者人身、财产安全以及社会公共安全的特殊商品，在交付前确实应当进行必要的售前质量检测，其目的在于判断车辆是否符合应有的安全标准和质量要求。因此，只有属于该目的范围内的检测才可以被归于PDI，而不能将其范围任意扩大。上海某汽车销售服务有限公司在二审中辩称，其为保证上诉人邓某取得符合厂方规定的无瑕疵车辆，才对车辆的瑕疵部位进行维护。“拆装后保、后保整喷”项目，是上海某汽车销售服务有限公司对车辆进行PDI时所进行的合理维护，所需工时极少，并非重大维修，PDI维修是生产过程的延续。对此，需要指出，“维护”与“维修”存在重大区别。“维护”是指保全、保护，使免遭到破坏；“维修”是指维护和修理。一方面，上海某汽车销售服务有限公司称对系争车辆瑕疵部位进行维护；另一方面，又自认“拆装后保、后保整喷”属于维修项目，存在自相矛盾之处。

本案中，被上诉人上海某汽车销售服务有限公司实施的行为是对系争车辆的后保险杠外观瑕疵予以“拆装后保、后保整喷”的维修，该行为与PDI之间并不存在必然的联系。从常理分析，车辆出厂时应属已检验合格，原装完好，并不需要再实施“拆装后保、后保整喷”的维修，上海某汽车销售服务有限公司亦未就此项维修应纳入PDI的合理性进行举证证明。基于上述分析，上海某汽车销售服务有限公司实施的“拆装后保、后保整喷”行为更符合后续修理的特征，已经超出了车辆售前正常维护和PDI的应有含义和合理范畴。

第三，经过维修的系争车辆不符合消费者“新车”认知标准。对于新车的解释，按照一般消费者的心理，指的是全新、未经使用、未经维修的车辆。本案中，超出正常维护范围的拆装后保险杠、漆面维修显然不符合上述一般消费者对于新车的认知和理解。被上诉人上海某汽车销售服务有限公司对系争车辆进行的油漆修补与原厂喷漆存在工艺和质量上的差异，此类维修亦不能使车辆部件和整车外观恢复至原装状态。

根据《消费者权益保护法》关于保护消费者知情权和选择权的有关规定、被上诉人上海某汽车销售服务有限公司交付新车的合同义务以及交易上所要求的信义义务，上海某汽车销售服务有限公司理应交付未经维修或使用的无瑕疵新车。一旦其交付的车辆存在瑕疵并经维修，上海某汽车销售服务有限公司应负有说明义务，须告知上诉人邓某瑕疵维修的事实；同时邓某有权期待上海某汽车销售服务有限公司对维修事实作出说明，因为这些信息会对消费者选择权的行使和真实意思表示产生直接影响。按照一般消费心理，消费者通常会放弃购车或在更有利于自己的价格条件下购车。

**（二）被上诉人上海某汽车销售服务有限公司未履行告知义务，侵犯了上诉人邓某作为消费者的选择权，使其陷入错误认识，属于故意隐瞒真实情况，构成欺诈**

最高人民法院于2013年11月8日公布了17号指导案例：“张某诉北京某汽

车服务有限公司买卖合同纠纷案”。该案件的裁判要点明确销售者不能证明已履行告知义务且得到消费者认可的，构成销售欺诈，消费者要求销售者按照《消费者权益保护法》赔偿损失的，人民法院应予支持。本案中，被上诉人上海某汽车销售服务有限公司就车辆瑕疵及维修事实应负有告知义务，但纵览全案真实情况，其并未履行该项义务，使上诉人邓某陷入错误认识，构成故意隐瞒。对此具体分析如下：

第一，订立合同时，虽然被上诉人上海某汽车销售服务有限公司在订单上进行了概括性的格式告知，但是不能据此认定其履行了事前的说明义务而因之免责。因为，上海某汽车销售服务有限公司未以消费者能够接受和理解的方式特别提示 PDI的性质、目的、范围和内容，以及车辆发生质量瑕疵后的修理行为亦包含在 PDI范围内。同时，双方合同约定交付新车，但对于新车的标准，订单第4条注明：“卖方将车辆交予买方前，已根据厂方要求为该车辆作了交车前PDI，并根据 PDI结果进行车辆检修、调校，确保该车辆符合厂方新车交付标准。”从该条内容看，双方对车辆交付时符合厂方新车标准的检验标准和方法作了约定。虽然订单经上诉人邓某签字确认，但该条款系格式条款。上海某汽车销售服务有限公司并未采取合理、显著的方式提请邓某注意免除或者限制其责任的条款，或按照邓某的要求，对该条款予以说明。该条款实际上排除了邓某作为消费者的重要权利，即知情权、选择权。因此，该条款属于无效条款。

第二，维修行为发生后，被上诉人上海某汽车销售服务有限公司明知系争车辆存在瑕疵并作修理处理，却未在该车交付前向消费者主动披露相关维修信息，导致消费者在购买前并不知悉自己购买的新车存在瑕疵。上海某汽车销售服务有限公司却可基于前述订单中的格式条款，将实质上的维修行为隐藏在正常的检测和维护流程之中，造成消费者无法对商品情况有全面了解，限制其知情权的行使，导致消费者在选择是否进行消费时作出的意思表示不能充分体现其自由意志。

第三，上诉人邓某基于被上诉人上海某汽车销售服务有限公司的行为陷入了错误认识。上海某汽车销售服务有限公司交付给邓某的系争车辆在交付前就已经进行过维修，但仍作为新车销售和交付。从车辆销售价格看，邓某支付对价的前提是上海某汽车销售服务有限公司向其交付新车，而非购买存在瑕疵或有维修记录的车辆。然而上海某汽车销售服务有限公司却是以当时同型号新车的正常售价将系争车辆销售给邓某的。作为从事汽车销售的专门机构，上海某汽车销售服务有限公司明知系争车辆经过维修而未履行告知义务，且以概括性的格式条款告知为借口，误导和欺骗消费者，使消费者基于对知名汽车供应商的信任而陷入错误认识，误以为是新车从而订立买卖合同、受领车辆，其相关行为违背了民事活动中的诚实信用原则，限制了消费者知情权和选择权的行使，并使消费者因之蒙受损失，应当于法律上加以惩罚和制裁。

另外，本案中，上诉人邓某提出“方向盘抖动、车辆跑偏”等问题，但表示嗣后未再有相应维修记录，且2016年9月12日维修后保险杠时维修记录显示里程数为1公里，加之一审中案外人一汽大众销售有限公司工作人员对这一现象作出了情况说明，因此，邓某关于系争车辆交付前已经被使用的理由不足。

## 二、关于被上诉人上海某汽车销售服务有限公司的责任承担

### （一）本案应作还款退车处理

《合同法》第25条规定，承诺生效时合同成立。[1]2016年8月30日，上诉人邓某至被上诉人上海某汽车销售服务有限公司下属的一汽大众某店订购CC2.0T豪华型（××××××）轿车，双方签订了订单，就车辆买卖的主要条款达成合意，合同应于当日生效，且嗣后已履行完毕。

〔1〕 本条现为《民法典》第483条：“承诺生效时合同成立，但是法律另有规定或者当事人另有约定的除外。”

《合同法》第54条第2款规定，一方以欺诈、胁迫的手段或者乘人之危，使对方在违背真实意思的情况下订立的合同，受损害方有权请求人民法院或者仲裁机构变更或者撤销。[1]本案中，被上诉人上海某汽车销售服务有限公司在向上诉人邓某销售系争车辆过程中存在欺诈行为，致使邓某在违背真实意思的情况下作出意思表示。现邓某提出退还购车款，故其与上海某汽车销售服务有限公司之间形成的买卖合同应当予以撤销。根据《合同法》第58条规定，合同无效或者被撤销后，因该合同取得的财产，应当予以返还；不能返还或者没有必要返还的，应当折价补偿。[2]邓某与上海某汽车销售服务有限公司签订的车辆买卖合同被撤销后，上海某汽车销售服务有限公司应当退还邓某相应的购车款，邓某同时应当返还系争车辆。因此，邓某要求退还购车款250,000元的诉讼请求，具有相应的法律依据，予以支持。

（二）被上诉人上海某汽车销售服务有限公司须承担车辆三倍价款的惩罚性赔偿责任

《消费者权益保护法》第55条规定，经营者提供商品有欺诈行为的，应当按照消费者的要求增加赔偿其受到的损失，增加赔偿的金额为消费者购买商品的价款或者接受服务的费用的三倍。被上诉人上海某汽车销售服务有限公司在销售车辆时存在欺诈行为，应当按照上诉人邓某的要求增加赔偿其受到的损失，增加赔偿的金额为购买车辆的价款 250,000元的三倍，即750,000元。理由如下：

第一，从立法目的看，经营者向消费者提供商品或者服务，应当恪守社会

〔1〕 本款现为《民法典》第148条、第149条、第150条。第148条规定："一方以欺诈手段，使对方在违背真实意思的情况下实施的民事法律行为，受欺诈方有权请求人民法院或者仲裁机构予以撤销。"第149条规定："第三人实施欺诈行为，使一方在违背真实意思的情况下实施的民事法律行为，对方知道或者应当知道该欺诈行为的，受欺诈方有权请求人民法院或者仲裁机构予以撤销。"第150条规定："一方或者第三人以胁迫手段，使对方在违背真实意思的情况下实施的民事法律行为，受胁迫方有权请求人民法院或者仲裁机构予以撤销。"

〔2〕 本条现为《民法典》第157条。

公德，诚信经营，保障消费者的合法权益。对于违反诚信的欺诈行为，《消费者权益保护法》明确规定了经营者要向消费者承担三倍价款或者费用的惩罚性赔偿制度。惩罚性赔偿制度设立的目的就是不仅要使受害人所遭受的实际损失得到赔偿和填补，还要让经营者对其欺诈经营行为承担更大的责任，付出更大的代价，从而对其产生惩罚作用，并威慑、警告其他经营者，防止类似或更为严重的商业欺诈行为的发生，从而净化市场环境，保护处于弱势地位的消费者的合法权益。

第二，从法条文义看，只要经营者提供商品或者服务有欺诈行为，就需要按照商品价款或接受服务的费用的三倍进行赔偿。该法条未对消费者受到损失的大小进行区分。因此，邓某要求三倍赔偿的诉讼请求，具有相应的法律依据，应予以支持。

综上所述，上诉人邓某关于被上诉人上海某汽车销售服务有限公司未履行告知义务，隐瞒系争车辆被维修的事实，侵犯其合法权益，构成欺诈并应承担相应民事责任的上诉请求成立，予以支持。

二审中，邓某表示自愿放弃对车辆购置税、保险费、代办保险费、上牌报备费、贷款服务费、车辆装饰费等费用的追索，系对自身民事权利的合法处分，予以准许。一审法院认定上海某汽车销售服务有限公司不构成消费欺诈并作出驳回邓某全部诉请的判决不当，依法予以纠正。据此，上海市第一中级人民法院依照《合同法》第25条[1]、第54条[2]、第58条[3]；《消费者权益保护法》第8条第1款，第9条，第23条第1款、第3款，第55条；《民事诉讼法》第170条第1款第2项[4]规定，判决：(1)撤销上海市浦东新区人民法院(2016)沪0115民初81221号判决；(2)撤销上诉人邓某与被上诉人上海某汽车销售服务有限公

〔1〕 本条现为《民法典》第483条。

〔2〕 本条现为《民法典》第147条、第148条、第149条、第150条、第151条。

〔3〕 本条现为《民法典》第157条。

〔4〕 2021年《民事诉讼法》修改后，本项变更为第177条第1款第2项。

司于2016年8月30日达成的车辆买卖合同；（3）被上诉人上海某汽车销售服务有限公司应于本判决生效之日起10日内返还上诉人邓某购车款人民币250,000元；（4）上诉人邓某应于本判决生效之日起10日内将所购的大众牌轿车一辆（车辆型号×××、车架号×××、发动机号×××）返还被上诉人上海某汽车销售服务有限公司；（5）被上诉人上海某汽车销售服务有限公司应于本判决生效之日起10日内赔偿上诉人邓某损失人民币750,000元。本判决为终审判决。

## 作者点评

证明责任分配问题常常是实务中的争论焦点。

在车辆买卖合同纠纷中，购买者是否属于“消费者”身份的认定问题直接影响消费者最终能否维护自己的合法权益。判定主要依据是消费者购买商品是否用于个人生活或消费。

邓某因个人生活需要购买车辆，且被上诉人上海某汽车销售服务有限公司没有证据证明邓某购买车辆系用于经营或其他非生活消费的情况，应认定邓某购买车辆的行为属于生活消费

就本案而言，邓某因个人生活需要购买车辆，上海某汽车销售服务有限公司主张邓某不是消费者，法院将“证明上诉人邓某是否为个人生活消费目的购买车辆”的举证责任分配给被告，被上诉人上海某汽车销售服务有限公司应提供证据证明邓某购买车辆系用于经营或其他非生活消费，举证责任分配是恰当的；其次，PDI的目的在于判断车辆是否符合应有的安全标准和质量要求。因此，只有符合该目的的检测才可以被归于PDI，而不能随意扩大PDI范围。〔1〕PDI秉持的原则是对售前车辆进行合理维护，不是维修，且必须合理范

〔1〕 参见牛文冉：《论消费者知情权与经营者告知义务——兼以公报案例分析侵犯知情权与构成欺诈的界限》，苏州大学2019年硕士学位论文，第19页。

围内的，本案被上诉人对涉案车辆进行的“拆装后保、后保整喷”明显超出了维护的合理范畴。

## 法条链接

《中华人民共和国民法典》

**第一百四十八条** 一方以欺诈手段，使对方在违背真实意思的情况下实施的民事法律行为，受欺诈方有权请求人民法院或者仲裁机构予以撤销。

**第一百四十九条** 第三人实施欺诈行为，使一方在违背真实意思的情况下实施的民事法律行为，对方知道或者应当知道该欺诈行为的，受欺诈方有权请求人民法院或者仲裁机构予以撤销。

**第一百五十条** 一方或者第三人以胁迫手段，使对方在违背真实意思的情况下实施的民事法律行为，受胁迫方有权请求人民法院或者仲裁机构予以撤销。

**第一百五十一条** 一方利用对方处于危困状态、缺乏判断能力等情形，致使民事法律行为成立时显失公平的，受损害方有权请求人民法院或者仲裁机构予以撤销。

**第一百五十七条** 民事法律行为无效、被撤销或者确定不发生效力后，行为人因该行为取得的财产，应当予以返还；不能返还或者没有必要返还的，应当折价补偿。有过错的一方应当赔偿对方由此所受到的损失；各方都有过错的，应当各自承担相应的责任。法律另有规定的，依照其规定。

《中华人民共和国消费者权益保护法》

**第八条** 消费者享有知悉其购买、使用的商品或者接受的服务的真实情况的权利。

消费者有权根据商品或者服务的不同情况，要求经营者提供商品的价格、产地、生产者、用途、性能、规格、等级、主要成份、生产日期、有效期限、检验合格证明、使用方法说明书、售后服务，或者服务的内容、规格、费用等有关情况。

**第九条** 消费者享有自主选择商品或者服务的权利。

消费者有权自主选择提供商品或者服务的经营者，自主选择商品品种或者服务方式，自主决定购买或者不购买任何一种商品、接受或者不接受任何一项服务。

消费者在自主选择商品或者服务时，有权进行比较、鉴别和挑选。

**第五十五条** 经营者提供商品或者服务有欺诈行为的，应当按照消费者的要求增加赔偿其受到的损失，增加赔偿的金额为消费者购买商品的价款或者接受服务的费用的三倍；增加赔偿的金额不足五百元的，为五百元。法律另有规定的，依照其规定。

7

# 贵州某汽车销售服务有限公司与杨某某买卖合同纠纷案

——个人所购车辆用于生活所需同时用于商业接待等用途属于为生活消费需要购买、使用商品

## 案件基本信息

1. 法院裁判文书

最高人民法院(2018)最高法民终12号民事判决书

2. 案由

买卖合同纠纷

3. 当事人

上诉人(原审被告):贵州某汽车销售服务有限公司

被上诉人(原审原告):杨某某

被上诉人(原审被告):某汽车(中国)销售有限公司

## 裁判要旨

车辆登记于自然人名下,车辆使用性质登记为非营运车辆,将个人所购车辆用于生活所需,即使同时用于商业接待等与工作有关的用途,依然属于为生活消费需要购买、使用商品,受到《消费者权益保护法》的保护。经营者未履行告知的相关信息不影响缔结合同的根本目的,也未对消费者造成重大不利

影响，不构成欺诈。尽管对消费者的知情权产生了一定的影响，经营者仅须承担与之相对应的部分赔偿责任，无须承担惩罚性赔偿责任。

## 基本案情

2014年3月20日，某汽车（中国）销售有限公司从英国进口一辆宾利慕尚汽车（发动机号×××，车架号×××），中华人民共和国出入境检验检疫局出具了中华人民共和国出入境检验检疫进口机动车辆随车检验单，中华人民共和国上海海关出具了货物进口证明书。

2014年6月24日，杨某某与贵州某汽车销售服务有限公司签订销售合同，约定贵州某汽车销售服务有限公司向杨某某销售尊贵版宾利慕尚汽车一台，单价5,500,000元。贵州某汽车销售服务有限公司保证所售车辆具有合法手续，符合国家商检部门检验标准，车辆的质量标准和保修期限按厂家规定。如发生质量问题，贵州某汽车销售服务有限公司协助解决。预计交车日期为2014年7月30日，以杨某某全部车款到达贵州某汽车销售服务有限公司账户为前提，最终交车日期以贵州某汽车销售服务有限公司的通知为准。杨某某在交车地点现场验收车辆，贵州某汽车销售服务有限公司将车辆交由杨某某实际支配并向杨某某交付车辆的海关及商检单证、维修保养手册、交车清单等文件。车辆交接书的签订视为车辆的正式交付，其后一切风险责任由杨某某承担。销售合同对所售车辆的发动机号、车架号等未作约定。

贵州某汽车销售服务有限公司随后从某汽车（中国）销售有限公司购入前述进口宾利慕尚汽车。

2014年7月30日，该车辆运抵贵州某汽车销售服务有限公司，贵州某汽车销售服务有限公司拟将该车辆交付杨某某。同日，贵州某汽车销售服务有限公司进行车辆移交检查时发现车辆左前门下有漆面损伤，通过抛光打蜡清除了漆面损伤，这一处理操作记载于该车辆的维修记录中。2014年10月8日，因汽车右后窗帘存在异响，贵州某汽车销售服务有限公司更换了窗帘总成，该维修操作亦记载于车辆的维修记录中。

2014年9月26日，贵州某汽车销售服务有限公司向杨某某开具机动车销售统一发票。2014年10月14日，杨某某取得贵州省出入境检验检疫局出具的中华人民共和国进口机动车辆检验检疫证明。2014年10月30日，杨某某为所购车辆办理了机动车登记手续。

2016年5月31日，杨某某通过www.chejianding.com即车鉴定网查询所购车辆的维修保养记录时，查询到涉案车辆的前述处理、维修记录，遂以贵州某汽车销售服务有限公司和某汽车（中国）销售有限公司在车辆交付之时未向其告知前述情形构成欺诈、给其造成巨大损失为由提起本案诉讼。

审理过程中，原审法院要求贵州某汽车销售服务有限公司提供车辆交接书，或者能证明车辆交付时间的其他证据，贵州某汽车销售服务有限公司均无法提供。经原审法院释明，杨某某不同意对涉案车辆现有价值进行估价。

原审法院归纳本案的争议焦点为：（1）贵州某汽车销售服务有限公司是否存在欺诈，销售合同是否应被撤销；（2）贵州某汽车销售服务有限公司是否应承担惩罚性赔偿责任；（3）某汽车（中国）销售有限公司是否应承担连带责任。

关于第一个焦点问题。原审法院认为，《消费者权益保护法》第2条、第20条规定，消费者享有知悉其购买、使用的商品之真实情况的权利，经营者负有真实、全面向消费者提供有关商品或者服务信息、不得作虚假或者引人误解的宣传的义务，《消费者权益保护法》第16条规定经营者应依法或依约定诚信向消费者提供商品或者服务。根据上述规定，对于商品买卖，在合同缔结和商品销售的整个过程中，消费者都享有知情权，经营者都负有如实告知商品信息的义务，通过确保消费者的知情权使消费者能基于其真实意愿作出意思表示并正确行使相关权利。虽然销售合同中对车辆的发动机号、车架号等未作约定，但涉案车辆在销售过程中已特定化，出于对消费者杨某某知情权和选择权的保护，对欺诈情形的认定不能仅限于销售合同的缔约阶段，而应延续到涉案车辆的销售过程。

车辆的最终交付意味着销售的结束，确定车辆的交付时间对认定贵州某汽车销售服务有限公司是否构成欺诈至关重要。因双方均未提供证明车辆交付时间的证据，原审法院依据销售合同中关于预计交车日期、交车的前提条件和具体事项、车辆验收、风险转移等的约定，以及杨某某关于其已于2014年10月14日收到涉案车辆进口机动车辆检验证明的自认，认定涉案车辆的交付时间为2014年10月14日。因涉案车辆于2014年7月30日和10月8日进行过瑕疵处理和维修，贵州某汽车销售服务有限公司不能证明其已告知过杨某某相关情况，可认定贵州某汽车销售服务有限公司在车辆交付前故意隐瞒了车辆的前述问题，剥夺了杨某某知情权和选择权，贵州某汽车销售服务有限公司的行为构成欺诈，销售合同应予撤销。

销售合同被撤销后，应发生相互返还的效果。因涉案车辆交付后杨某某占有使用已近三年，在退还购车款时应由杨某某负担合理的折旧费用，杨某某不同意对车辆现有价值进行评估，原审法院根据市场惯例，结合案件实际情况，酌定以车辆实际销售价格的10%为每年的折旧比例，三年折旧费共计1,650,000元，贵州某汽车销售服务有限公司应在扣除车辆折旧费后将购车款退还杨某某，同时应承担杨某某支付的车辆购置税470,085.47元，杨某某也应将车辆返还贵州某汽车销售服务有限公司。

关于第二个焦点问题。《合同法》第113条规定，当事人违约给对方造成损失的，损失赔偿额应当相当于因违约所造成的直接损失和可得利益损失，但不得超过违约方订立合同时预见到或者应当预见到的因违反合同可能造成的损失。[1]但经营者对消费者提供商品或者服务有欺诈行为的，依照《消费者权益保护法》的规定承担损害赔偿责任。《消费者权益保护法》第55条第1款规定："经营者提供商品或者服务有欺诈行为的，应当按照消费者的要求增加赔偿其受到的损失，增加赔偿的金额为消费者购买商品的价款或者接受服务的费用的三倍；增加赔偿的金额不足五百元的，为五百元。法律另有规定的，依照其规定。"依上述规定，三倍赔偿责任的规定主要是针对经营者的欺诈行为，具有惩罚的性质，与消费者所受损失大小无必然关系，该规定未明确要求损失是由《产品质量法》所规定的缺陷产品造成。本案中，贵州某汽车销售服务有限公司存在欺诈行为，虽然涉案车辆的漆面损伤及右后窗帘异响问题已由贵州某汽车销售服务有限公司处理，但涉案车辆不同于一般的汽车商品，其品牌溢价高，价值高达5,500,000元，即使比涉案车辆问题更轻微的质量问题亦会严重影响车辆的价值，从而给消费者杨某某造成损失。因此，依据《消费者权益保护法》第55条第1款，贵州某汽车销售服务有限公司应承担购车款三倍的惩罚性赔偿责任。

关于第三个焦点问题。因某汽车（中国）销售有限公司并非销售合同的销售方，未直接对杨某某进行销售及服务，某汽车（中国）销售有限公司不能实施欺诈行为，杨某某也未举证证明某汽车（中国）销售有限公司知悉车辆存在的问题，对杨某某要求某汽车（中国）销售有限公司承担连带责任的诉讼请求，原审法院不予支持。

综上所述，原审法院依照《合同法》第20条[2]、第54条[3]、第113条[4]，《消

---

〔1〕 本条现为《民法典》第584条："当事人一方不履行合同义务或者履行合同义务不符合约定，造成对方损失的，损失赔偿额应当相当于因违约所造成的损失，包括合同履行后可以获得的利益；但是，不得超过违约一方订立合同时预见到或者应当预见到的因违约可能造成的损失。"

〔2〕 本条现为《民法典》第478条："有下列情形之一的，要约失效：(一)要约被拒绝；(二)要约被依法撤销；(三)承诺期限届满，受要约人未作出承诺；(四)受要约人对要约的内容作出实质性变更。"

〔3〕 本条现为《民法典》第147条、第148条、第149条、第150条、第151条。

〔4〕 本条现为《民法典》第584条。

费者权益保护法》第8条、第16条、第20条和第55条的规定，判决：（1）撤销杨某某与贵州某汽车销售服务有限公司2014年6月24日签订的销售合同；（2）杨某某于判决生效之日起10日内将涉案汽车退还给贵州某汽车销售服务有限公司；（3）贵州某汽车销售服务有限公司在判决生效之日起10日内，返还杨某某购车款3,850,000元，车辆购置税470,085.47元；（4）贵州某汽车销售服务有限公司在判决生效之日起10日内，支付杨某某车辆赔偿金16,500,000元；（5）驳回杨某某的其他诉讼请求。案件受理费154,150.40元，诉讼保全费5000元，由贵州某汽车销售服务有限公司负担。

二审审理过程中，贵州某汽车销售服务有限公司提交如下五组证据：

证据一：付款通知及增值税发票。拟证明贵州某汽车销售服务有限公司交付的车辆符合约定，其销售所得纯利润不足10万元，不存在欺诈。

证据二：某汽车（中国）销售有限公司2017年12月8日出具的情况说明一份。拟证明贵州某汽车销售服务有限公司2014年7月30日对新车到店的检查属于PDI程序，按行业惯例可以不告知杨某某，且检查情况已如实上报至厂家系统。

证据三：浙江省温州市中级人民法院民事判决书。拟证明依据类案审理结果，经销商在PDI过程中对发现的问题进行修复后，汽车符合出厂检验标准的，经销商可将该车正常销售而无须作特别说明和提醒。

证据四：贵州某汽车销售服务有限公司2014—2016年度资产负债表。拟证明贵州某汽车销售服务有限公司长期处于亏损状态，其无法承受原审判决结果。

证据五：四川某汽车销售服务有限公司业务报价清单。拟证明涉案窗帘总成的配件及工时费市场价总计为38，903.40元。

杨某某质证称，对证据一和证据二的真实性和合法性均无异议，但不能证明车辆符合约定及贵州某汽车销售服务有限公司不存在欺诈。漆面损伤属于

PDI程序，但对窗帘的维修即使属于PDI程序，经营者也应在交付前告知消费者；对证据三的真实性、合法性无异议，但该证据与本案无关；对证据四的真实性、合法性和关联性均不认可；对证据五的合法性无异议，但对其所记载的内容不予认可。同时，杨某某称经尝试，其无法提供关于涉案窗帘总成配件及工时费市场价格的证据。

某汽车（中国）销售有限公司对上述五组证据的真实性、合法性及关联性均无异议。

本院认证意见：证据一可证明涉案车辆的售价，但仅凭该证据不能证明贵州某汽车销售服务有限公司是否存在欺诈；证据二实系本案当事人某汽车（中国）销售有限公司对相关法律适用问题的意见，不属于证明案件相关事实的证据；证据三所涉案情与本案不同，该另案判决与本案无关；证据四与本案争议事实无关。

因贵州某汽车销售服务有限公司提供的证据五涉及涉案窗帘总成的配件及工时费的市场价格而杨某某无法提供反证，为进一步核实涉案窗帘总成配件及工时的市场行情，本院分别向西南地区某经销商、中南地区某经销商进行了询价。询价回复函显示，该型号车辆窗帘总成的配件费用在27,153.58元至38，341.80元，工时为0.6小时，工时费为561.6元。

贵州某汽车销售服务有限公司对二份询价回复函的真实性、合法性和关联性均无异议；杨某某对二份询价回复函的合法性无异议，对内容的真实性和关联性有异议，并认为维修价格的高低不影响对贵州某汽车销售服务有限公司责任的认定；某汽车（中国）销售有限公司对二份回复函的真实性无异议，认可标准工时为0.6小时，因窗帘总成报价涉及零售价和索赔价的差异，而经销商未在报价中对此进行说明，故对回复函中所涉配件费用无法判别。同时，某汽车（中国）销售有限公司称其销售给贵州某汽车销售服务有限公司时窗帘总成的价格为29，068元（保修含税金额），标准工时为60TU，工时费为384元。

本院认为，区域市场差异之存在乃客观现实，贵州某汽车销售服务有限公司提交的证据五即四川某汽车销售服务有限公司业务报价清单所显示的配件及工时费与本院询价所得信息无实质差异，本院对贵州某汽车销售服务有限公司提供的证据五予以采信。

二审中，本院要求杨某某提供了涉案车辆的机动车行驶证，根据机动车行驶证的记载，涉案车辆使用性质为“非营运”。贵州某汽车销售服务有限公司和某汽车（中国）销售有限公司对车辆行驶证的真实性均无异议，本院对车辆行驶证的真实性予以确认。贵州某汽车销售服务有限公司还提出，涉案车辆使用性质记载为“非营运”不能表明车辆未实际用于营运，杨某某当庭承认其以经商为业，涉案车辆主要用于商务接待等活动，故涉案车辆并非因生活消费需要而购买，本案不应适用《消费者权益保护法》。

本院经审理，对原审法院查明的基本事实予以确认。

本院另查明：（1）涉案窗帘总成的配件市场价为38，341.80元，工时耗时为0.6小时，工时费为561.60元。（2）截至2018年1月23日，涉案车辆使用已超过三年，行驶里程超过29，000公里。（3）杨某某庭审中称其以经商为业，贵州某汽车销售服务有限公司和某汽车（中国）销售有限公司对此未予以反驳，本院对杨某某陈述的该事实予以认定。（4）贵州某汽车销售服务有限公司以原装配件更换涉案窗帘总成未向杨某某额外收取费用。

本院二审中，中国消费者协会和中国汽车流通协会分别派员到庭，就涉案车辆漆面问题的处理及窗帘更换问题是否属于正常的交车前检查处理程序、相关信息是否应告知消费者、如果未告知是否应承担赔偿责任等问题发表意见。

中国汽车流通协会代表表示：涉案车辆的漆面伤处理及窗帘更换均属于PDI程序即乘用车新车售前检查服务。乘用车新车售前检查服务是指经销商按照供应商的规定与标准，对消费者所购乘用车新车进行检查和校正的检测服务，包括对新车外观（内外饰）和随车工具进行静态检查，以及对功能性零部件、机械构造等进行动态检查，通过检查发现并处理一切不符合供应商规定和标准的项目。PDI是新车销售前特有的服务，其目的是为消费者提供一辆合格的新车。中国汽车流通协会经组织行业专家、主机厂、经销商调研后已于2017年3月发布《乘用车新车售前检查服务指引（试行）》（以下简称《指引》），列出了经销商应对消费者进行告知的情形和标准。就本案而言，经销商交车前对油漆的抛光打蜡、更换原装窗帘总成均属PDI操作，其目的是使车辆达到交付标准。对于检测中发现的问题是否应告知消费者，现行法律法规并无明文规定，亦无成文的国家标准或行业标准。

中国消费者协会代表表示：首先，《消费者权益保护法》第8条、第20条均涉及消费者知情权的保护。涉案车辆交付前的抛光打蜡及窗帘更换均属于对车辆的维修，会造成车辆价值的贬损，上述信息均属于影响消费者选择权和公平交易权的重要信息，经营者均应全面告知。其次，中国汽车流通协会起草并发布的《指引》主要代表经营者和生产者的利益，不能约束消费者，一般情况下购车人员并不知道PDI程序的存在。再次，PDI程序不能违反我国法律的规定。如果利用PDI程序达到隐藏瑕疵的目的，将构成对消费者权益的侵害。最后，不能确定PDI程序是否属于汽车行业国际惯例，即使属于也不得违背我国公共利益，且当事人可以明示排除国际惯例的适用。另外，依《指引》第8.1.2条和第8.1.3条，PDI情况应记录于交接单。如果瑕疵发生在交付消费者之前，应由经销商修复后签字、盖章、记录并在一定期限内存档。本案中经销商虽上传了相关信息，但其目的在于告知供应商相关情况以解决其内部财务支出和许可问题，其初衷并非直接告知消费者，故本案仍应适用《消费者权益保护法》第55条的规定判决经营者“退一赔三”，以促进行业的规范自律、健康发展。消费者期待购买的是原装整车而非车辆的某个局部，故三倍赔偿的基数应为整车的售价。

## 争议焦点

1.《消费者权益保护法》是否适用于涉案纠纷；

2. 贵州某汽车销售服务有限公司的行为是否构成欺诈；

3. 贵州某汽车销售服务有限公司是否应承担相应的赔偿责任。

## 裁判理由

### 一、涉案纠纷是否适用《消费者权益保护法》

《消费者权益保护法》第2条规定，消费者为生活消费需要购买、使用商品或者接受服务，其权益受该法保护。涉案车辆价值较高，关于该类车辆是否属于“生活消费需要”的商品、本案是否适用《消费者权益保护法》，本院认为，首先，不同消费者受收入约束的程度不一，即使是同等收入的消费者，其消费预算、消费习惯、消费偏好亦存在差别，何谓“生活消费需要”，感受因人而异。随着经济社会的不断发展，“生活消费需要”的范围相应亦呈扩展和变化之势，仅以车辆售价的高低作为“生活消费需要”的判断标准，现实中具有不确定性。其次，杨某某自认涉案车辆主要用于接待等商务活动，贵州某汽车销售服务有限公司据此认为涉案车辆并非用于“生活消费需要”。本院认为，消费者将个人所购车辆用于生活所需且不排除用于与工作有关的用途，乃个人消费者日常用车的常见情形，将为“生活消费需要”而购车解释为所购车辆不能同时用于与工作有关的用途，与社会大众使用车辆的现实不符，且必然导致大量购买车辆的消费者被排除在《消费者权益保护法》的保护范围之外，不利于消费者权益的保护。因此，既然涉案车辆登记于自然人杨某某名下，车辆使用性质登记为非营运，而贵州某汽车销售服务有限公司和某汽车（中国）销售有限公司不能举证证明涉案车辆直接作为生产经营工具使用，因杨某某的工作性质与商业活动相关，即使存在杨某某将所购车辆同时用于商业接待的事实，《消费者权益保护法》亦应适用于本案。

**二、贵州某汽车销售服务有限公司的行为是否构成《消费者权益保护法》中的欺诈**

（一）欺诈构成要件中信息告知的时间节点是否以缔约阶段为限。贵州某汽车销售服务有限公司认为，根据《民通意见（试行）》第68条的规定，欺诈仅存在于作出意思表示的缔约阶段，缔约之后产生的纠纷属于经营者履约过程中是否违约的问题。本院认为，相对于消费者，经营者在商品信息的获取上明显处于优势地位，消费者难以知悉经营者获取商品相关信息的具体时间或阶段，难以区分经营者对相关信息的获取是在缔约之前还是缔约之后。若经营者将其缔约之后、交付之前知悉的不利于消费者的信息不告知消费者，而仅将此种情形作为履约过程中的违约行为处理，不利于充分保护消费者的知情权。即使经营者在缔约阶段对不利于消费者的相关商品信息不知情，但在交付消费者之前已经知悉的，其仍负有及时告知消费者的义务。贵州某汽车销售服务有限公司关于欺诈仅限于缔约阶段、缔约后的未告知仅涉及“三包”售后服务的上诉理由，本院不予支持。

（二）贵州某汽车销售服务有限公司是否具有将涉案信息告知杨某某的法定义务。依据《消费者权益保护法》第8条和第20条，消费者享有知悉商品相关信息的权利，经营者负有主动向消费者提供商品真实、全面信息的义务。本案中杨某某主张贵州某汽车销售服务有限公司交付车辆时未告知其车辆有过维修记录，故意隐瞒了车辆的相关情况，该主张涉及贵州某汽车销售服务有限公司履行信息告知义务是否全面的问题。

关于商品信息的全面告知，在强调消费者有权获取商品全面信息的同时，亦应强调对消费者知情权的实质性保护。现代汽车商品零部件众多，构造复杂，车辆从生产至最终交付消费者，其间需经历运输、存储等诸多环节，产品自身及物流环节涉及的信息量巨大，要求经营者将前述所有信息不加区分地全部告知消费者，并不利于消费者知情权的实质性保护，亦可能导致交易成本的不必要增加。经营者所应提供的商品全面信息，并非指与商品有关的所有信息，而是指可能影响消费者人身健康、安全或一定财产利益的全部重要信息。关于涉案车辆的漆面瑕疵和窗帘总成问题及相应处理措施是否属于应予告知的信息，分析如下：

关于车辆漆面瑕疵及其处理。本院注意到，涉案车辆产自英国，车辆经由包括海运在内的多种运输方式方完成从生产车间至最终销售网点的物理位移，运抵销售网点后亦经历了一定时间的存放。因外在环境、车辆本身的特性甚至物流、仓储过程中人为操作的轻微失误，均可能导致车辆表面或相关部位出现瑕疵。涉案车辆的受损漆面仅有车辆左前门下方一处而非车身多处，无证据证明漆面损伤面积较大，其处理不涉及相应部位的钣金操作，甚至不涉及油漆用料。就处理效果而言，正如杨某某的自认，漆面轻微损伤经抛光打蜡后肉眼即已无法察觉，需用高精密的仪器才可以检测出。因此，对于新车在流通或存储环节产生的此类轻微瑕疵，经营者通过轻微的手段进行消除的行为，属于新车交付前合理的整理行为。该类问题及相应的整理行为显著轻微，不涉及消费者人身健康和安全，几乎不涉及其实质性财产利益，经营者如未将这类信息告知消费者，不构成对法定告知义务的违反，不构成对消费者知情权的侵犯。二审审理过程中，杨某某亦自认漆面轻微损伤及其处理问题属于正常的交车前检查处理程序。另外，对于类似信息，经营者可以基于商业判断对消费者予以告知，以更规范、更高程度的信息披露提升其长远商业竞争力。事实上，中国汽车流通协会制定的《指引》对此已予以引导。

关于窗帘问题及其处理。贵州某汽车销售服务有限公司主张窗帘总成的更换系因杨某某提车时提出了处理要求，并主张窗帘异响系因车辆到店后长时间停放带来的窗帘电机运行不畅所致，但贵州某汽车销售服务有限公司对此均未提交相应证据，而且新车长时间存放不必然导致此类问题的发生。对于新车到店后经营者经检查发现的此类轻微问题，如果一律退运回生产厂家处理，或者由生产厂家、经营者投入更多成本以进一步降低轻微问题出现的概率，必将导致经营成本的增加，进而导致消费者交易成本的增加。对消费者而言，以合理价格购买到从出厂、运输、存放直至交付所有环节均完美无缺的车辆，固然可以最大限度满足其消费体验，但权衡行业现实、相关操作的经济合理性，对新车的此类轻微问题，由获授权的经营者以符合行业操作规范标准的措施进行修复，在轻微问题可以得到消除的前提下，一名理性的消费者应将经营者对新车的修复行为视为生产厂家的修复行为。但与此同时，贵州某汽车销售服务有限公司不能证明该类问题的产生与新车的运输或存储有关，且对右后遮阳窗帘总成的处理涉及配件的更换，所需的材料费及工时费均可独立计价，配件和所耗工时的市场价约4万元，数额并非显著偏低。故本院认为，贵州某汽车销售服务有限公司针对右后窗帘总成所采取的并非对新车瑕疵的整理措施，而是对新车局部轻微问题的修复措施。该类信息对消费者的消费心理和财产利益具有一定的影响，经营者应向消费者如实告知，贵州某汽车销售服务有限公司未予告知，违反了《消费者权益保护法》第8条第1款和第20条第1款的规定，侵犯了消费者的知情权。

（三）贵州某汽车销售服务有限公司未将与窗帘有关的问题告知杨某某是否构成《消费者权益保护法》中的欺诈。《消费者权益保护法》第8条和第20条的规定对于平衡消费者在商品信息获取上所处的不利地位、确保消费者的知情权不受侵犯具有重要意义。至于贵州某汽车销售服务有限公司违反法定告知义务是否构成《消费者权益保护法》第55条第1款项下的欺诈，本院认为应综合考虑如下因素：

1. 是否影响消费者缔约的根本目的

（1）合同中是否对此存在专门约定。双方在销售合同中对涉案车辆的基本情况如厂商、品牌及型号、颜色、单价、交付方式、付款方式等作了约定；贵州某汽车销售服务有限公司的义务还包括车辆应商检合格、具有合法手续、质量标准和保修期限应依厂家规定等；双方还对其他事项进行了约定。从合同内容来看，销售合同并未对与窗帘相关的问题或者类似问题进行约定。因此，与窗帘相关的问题或类似问题并不构成杨某某缔约的根本目的。杨某某诉称涉案车辆系经过“大修”的问题车而非新车，该主张与一般公众对于“大修”的合理认知明显不符，在并无证据证明该车交付前即已被他人办理过车辆注册登记，或虽未办理过车辆注册登记但被他人实质使用过的情况下，贵州某汽车销售服务有限公司交付的车辆属于合同所约定的新车。

（2）问题是否严重及相应处理措施是否复杂。关于车辆的窗帘问题及相应修复措施，不涉及车辆的动力系统如发动机和变速器等，不涉及车辆的转向系统、制动系统、悬架系统、安全系统，不涉及前后桥的主要零件及全车的主线束，不危及车辆安全性能、主要功能和基本用途。相应修复措施轻微，花费时间较短，与此相关的信息并不属于影响杨某某缔约根本目的的重要信息。

（3）是否给消费者造成较大不利影响。首先，是否涉及杨某某的人身健康和安全。本案中，并无证据证明窗帘问题及其修复给杨某某的人身健康和安全构成潜在威胁，甚至造成实质损害。杨某某二审庭审时还称其系以全款购买豪车而贵州某汽车销售服务有限公司实际交付的却是有过修理记录的车辆，对其心理上造成了伤害。《消费者权益保护法》第51条规定：“经营者有侮辱诽谤、搜查身体、侵犯人身自由等侵害消费者或者其他受害人人身权益的行为，造成严重精神损害的，受害人可以要求精神损害赔偿。”但杨某某未举证证明贵州某汽车销售服务有限公司在销售过程中存在上述法定情形。事实上，杨某某并未以其人身健康、安全受损或受威胁为由提起本案诉讼。其次，是否影响到杨某某的日常使用。至本案二审第一次庭审时，涉案车辆实际使用时间已经超过三年，行驶里程超过29，000公里，且杨某某称涉案车辆常用于商业接待，无证据证明窗帘问题对其日常使用造成了不利影响。杨某某二审庭审中称，窗帘处目前似存在漏风和风噪的情况，对此，在符合法定要件的前提下，杨某某有权另行主张相应权利。最后，是否涉及杨某某较大的财产利益。一般而言，如果经营者的欺诈行为给消费者造成了损失，通过消费者所遭受损失的严重程度，可合理反推经营者所隐瞒信息对消费者知情权影响的严重程度。杨某某诉称车辆系经过大修的车辆，给其造成了巨大损失，但一审审理过程中杨某某并未就损失问题提供任何证据。二审庭审中，杨某某称经咨询相关评估机构，车辆经维修后价值降低了约900,000元，对此杨某某亦未提交任何证据。虽然更换涉案窗帘总成的费用就数额而言并非显著偏低，但相对于车辆购置价而言，该数额亦非明显偏高，且与车辆购置价相比占比显著轻微，故对于涉案车辆的消费者而言，窗帘修复费用并不构成一项较大的财产利益。

原审法院认为，涉案车辆不同于一般的汽车商品，其品牌溢价高，更轻微的质量问题亦会严重影响车辆价值，从而造成消费者杨某某的损失。本院认为，价格高低取决于不同消费者的主观感受，在判断瑕疵或问题对车辆价值的影响时，以车辆市场售价的高低作为一般汽车商品与特殊汽车商品的区分标准，实践中难以掌握。涉案车辆本质上仍属于可依型号、规格、质量等加以确定的具有共同物理属性的物，并非具有独特特征而无法代替的物，原审法院的上述认定并无依据。

因此，从合同约定的内容、问题及处理措施的轻微程度及给杨某某造成的影响来看，本案并不存在杨某某的缔约目的不能实现的情形。

2.贵州某汽车销售服务有限公司是否存在隐瞒相关信息的主观故意

首先，在车辆交付之前，贵州某汽车销售服务有限公司将上述两处操作均如实予以记录，并即时上传至消费者可通过一定途径公开查询的网络。信息的录入和上传系经营者自行主动完成，相关信息已在一定程度上进行了披露。虽然中国消费者协会认为经营者记录和上传前述信息的目的是对供应商而非消费者进行告知，但不论其主观目的如何，既然信息的记录和上传系经营者主动为之，且客观上有助于消费者查询到该类信息，可认定经营者并无刻意隐瞒相关信息的意图。其次，从涉案车辆的销售流程可见，杨某某向贵州某汽车销售服务有限公司签约订购车辆在先，贵州某汽车销售服务有限公司向某汽车（中国）销售有限公司订购车辆在后，杨某某向贵州某汽车销售服务有限公司订购车辆时，车辆的发动机号和车架号尚未确定，亦即杨某某与贵州某汽车销售服务有限公司签约时待购车辆尚未特定，无证据证明贵州某汽车销售服务有限公司与杨某某缔约时即已知悉前述问题的存在。因此，在本次销售过程中贵州某汽车销售服务有限公司并无隐瞒相关问题及处理记录的主观故意。

综上所述，贵州某汽车销售服务有限公司虽未将窗帘问题及其修复情况告知杨某某，但未予告知的信息并不属于影响杨某某缔约根本目的的重要信息，无证据证明贵州某汽车销售服务有限公司存在隐瞒相关信息的主观故意，该类轻微问题也并不属于明显超出一般消费者心理所能承受范围之特殊事件，且涉案纠纷的标的物不涉及食品和药品。综合考量上述因素，本院认为，贵州某汽车销售服务有限公司未履行告知义务虽一定程度上侵犯了杨某某的知情权，但尚不构成欺诈。原审法院依据《合同法》第54条第2款[1]、《消费者权益保护法》第55条第1款的规定，以贵州某汽车销售服务有限公司存在欺诈为由判令撤销销售合同，贵州某汽车销售服务有限公司向杨某某折价退赔购车款，并以车辆购置价格为基础承担三倍赔偿责任，法律适用存在错误，本院予以纠正。

---

〔1〕 本款现为《民法典》第148条、第149条、第150条。

## 三、贵州某汽车销售服务有限公司是否应承担相应责任

贵州某汽车销售服务有限公司对漆面瑕疵所采取的轻微处理措施属于经营者新车交付前的整理行为，贵州某汽车销售服务有限公司未予告知不承担赔偿责任。而贵州某汽车销售服务有限公司对车窗帘问题的处理属于对局部轻微问题的修复行为，对与此相关的信息贵州某汽车销售服务有限公司在车辆交付前或交付时应予告知但未予告知。虽然贵州某汽车销售服务有限公司在一定程度上对相关信息已予以披露，但其毕竟未在车辆交付前或交付时以更直接、更明确、更便捷的方式告知消费者，对消费者的知情权产生了一定程度的影响，对此贵州某汽车销售服务有限公司应承担相应的赔偿责任。因涉及的问题及处理措施显著轻微，且明显不危及车辆安全性能、主要功能、基本用途，无证据证明该问题给杨某某造成了较大不利影响，经营者在车辆交付前亦已免费原装更换了窗帘总成，兼顾对消费者认知能力和消费心理的保护，以及对经营者即时记载并上传相关信息这一行为的鼓励和引导，本院酌定贵州某汽车销售服务有限公司向杨某某赔偿110,000元。

综上所述，原审法院查明事实基本清楚，审判程序合法，但适用法律错误，本院对此予以纠正。本院依据《消费者权益保护法》第8条第1款、第20条第1款，《民事诉讼法》第170条第1款第2项〔1〕的规定，判决如下：(1)撤销贵州省高级人民法院(2016)黔民初166号判决；(2)贵州某汽车销售服务有限公司于本判决生效后10日内赔偿杨某某人民币110,000元；(3)驳回杨某某的其他诉讼请求。如果未按本判决指定的期间履行给付金钱义务，应当依照《民事诉讼法》第253条〔2〕之规定，加倍支付迟延履行期间的债务利息。一审案件受理费154,150.40元，由杨某某负担153,395.40元，贵州某汽车销售服务有限公司负担755元。诉讼保全费5000元，由杨某某负担4975元，贵州某汽车

〔1〕 2021年《民事诉讼法》修改后，本条变更为第177条。

〔2〕 2021年《民事诉讼法》修改后，本条变更为第260条。

销售服务有限公司负担25元；二审案件受理费154,150.40元，由杨某某负担153,395.40元，贵州某汽车销售服务有限公司负担755元。本判决为终审判决。

## 作者点评

笔者认为，重视消费者权益保护是现代民法的重要特征。

在汽车交易中，经营者、销售者在获取和控制信息上明显处于优势地位，消费者很难获悉经营者、销售者获取商品信息的时间或阶段，若经销商将其缔约之后、交付之前知悉的不利于消费者的信息不告知消费者，而仅将此种情形作为履约过程中的违约行为处理，这对于消费者的知情权的保护过于单薄。[1]

为了实现经营者、销售者与消费者间权利、义务的对等，法律规定、诚实信用原则、交易习惯都要求经销商必须负有一定范围内的信息告知义务：经营者不得故意告知或故意隐瞒可能影响消费者选择权的重要信息。[2]

保障汽车领域消费者的合法权益对于促进汽车消费意义重大，但也应注意，我们的平等交易、诚实经营的社会主义市场经济秩序，目的是实现消费者和经营者互促共进，而绝非仅仅偏重保护消费者或只保护经营者。

### 法条链接

《中华人民共和国民法典》

**第一百四十八条** 一方以欺诈手段，使对方在违背真实意思的情况下实施的民事法律行为，受欺诈方有权请求人民法院或者仲裁机构予以撤销。

**第一百四十九条** 第三人实施欺诈行为，使一方在违背真实意思的情况

〔1〕 参见刘颖：《经营者沉默欺诈认定的矫正与回归——基于裁判分歧的分析与展开》，载《华东政法学报》2020年第5期。

〔2〕 参见冉克平：《论汽车经销商的缔约欺诈及惩罚性赔偿》，载《广东社会科学》2020年第2期。

下实施的民事法律行为，对方知道或者应当知道该欺诈行为的，受欺诈方有权请求人民法院或者仲裁机构予以撤销。

**第一百五十条** 一方或者第三人以胁迫手段，使对方在违背真实意思的情况下实施的民事法律行为，受胁迫方有权请求人民法院或者仲裁机构予以撤销。

**第一百五十一条** 一方利用对方处于危困状态、缺乏判断能力等情形，致使民事法律行为成立时显失公平的，受损害方有权请求人民法院或者仲裁机构予以撤销。

《中华人民共和国消费者权益保护法》

**第二条** 消费者为生活消费需要购买、使用商品或者接受服务，其权益受本法保护；本法未作规定的，受其他有关法律、法规保护。

**第八条** 消费者享有知悉其购买、使用的商品或者接受的服务的真实情况的权利。

消费者有权根据商品或者服务的不同情况，要求经营者提供商品的价格、产地、生产者、用途、性能、规格、等级、主要成份、生产日期、有效期限、检验合格证明、使用方法说明书、售后服务，或者服务的内容、规格、费用等有关情况。

**第二十条** 经营者向消费者提供有关商品或者服务的质量、性能、用途、有效期限等信息，应当真实、全面，不得作虚假或者引人误解的宣传。

经营者对消费者就其提供的商品或者服务的质量和使用方法等问题提出的询问，应当作出真实、明确的答复。

经营者提供商品或者服务应当明码标价。

**第五十五条** 经营者提供商品或者服务有欺诈行为的，应当按照消费者的要求增加赔偿其受到的损失，增加赔偿的金额为消费者购买商品的价款或者接受服务的费用的三倍；增加赔偿的金额不足五百元的，为五百元。法律另有规定的，依照其规定。

# 二、汽车产品责任纠纷

# 8

# 辽阳市某运输有限公司与大连某汽车销售服务有限公司、某汽车（中国）服务有限公司产品销售者责任纠纷案

——证明责任的一般原则及举证不能的不利后果

## 案件基本信息

1. 法院裁判文书

辽宁省大连市中级人民法院（2019）辽02民终5956号民事判决书

2. 案由

产品销售者责任纠纷

3. 当事人

上诉人（原审原告）：辽阳市某运输有限公司

被上诉人（原审被告）：大连某汽车销售有限公司

被上诉人（原审被告）：某汽车（中国）服务有限公司

## 裁判要旨

根据销售者出具的发票进口许可证件办理的机动车行驶证是唯一合法真实的证件。车辆完成交付后，消费者既是车辆所有权人，也对机动车具有事实上的管理和占有状态，对机动车存在伪造的行驶证件的，应推定为车辆所有权人所有。

# 基本案情

辽阳市某运输有限公司于2016年11月 8 日从大连某汽车销售有限公司以38万元的价格购买了一辆2013年7月生产的长库龄宝马轿车，并签署了车辆购买补充协议，写明“大连某汽车销售有限公司已将此车辆信息向客户讲解清楚，客户认可并同意购买此车。客户签署本协议后不能因该问题退换车辆，不能因该问题追究我方责任，客户完全认可此份协议”等内容。

该车于2016年11月17日发生故障后，被拖回大连某汽车销售有限公司处进行维修。经友好协商，双方于2016年11月28日签署“客户关怀附加函”，大连某汽车销售有限公司对于车辆产品质量问题，给予整车延长保修一年的附加服务（2019年11月 8 日起至2020年11月 8 日）。

辽阳市某运输有限公司于2016年12月20日在辽阳市公安局交通警察支队车辆管理所办理了车辆登记手续，并依法取得了机动车行驶证，登记信息为：车辆牌号辽××××××，所有人辽阳某运输有限公司。

2018年 5 月 2 日，辽阳市某运输有限公司到大连某汽车销售有限公司对涉案车辆进行保养，开发票时，辽阳市某运输有限公司法定代表人让大连某汽车销售有限公司工作人员孔某（已离职）去涉案车内取车辆行驶证，孔某在该车内取回两本车辆行驶证，一本为大连某汽车销售有限公司办理的机动车行驶证；另一本机动车行驶证（以下简称2014年行驶证）载明：登记机关大连市公安局交通警察支队，车牌号辽××××××，所有人大连某汽车销售有限公司；发证日期2014年 3 月28日。大连某汽车销售有限公司就发现存在上述“2014年行驶证”一事，多次通过电话等方式与大连某汽车销售有限公司某汽车（中国）服务有限公司进行沟通交涉，要求给予解释。

另查明，在大连市公安局交通警察大队车辆管理所登记档案信息中，大连某汽车销售有限公司名下没有涉案车辆的任何登记信息，车牌号辽

××××××车辆登记信息为2013年4月25日注册登记的一辆大众汽车，与被告大连某汽车销售有限公司无关。

## 争议焦点

辽阳市某运输有限公司在车辆中发现的“2014年行驶证”应该由谁负责。

## 裁判理由

一审法院认为，原告辽阳市某运输有限公司与被告大连某汽车销售有限公司签订的汽车购销合同、车辆购买补充协议及客户关怀附加函，是双方当事人的真实意思表示，可以证明原告对其购买的车辆属于长库龄车辆是知情并认可的，其购买行为是自愿的。该车于2016年11月17日发生故障后，被告大连某汽车销售有限公司对于车辆产品质量问题，给予整车延长保修1年的附加服务以对原告进行了补偿，原告认可并接受该补偿，双方达成了一致的解决方案，已不存在争议。

依据《道路交通安全法》《进出口商品检验法》等相关法律法规的规定，进口车辆办理登记取得行驶证需要提供进口许可证等相关凭证。每辆进口车的进口许可证具有唯一性，每辆车的行驶证也应当具有唯一性。原告凭被告大连某汽车销售有限公司出具的购车发票和进口许可证在公安机关办理的机动车行驶证，系经有权机关审核后颁发的合法有效唯一的行驶证，则在原告车辆中发现的“2014年行驶证”显然系假证。

原告辽阳市某运输有限公司于2016年11月 8 日从被告大连某汽车销售有限公司购买了涉案车辆，完成验收后持续使用该车，一直没有发现其所有的车辆里存在该行驶证，直到2018年5月2日才由被告大连某汽车销售有限公司工作人员在其车辆上找到这本“2014年行驶证”。按照生活常理，正常情况下，车辆内的物品应归车辆所有人所有，故举证责任应由原告承担。现原告未能举证证明在其所有的车辆中发现的“2014年行驶证”属于二被告所有或其制作跟二被告有关，仅凭该行驶证上的信息要求，认定此行驶证与被告大连某汽车销售有限公司有必然联系并由二被告负责，予以公开赔礼道歉，证据不足。故因原告提供的现有证据不足以证明其事实主张，对原告的诉讼请求，本院不予支持。

综上所述，依据《产品质量法》第43条，《侵权责任法》第15条[1]，《民事诉讼法》第64条[2]、第144条[3]，《民事诉讼法司法解释》第90条之规定，判决如下：(1)驳回原告辽阳市某运输有限公司的诉讼请求；(2)案件受理费100元，由原告承担。如不服本判决，可以在判决书送达之日起15日内，向本院递交上诉状，并按对方当事人的人数提出副本，交纳上诉案件受理费，上诉于辽宁省大连市中级人民法院。

一审原告辽阳市某运输有限公司对判决不服提起上诉。

大连市中级人民法院认可一审判决认定的事实，认为双方当事人对涉案“2014年行驶证”为假证的事实均无异议。上诉人以该证为被上诉人大连某汽车销售有限公司非法取得、大连某汽车销售有限公司对该证未给予合理解释并给其公司的生产经营造成了巨大损失为由，要求二被上诉人赔礼道歉。因大连某汽车销售有限公司否认该证为其公司所有，且上诉人既未提供证据证明该证为营口某汽车销售服务有限公司非法取得，也未提供证据证明“2014年行驶证”为假证的事实给其造成了损害，故其该主张不成立。综上，一审认

---

〔1〕 本条现为《民法典》第179条：“承担民事责任的方式主要有：(一)停止侵害；(二)排除妨碍；(三)消除危险；(四)返还财产；(五)恢复原状；(六)修理、重作、更换；(七)继续履行；(八)赔偿损失；(九)支付违约金；(十)消除影响、恢复名誉；(十一)赔礼道歉。法律规定惩罚性赔偿的，依照其规定。本条规定的承担民事责任的方式，可以单独适用，也可以合并适用。”

〔2〕 2021年《民事诉讼法》修改后，本条变更为第67条。

〔3〕 2021年《民事诉讼法》修改后，本条变更为第147条。

定事实清楚，适用法律正确，应予维持。依照《民事诉讼法》第170条第1款第1项[1]之规定，判决如下：(1)驳回上诉，维持原判；(2)二审案件受理费100元(上诉人辽阳市某运输有限公司已预交)，由上诉人辽阳市某运输有限公司负担，本判决为终审判决。

## 作者点评

举证责任在民事诉讼中的地位举足轻重，素有“民事诉讼的脊梁”之称。在实务中，因举证之困导致败诉的民事案件不胜枚举，本案最核心之处也在于举证责任合理分配问题。

举证责任体系由举证责任分配一般规则、举证责任指定分配规则、举证责任倒置规则、举证责任减轻规则组成，但各种举证责任使用顺序如何，审判实务不一。[2]

《民事诉讼证据规定》确立了举证责任分配一般规则，完善了民事举证责任分配规则体系。依据证据与证明责任承担者的关系划分出了本证与反；依据证据与案件事实的关系划分出了直接证据与间接证据；依据证据的来源划分出了原始证据与传来证据等。

举证责任分配的实质是诉讼利益的配置方式。以本案为例，按照生活常理，将“机动车内的物品归于车主”的认知并无不当。根据举证责任分配一般规则，本案中辽阳市某运输有限公司应承担举证责任，辽阳市某运输有限公司若无法提供任何证据证明涉案假证件与大连某汽车销售有限公司、某汽车(中国)服务有限公司有关，最终只能自行承担败诉的不利后果。

---

〔1〕 2021年《民事诉讼法》修改后，本条变更为第177条。

〔2〕 参见于四伟：《民事举证责任规则适用难题及其规制》，载《法律适用》2017年第15期。

## 法条链接

《中华人民共和国民法典》

**第一百七十九条** 承担民事责任的方式主要有:

(一)停止侵害;(二)排除妨碍;(三)消除危险;(四)返还财产;(五)恢复原状;(六)修理、重作、更换;(七)继续履行;(八)赔偿损失;(九)支付违约金;(十)消除影响、恢复名誉;(十一)赔礼道歉。

法律规定惩罚性赔偿的,依照其规定。

本条规定的承担民事责任的方式,可以单独适用,也可以合并适用。

《中华人民共和国产品质量法》

**第四十三条** 因产品存在缺陷造成人身、他人财产损害的,受害人可以向产品的生产者要求赔偿,也可以向产品的销售者要求赔偿。属于产品的生产者的责任,产品的销售者赔偿的,产品的销售者有权向产品的生产者追偿。属于产品的销售者的责任,产品的生产者赔偿的,产品的生产者有权向产品的销售者追偿。

# 9

# 张某某与河北某和汽车销售服务有限公司、河北某祥汽车销售服务有限公司产品责任纠纷案

## ——汽车自燃原因不明情况下举证责任分配

## 案件基本信息

1. 法院裁判文书

河北省晋州市人民法院(2019)冀0183民初2090号民事判决书

2. 案由

产品责任纠纷

3. 当事人

原告:张某某

被告:河北某和汽车销售服务有限公司

被告:河北某祥汽车销售服务有限公司

## 裁判要旨

在汽车是否存在产品缺陷的认定中,对消费者的举证责任不宜过苛。在未有外来因素参与时,尚在保修期内的汽车于行驶期间发生自燃的事实本身即可初步证明汽车存在缺陷,消费者在保养时间方面的过失不影响对产品缺陷的认定。

## 基本案情

2016年12月19日，张某某以171,000元（增值税税额24,846.15元、不含税价146,153.85元）在河北某和汽车销售服务有限公司以贷款方式购买了别克牌轿车（该车发动机号：×××，车架号：×××）。张某某购车时交纳服务费4200元，并为该车购买2年的交强险及商业险，张某某交纳车辆保险费2068元。车辆登记牌照为冀××××××。张某某购买后按时保养。

2018年11月13日17时50分许，张某某驾驶该车辆发生交通事故。晋州市公安交通警察大队出具道路交通事故认定书（简易程序），认定原告负此次事故的全部责任。

2018年11月14日，张某某的汽车在被告河北某祥汽车销售服务有限公司处修理。

根据张某某及河北某祥汽车销售服务有限公司提交的中国某财产保险股份有限公司机动车辆保险损失情况确认书零部件更换清单及结算单显示，事故发生后，张某某的汽车更换了前保险杠、左右前大灯、右前雾灯等零部件。

2019年2月14日22时23分许，张某某的汽车在晋州市发生火灾。晋州市公安消防大队出具晋公消火字〔2019〕第××××号火灾事故认定书。载明：经调查，对起火原因认定如下：起火部位位于别克君威轿车（冀××××××）发动机舱内；起火点为发动机舱右前侧车灯附近；起火原因排除遗留火种、外来火源等引发火灾的可能，不排除发动机舱内电气线路故障引发火灾。

审理中，张某某陈述，河北某和汽车销售服务有限公司应承担汽车自燃所造成的损失。其中，购车款171,000元，服务费4200元，保险费2068元，公估费5300元；交通费2500元，精神损失费5000元，并提交相关证据予以证实。

审理中，张某某向本院申请涉案汽车损失鉴定。本院委托某公估有限公司进行损失鉴定。某公估有限公司出具公估报告书。公估结论：损失金额为

94,572元。张某某预交公估费5000元。庭审后，张某某提交保险单证实：2018年12月21日，张某某的汽车在中国某财产保险股份有限公司投保交强险、商业险，投保期限一年。原告交纳保险费共计1034.04元。

## 争议焦点

1. 涉案车辆起火原因为何；

2. 涉案车辆是否存在质量缺陷，汽车自燃是因汽车质量缺陷造成还是因发生交通事故后更换零部件维修不当所造成；

3. 原告损失数额应由谁来承担。

## 裁判理由

对于第一个焦点，原告张某某提交了火灾事故认定书证实起火原因。对于该认定书，原告、被告均无异议。

晋州市公安消防大队出具的晋公消火字〔2019〕第××××号火灾事故认定书，认定起火部位位于别克君威轿车（冀××××××）发动机舱内；起火点为发动机舱右前侧车灯附近。该认定书虽然不能确定起火的具体原因，但可以排除遗留火种、外来火源等引发火灾的可能，不排除发动机舱内电气线路故障引发火灾。

据此，可以认定涉案汽车自燃原因系发动机舱内电气线路故障引发火灾。

对于第二个焦点，《产品质量法》第46条规定，本法所称缺陷，是指产品存在危及人身、他人财产安全的不合理的危险；产品有保障人体健康和人身、财产安全的国家标准、行业标准的，是指不符合该标准。

原告张某某提交火灾事故认定书，认为车辆因其自燃系汽车本身存在缺陷导致。同时认为，涉案汽车是否存在质量缺陷，应由被告河北某和汽车销售服务有限公司承担举证责任。是否因涉案汽车发生交通事故后维修不当所造成，应由被告河北某和汽车销售服务有限公司、河北某祥汽车销售服务有限公司承担举证责任。

被告河北某和汽车销售服务有限公司提交了涉案车辆的合格证、购车发票、车辆登记信息、轿车服务验收清单、保修及保养手册、维修结算单、涉案汽车发动机机舱现状与同型号车辆的发动机机舱内部结构对比照片，认为涉案车辆为合格产品，并曾在河北某和汽车销售服务有限公司进行两次保养。同时认为，涉案车辆曾发生过交通事故，造成车辆前部严重受损，后原告在非厂家授权售后点对车辆进行了更换大灯等多达17处零部件更换及7处修理。此后车辆便发生了火灾事故。根据消防部门出具的火灾事故认定书，车辆起火点在右前侧车灯附近，不排除电气线路故障引发火灾，显然此次火灾与交通事故及不当维修更换配件存在直接因果关系。

被告河北某祥汽车销售服务有限公司认为涉案涉车自燃时间是2019年2月14日，而该汽车在我公司维修时间是2018年11月14日，时间相隔3个月。原告张某某无任何证据证明汽车自燃与我方修理行为有因果关系。同时，本案系产品责任纠纷，适用侵权责任法。承担产品责任的是生产者或销售者。被告河北某祥汽车销售服务有限公司与原告之间只存在维修服务合同关系，与被告河北某和汽车销售服务有限公司没有合伙或合作关系，不应承担连带责任。在原告张某某没有主张答辩人承担责任的情况下，被告河北某和汽车销售服务有限公司申请追加河北某祥汽车销售服务有限公司为被告不符合《民事诉讼法》及相关司法解释中关于必须共同进行诉讼的法律规定。

虽然涉案汽车曾因交通事故在被告河北某祥汽车销售服务有限公司处对大灯等多处零部件更换并修理，但现有证据尚无法证实被告河北某祥汽车销售服务有限公司因不当维修更换配件致使涉案汽车自燃。

被告河北某和汽车销售服务有限公司的辩称理由，证据不足，本院不予采纳。

被告河北某祥汽车销售服务有限公司不承担责任。

如被告河北某和汽车销售服务有限公司有证据证实涉案汽车自燃系被告河北某祥汽车销售服务有限公司更换配件并维修所造成，可另行主张权利。

根据现有证据，原告张某某主张涉案汽车自燃系被告河北某和汽车销售服务有限公司销售的汽车质量存在缺陷引起，本院予以采纳。

对于第三个焦点，《侵权责任法》第43条第1款规定，因产品存在缺陷造成损害的，被侵权人可以向产品的生产者请求赔偿，也可以向产品的销售者请求赔偿。〔1〕

原告购买的涉案汽车价值171,000元，有相应购车发票为证，本院予以认定。

根据公估报告，损失金额为94,572元。公估费5300元。本院予以认定。

原告于2016年12月21日投保，两年保险费2068元，于2019年2月14日发生火灾，间隔时间已超过两年。

据此，原告要求给付保险费2068元的请求，本院不予支持。

庭审后，原告提交2018年12月21日在中国某财产保险股份有限公司投保交强险、商业险保险单。投保期限一年。保险费1034.04元。因开庭审理中原告未要求此项赔偿。对此，原告可另行主张权利。

原告要求被告河北某和汽车销售服务有限公司赔偿服务费4200元。

因被告河北某和汽车销售服务有限公司所销售汽车存在质量缺陷，因此，其收取的服务费4200元应予返还。

〔1〕 本条现为《民法典》第1203条："因产品存在缺陷造成他人损害的，被侵权人可以向产品的生产者请求赔偿，也可以向产品的销售者请求赔偿。产品缺陷由生产者造成的，销售者赔偿后，有权向生产者追偿。因销售者的过错使产品存在缺陷的，生产者赔偿后，有权向销售者追偿。"

原告要求交通费2500元，无票据，本院不予认定；原告要求精神损失费5000元，无法律和事实依据，本院不予认定。

综上，被告河北某和汽车销售服务有限公司应赔偿原告车辆损失94,572元；退还服务费4200元，并负担公估费5300元。

审理中，原告增加诉讼请求，要求被告河北某和汽车销售服务有限公司退换同型号车辆。

因原告于2016年12月19日在被告河北某和汽车销售服务有限公司购买涉案车辆，至2019年2月14日发生自燃，且期间曾发生交通事故。此间相隔2年之久，并非新车。因此，原告的此项诉讼请求，本院不予支持。

依照《侵权责任法》第3条〔1〕、第15条第6项〔2〕、第19条〔3〕、第43条〔4〕，《产品质量法》第43条、第44条第2款，《民事诉讼法》第64条〔5〕，《民事诉讼法司法解释》第90条的规定，判决如下：(1)被告河北某和汽车销售服务有限公司于本判决生效后10日内赔偿原告张某某车辆损失费94,572元；(2)被告河北某和汽车销售服务有限公司于本判决生效后10日内退还原告张某某服务费4200元；(3)被告河北某和汽车销售服务有限公司于本判决生效后10日内给付原告张某某公估费5300元；(4)被告河北某祥汽车销售有限公司无责任；(5)驳回原告张某某其他诉讼请求。

---

〔1〕 本条现为《民法典》第1167条："侵权行为危及他人人身、财产安全的，被侵权人有权请求侵权人承担停止侵害、排除妨碍、消除危险等侵权责任。"

〔2〕 本项现为《民法典》第179条第8项。

〔3〕 本条现为《民法典》第1184条："侵害他人财产的，财产损失按照损失发生时的市场价格或者其他合理方式计算。"

〔4〕 本条现为《民法典》第1203条："因产品存在缺陷造成他人损害的，被侵权人可以向产品的生产者请求赔偿，也可以向产品的销售者请求赔偿。产品缺陷由生产者造成的，销售者赔偿后，有权向生产者追偿。因销售者的过错使产品存在缺陷的，生产者赔偿后，有权向销售者追偿。"

〔5〕 2021年《民事诉讼法》修改后，本条变更为第67条。

# 作者点评

近年来，汽车自燃事故多发，但由于消费者举证能力较弱和信息不对称等原因，消费者提起产品责任诉讼后，时常会陷入举证责任的困境，本案结合汽车自燃原因、保修期间等因素，明确了汽车自燃案件中汽车存在质量缺陷的认定条件，具有一定的参考意义。

产品责任的归责原则是无过错原则，即只要产品存在缺陷，造成他人损害的，除法定事由之外，无论生产者是否存在过错，都应当承担责任，消费者对产品存在缺陷和损害事故承担初步举证责任。但是消费者需要举证到何种程度，尚未有明确的规定。消费者与生产者之间存在产品信息不均衡、不对称现象，因此，在产品责任纠纷案件中，应当结合消费者的举证能力、专业知识等因素综合考虑消费者的举证责任，只要消费者证明了较大可能存在缺陷，即可视为初步完成举证责任，再由生产者承担不存在缺陷的举证责任。〔1〕

本案中，作为一名普通的汽车购买者和受害者，张某某已经通过销售合同、消防部门的认定结论，并结合同类车型的保养手册，证明了涉案汽车从购买到发生自燃的时间仅3年，且自燃的原因排除遗留火种、外来火源等引发火灾的可能，张某某关于涉案汽车存在缺陷提供证据的责任已经完成。

与张某某相比，河北某和汽车销售服务有限公司作为汽车生产者具有更专业、更充分的汽车相关知识和举证能力，故如果河北某和汽车销售服务有限公司认为汽车不存在缺陷，汽车自燃是因为河北某祥汽车销售服务有限公司维修所致，可以另行起诉追偿。

严格责任是产品责任纠纷的归责原则，但消费者如果存在重大过失，其也需要承担一定的责任。消费者使用汽车，负有保证汽车安全行驶的谨慎义务。

〔1〕 参见史智军:《自燃事故在汽车产品缺陷认定中的证明效力》，载《人民司法案例》2016年第26期。

该谨慎义务对于降低存在缺陷的汽车发生事故的概率客观上具有一定积极作用。故张某某主观上应意识到，保养汽车是为了预防故障发生、减缓汽车劣化过程、延长汽车使用周期。[1]依据现有证据，张某某在对车辆进行保养和维修时未尽上述谨慎注意义务，张某某对事故的发生存在一定的过失，对于涉案车辆自燃事故的发生及由此所造成的财产损失，也应当承担一定的责任。

## 法条链接

《中华人民共和国民法典》

**第一千二百零二条** 因产品存在缺陷造成他人损害的，生产者应当承担侵权责任。

**第一千二百零三条** 因产品存在缺陷造成他人损害的，被侵权人可以向产品的生产者请求赔偿，也可以向产品的销售者请求赔偿。

产品缺陷由生产者造成的，销售者赔偿后，有权向生产者追偿。因销售者的过错使产品存在缺陷的，生产者赔偿后，有权向销售者追偿。

《中华人民共和国产品质量法》

**第四十一条** 因产品存在缺陷造成人身、缺陷产品以外的其他财产（以下简称他人财产）损害的，生产者应当承担赔偿责任。

生产者能够证明有下列情形之一的，不承担赔偿责任：

（一）未将产品投入流通的；

（二）产品投入流通时，引起损害的缺陷尚不存在的；

（三）将产品投入流通时的科学技术水平尚不能发现缺陷的存在的。

**第四十三条** 因产品存在缺陷造成人身、他人财产损害的，受害人可以向

〔1〕 参见史智军：《自燃事故在汽车产品缺陷认定中的证明效力》，载《人民司法·案例》2016年第26期。

产品的生产者要求赔偿，也可以向产品的销售者要求赔偿。属于产品的生产者的责任，产品的销售者赔偿的，产品的销售者有权向产品的生产者追偿。属于产品的销售者的责任，产品的生产者赔偿的，产品的生产者有权向产品的销售者追偿。

10

# 厦门某远汽车销售有限公司与洪某某产品责任纠纷案

——鉴定意见不明时的产品缺陷举证责任承担及限度

## 案件基本信息

1. 法院裁判文书

福建省厦门市中级人民法院(2018)闽02民终1139号民事裁定书

2. 案由

产品责任纠纷

3. 当事人

上诉人(原审原告):洪某某

被上诉人(原审被告):厦门某远汽车销售有限公司

## 裁判要旨

车辆在停放状态下燃烧,原因不明,消费者亦无证据初步证明涉案车辆自燃是产品存在缺陷所致,依据盖然性优先的原则,消费者只能自行承担举证不能的法律后果。

# 基本案情

2015年12月10日，洪某某与厦门某汽车销售有限公司签订购车合同一份，由洪某某向厦门某汽车销售有限公司购买奥迪Q7越野车，购车款为829，500元。洪某某购车后缴纳了车辆购置税70,897.44元、上牌服务费及工本费2000元、车辆保险费26,277.77元。

2016年1月25日，洪某某与厦门某汽车销售有限公司销售职员进行交车检查并在商品车交车检查确认单、车辆信息确认单上签字确认。

该车于2016年6月22日2时许停放在永安市某小区并于当日5时10分发生火灾，整车烧损严重。

2016年8月21日，永安市公安消防大队出具火灾事故认定书载明：经调查，对起火原因认定如下：起火时间为2016年6月22日5时10分许；起火部位为奥迪Q7车身右侧，中央扶手靠右、副驾驶座往后、右后座往前区域；起火原因可以排除雷击、放火引发火灾的可能，不排除草木灰烘烤以及该部位电气故障引起火灾的可能。福建中联司法鉴定所经永安市公安消防大队委托，对闽××××××小型轿车的火灾事故与车辆技术状况之间是否存在因果关系进行鉴定，该所于2016年8月19日出具司法鉴定意见书，鉴定意见为：无法确定闽××××××号小型轿车是否存在电气线路短路、过载故障及是否是电气线路短路故障引发本次火灾事故。福建省永安市气象局于2016年8月1日出具气象证明，载明：6月22日2时至6时永安城区天气为多云，无雷电，平均气温25.4℃。

另查明，2016年6月21日事故发生前日傍晚7时许，有人在该车停放处焚烧堆高将近一米的树枝树叶。

还查明，涉案车辆于2015年10月15日经广州出入境检验检疫局检验，其进口机动车辆随车检验单上载明的检验情况中，一般项目检验为合格，安全性能检验为合格；于2015年11月19日经黄埔海关办结进口手续获得货物进口证明书入境。

## 争议焦点

1. 被上诉人（原审被告）厦门某汽车销售有限公司主体是否适格；

2. 被上诉人是否应当承担赔偿责任；

3. 汽车所有人或使用人的安全注意义务。

## 裁判理由

福建省厦门市同安区人民法院经审理认为，关于争议焦点一——厦门某汽车销售有限公司作为被告主体是否适格的问题。《侵权责任法》《产品质量法》规定了产品存在缺陷造成损害的赔偿责任，生产者、销售者均负有向受害人承担赔偿责任的义务，而受害人有权选择向生产者或销售者要求赔偿，其选择的任何一个主体均应承担全部责任，但在承担责任后可向终局责任人进行追偿。现原告洪某某选择向销售者厦门某汽车销售有限公司主张赔偿责任并无不当，本案将销售者厦门某汽车销售有限公司列为被告符合法律规定，被告厦门某汽车销售有限公司提出的其主体不适格的抗辩意见缺乏充分依据，本院不予采纳。

关于争议焦点二——厦门某汽车销售有限公司是否应当承担赔偿责任的问题。产品生产者、销售者承担赔偿责任的前提是产品存在的缺陷、产品缺陷导致损害结果发生、生产者及销售者不存在免责事由。本案被告厦门某汽车销售有限公司作为汽车销售者是否应当承担赔偿责任的关键在于其所售汽车是否存在质量问题，火灾是否因汽车质量问题导致。根据《产品质量法》《民事诉讼法》的相关规定，产品责任纠纷不适用举证责任倒置，原告有义务举证证明被告销售的产品存在质量缺陷、损失确已发生、损失与产品缺陷之间存在因果关系，被告就法定的免责事由承担举证责任，但前提是原告已证明汽车存在质量问题并导致了损失发生。本案中，对于汽车燃烧的原因没有明确结论，根据永安市公安消防大队出具的火灾事故认定书和福建中联司法鉴定所出具的司法鉴定意见书，发生火灾的原因既有可能是汽车电气故障引发的自燃，也有可能是草木灰烘烤所致。也就是说，现有证据不能直接证明汽车存在质量问题，更不能证明汽车燃烧为汽车产品缺陷所引发。结合本案诸多因素，本院认为，外因引发汽车燃烧的可能性更大，理由如下：(1)汽车停放至汽车开始燃烧时隔三小时左右，汽车在熄火状态下，即便存在电气故障，起火燃烧的可能性也很小；(2)起火部位为中央扶手靠右、副驾驶座位后、右后座往前区域，而该区域并不像车身前部区域那样电气线路复杂，产生故障并引发起火的概率很小；(3)事故车辆为德国原装进口汽车，相关质量检验合格，火灾发生前没有电气线路故障的迹象和记录；(4)事故车辆停放的位置正在草木灰烬之上，而草木灰烬系事故发生前10小时左右开始焚烧，被焚烧的树枝树叶堆高近一米，数量较大且燃烧过后在气温较高的情况下灰烬热量保存时间较长，灰烬持续烘烤足以引发汽车上燃点较低的物件起火。因此，本院认为，汽车起火原因系自身质量问题的可能性较小，因草木灰烬烘烤的可能性更大。在没有充分证据证明汽车燃烧原因的情况下，根据盖然性占优的证明标准，应当认定可能性更高的事实而不能认定可能性更小的事实，故不宜认定汽车燃烧是可能性更小的原因即汽车电气线路故障造成的。

综上所述，本院认为，原告不能证明汽车存在质量缺陷，更不能证明汽车燃烧是因为汽车质量缺陷所引发，其请求被告作为销售者承担产品缺陷的损害赔偿责任没有事实及法律依据，本院不予支持。根据《民事诉讼法》第64条第1款[1]之规定，判决：驳回原告洪某某的全部诉讼请求。

原告洪某某提出上诉，厦门市中级人民法院于2018年2月26日作出（2018）闽02民终1139号裁定，裁定准许洪某钦撤回上诉。一审判决自本裁定书送达之日起发生法律效力。

## 作者点评

产品缺陷是承担产品责任的前提，没有缺陷就没有产品责任。

产品缺陷是指产品存在危及人身、他人财产安全的不合理的危险；产品有保障人体健康和人身、财产安全的国家标准、行业标准的，是指不符合该标准。实务中关于产品责任纠纷中缺陷产品的举证责任分配有两种不同的意见：

一种观点认为，根据《产品质量法》的立法原意，应当由生产者承担"产品是否存在缺陷"的举证责任，即"举证责任倒置"。只要受害者使用具有缺陷的产品，受到了损害，就应当推定该产品存在质量缺陷，受害者就可以向生产者索赔。

另一种观点认为，由受害者证明产品存在缺陷、受到的损害、缺陷产品与损害之间存在因果关系，生产者的产品责任才得以建构。生产者就法定免责事由举证，如不能证明免责事由存在，则生产者承担赔偿责任。[2]

笔者认为，在产品责任纠纷案件中，应当结合消费者的举证能力、专业知识等因素综合考虑确定消费者的举证责任，只要消费者证明了较大可能存在缺陷，即可视为初步完成举证责任，继而再由生产者承担不存在缺陷的举证责任。本案中，涉案车辆在停车状态下发生燃烧，消防部门和鉴定机构对于火灾

---

〔1〕 2021年《民事诉讼法》修改后，本款变更为第67条第1款。

〔2〕 参见亓培冰、张江莉：《产品缺陷的证明责任辨正》，载《人民司法·案例》2008年第16期。

发生原因均无法认定。现因无证据证明燃烧究竟是涉案车辆存在缺陷所致，还是因外界燃烧引发，并且鉴定意见不明也无法认定洪某某完成关于涉案汽车存在缺陷初步举证责任。综合考量本案的全部事实，依据高度盖然性的原则，法院最终采纳了被上诉人厦门某汽车销售有限公司的辩解。

## 法条链接

《中华人民共和国民法典》

**第一千二百零二条** 因产品存在缺陷造成他人损害的，生产者应当承担侵权责任。

《中华人民共和国产品质量法》

**第四十一条** 因产品存在缺陷造成人身、缺陷产品以外的其他财产（以下简称他人财产）损害的，生产者应当承担赔偿责任。

生产者能够证明有下列情形之一的，不承担赔偿责任：

（一）未将产品投入流通的；

（二）产品投入流通时，引起损害的缺陷尚不存在的；

（三）将产品投入流通时的科学技术水平尚不能发现缺陷的存在的。

11

# 某汽车（中国）销售有限公司与黄某某产品责任纠纷案

——缺陷产品召回制度中的法律适用问题

## 案件基本信息

1. 法院裁判文书

北京市朝阳区人民法院（2018）京0105民初29469号民事判决书

2. 案由

产品责任纠纷

3. 当事人

原告：黄某某

被告：某汽车（中国）销售有限公司

## 裁判要旨

生产者发布缺陷产品召回公告时，负有向消费者全面客观详尽真实披露缺陷内容的义务，以保障消费者全面了解缺陷内容。消费者在行政主管部门调查期间，可以向人民法院起诉以寻求民事救济。

## 基本案情

2016年10月，黄某某以价税合计620,000元的价格购买了2016年5月出厂的车牌号为××××××的进口途锐越野车。车辆型号××××，车架号×××。

2017年6月，涉案汽车发动机进水受损。

2017年8月22日，某汽车（中国）销售有限公司在其中国官方网站发布《针对某车型车主反映的车辆空气滤芯进水问题的声明》。声明载明，关于近日某车型车主反映的车辆空气滤芯进水问题，某汽车（中国）销售有限公司高度重视，为了有效解决这一问题，某汽车（中国）销售有限公司为某车型车主提供如下技术方案：某进口汽车会为已售的部分2015—2017年款某车型进行全面检测。在此过程中，专业技术人员将清除车辆进气管道中的异物，并拆下进气管道不必要的排水阀以强化排水功能，同时对空气滤清器进行检查。该技术方案已经过充分验证并确认有效，同时在生产线上采取了同样的技术方案。在上述技术方案的基础之上，本着对中国消费者负责任的积极态度，某汽车（中国）销售有限公司的工程技术人员正在研究开发进一步的技术改善方案，以更加确保每一位车主的安心驾乘体验。某车型车主可随时联系某进口汽车授权经销商或拨打某进口汽车客户服务热线进行咨询。某汽车（中国）销售有限公司也将确保及时与某车型车主沟通技术改善方案的最新进展。对由此给相关车主造成的不便，某汽车（中国）销售有限公司表示诚挚的歉意，并衷心感谢车主朋友的理解与配合。

2017年9月7日，某汽车（中国）销售有限公司在其中国官方网站发布《某车型售后服务行动通知》。通知载明，自2017年9月8日起某进口汽车将在全国范围内针对部分2015年款以及2016—2017年款某车型开展售后服务行动。本次服务行动的主要工作包括：对所涉及的某车型进行免费的全面检测，由专业技术人员清除车辆进气管道中的异物，并拆下进气管道的排水阀以强化排水功能，同时对空气滤清器进行检查，并根据检测情况对车辆的空气滤芯进行必要的免费更换。即日起某进口汽车授权经销商将通过电话或短信等方式主动联系车主，安排相关的免费检测及维修事宜。车主也可以通过致电某进口汽车客户服务热线或联系就近的某进口汽车授权经销商，了解此次服务行动的详细信息。

2018年3月7日，某汽车（中国）销售有限公司在国家质量监督检验检疫总局缺陷产品管理中心（现更名为国家市场监督管理总局缺陷产品管理中心）〔1〕网站（www.dpac.gov.cn）及某汽车（中国）销售有限公司官方网站发布《某汽车（中国）销售有限公司召回部分进口某车型汽车的公告》，公告主要内容显示：生产者某汽车（中国）销售有限公司将从2018年4月30日起，召回自2014年12月21日至2017年11月12日生产的2015—2018年款进口某车型汽车，召回车辆总计33,142辆，VIN范围自×××至×××。

针对缺陷描述一节，载明为安装在进气管底部的排水阀可能被尘土、树叶或其他异物堵塞。一旦堵塞并且车辆长时间停放于下雨、淋水等环境，雨水可能从大灯间隙流入进气管并且无法有效排出，在空气滤清器壳底部形成积水，可能进一步导致空气滤清器浸水；针对可能造成的后果，载明为如果发动机进气管道中的积水过量且无法被有效排出，在发动机起动或加速时，水可能会被吸入发动机中并导致发动机损坏进而熄火，存在安全隐患；针对召回维修措施，某汽车（中国）销售有限公司将委托该品牌进口汽车授权经销商免费为涉及范围内的车辆移除进气管路不必要的排水阀并在进气口处安装导流板，

〔1〕 根据2018年国务院机构改革方案，不再保留国家质量监督检验检疫总局。将国家工商行政管理总局的职责，国家质量监督检验检疫总局的职责，国家食品药品监督管理总局的职责，国家发展和改革委员会的价格监督检查与反垄断执法职责，商务部的经营者集中反垄断执法以及国务院反垄断委员会办公室等职责整合，组建国家市场监督管理总局；将国家质量监督检验检疫总局的出入境检验检疫管理职责和队伍划入海关总署；将国家知识产权局的职责、国家工商行政管理总局的商标管理职责、国家质量监督检验检疫总局的原产地地理标志管理职责整合，重新组建国家知识产权局。

避免过量的水进入进气管路，从而有效消除此缺陷；针对应急处置方法，如遇车辆发动机熄火，请将车辆停放在安全的位置，并尽快联系就近的经销商对车辆进行妥善维修；针对生产车辆改进措施，为在进气口处安装额外的导流板；针对投诉索赔情况，为中国市场因该问题导致发动机损坏案例共26个。本次召回是在国家质量监督检验检疫总局（现为国家市场监督管理总局）实施缺陷调查的情况下开展的，总局根据消费者投诉和直属检验检疫机构风险监控情况，委托北京出入境检验检疫局就进口某车型系列汽车进气系统问题开展调查，[1]受调查影响，某汽车（中国）销售有限公司决定采取召回措施，消除安全隐患。

在（2018）京0105民初29530号案件中，经案外人杨某申请，北京中机车辆司法鉴定中心对杨某申请的以下事项内容进行司法鉴定：（1）申请人所购某车型汽车发动机存在通过进气口进水而被损坏危险的原因，该原因是否为质量缺陷，及质量缺陷的具体内容；（2）召回公告中载明的移除单向排水阀措施与在进气口处安装额外的导流板措施能否解决上述缺陷，召回措施是否会给车辆使用带来新的危险与不利影响。2018年7月16日，鉴定中心出具司法鉴定意见书。本案原、被告认可涉案车辆与案外人申请鉴定车辆系同款同批次同设计车型，认可杨某案最终的司法鉴定意见适用于本案，黄某某对该司法鉴定意见书的质证意见同杨某。主要内容为：

（1）被鉴车辆信息。被鉴车辆品牌型号为某汽车型号，被鉴车辆车辆识别代号（VIN）为×××，被鉴车辆悬挂号牌为××××××。

（2）被鉴车辆车身整体外观检验。被鉴车辆车身前部主要由发动机盖、左右前大灯、前格栅、前保险杠等部件组成，前格栅主要由四条横向银色格栅组成，左右前大灯的形状近似于菱形，其中左右前大灯各有一条灯边与前格栅相

---

〔1〕根据2018年国务院机构改革方案，国家质量监督检验检疫总局的出入境检验检疫管理职责和队伍划入海关总署。自2018年4月20日起，出入境检验检疫系统统一以海关名义对外开展工作。

配合，前保险杠蒙皮位于左右前大灯和前格栅下部。

（3）被鉴车辆进气系统检验。被鉴车辆进气系统由前部进气管（硬质）、中部空气滤清器及后部进气软管等组成，车辆前部进气管进气口位于右前大灯与前格栅结合处下后方，进气口开口斜向上，前部进气管中段底部及中部空气滤清器壳体底部各安装有一个单向排水阀。其中，前部进气管中段底部单向排水阀［某汽车（中国）销售有限公司在召回公告中涉及的需要进行移除的单向排水阀］为橡胶十字状，该排水阀与前部进气管进气口下边缘垂直高度差约为15厘米，被鉴车辆进气系统中部空气滤清器壳体底部安装有膜片式单向排水阀，该膜片式单向排水阀通过排水软管与空气滤清器壳体相连。被鉴车辆进气口位置关系：被鉴车辆进气口位于右前大灯、前保险杠蒙皮、前格栅等三个部件相交处的下后方，右前大灯左下灯边与前保险杠蒙皮之间为不规则开口状，水流可以从此处流向下方。右前大灯左后灯边具有两条由棱边形成的夹角，从车辆上方垂直向下观察，下方夹角最下端位于进气口边缘位置，上方夹角最下端位于进气口上方。

（4）被鉴车辆淋雨试验。将被鉴车辆置于汽车专用淋雨试验设备中，在单向排水阀安装孔位置安装导流管，导流管末端连接水量测试设备。同时，在前部进气管和中部空气滤清器内各安装一个摄像头，用以观察进水情况。相关仪器设备安装调试后，参考汽车行业标准QC/T476−2007《客车防雨密封性限值及试验方法》所规定的试验方法进行15分钟雨测试。在未加装导流板、车辆未启动情况下，保持被鉴车辆进气口原始状态，未按召回公告加装导流板，在车辆熄火未启动状态下进行试验，前部进气管发现进水，但中部空气滤清器未发现进水，经过测量发现前部进气管进水量约为1.92/L。在未加装导流板、车辆怠速运行情况下，保持被鉴车辆进气口原始状态，未按召回公告加装导流板，在车辆点火启动、发动机怠速运行状态下进行试验，前部进气管发现进水，水流较之前明显加大，但中部空气滤清器仍未发现进水，经过测量发现前部进气管进水量约为5.32/L。在加装导流板、车辆未启动情况下，按召回公告在被鉴车辆进气口处加装导流板，在车辆熄火未启动状态下进行试验，前部进气管未发现进水，中部空气滤清器也未发现进水。在加装导流板、车辆怠速运行情况下，按召回公告在被鉴车辆进气口处加装导流板，在车辆点火启动、发动机怠速运行状态下进行试验，前部进气管未发现进水，中部空气滤清器也未发现进水。

（5）被鉴车辆加装导流板前后比对检验。分别在进气口处未加装导流板和进气口处加装导流板两种状态下，将车辆点火启动、发动机怠速稳定运行一段时间后，在大气压力、水温、进气温度等背景参数相同的情况下，使用专用设备对被鉴车辆发动机运行状态进行测试，测量到的转速及燃油压力等发动机工作数据在加装导流板前后的比对情况为，被鉴车辆按照召回公告加装导流板对发动机工作运行并无明显影响。

（6）旧款同排量车型检验。对2013年生产的、与被鉴车辆同型的旧款车辆（以下简称旧款同排量车型，车辆识别代号为×××）进行检验，发现旧款同排量车型车身前部主要由发动机盖、左右前大灯、前格栅、前保险杠等部件组成，前格栅主要由两条横向镀铬格栅组成（注：与被鉴车辆不同，被鉴车辆前格栅主要由四条横向银色格栅组成），左右前大灯的形状近似于五边形（注：与被鉴车辆不同，被鉴车辆左右前大灯的形状近似于菱形），其中右前大灯左侧灯边有长短两条灯边，长灯边与前格栅相匹配，短灯边与前保险杠蒙皮相配合，前保险杠蒙皮位于左右前大灯和前格栅下部，旧款同排量车型进气口位于右前大灯、前保险杠蒙皮、前格栅下后方，进气口开口斜向上，右前大灯安装于前保险杠蒙皮上方，右前大灯左后灯边处形成一处夹角，右前大灯壳体在夹角中间部位塑有一个10毫米×10毫米方形凸起。

鉴定分析：（1）产品缺陷分析。参考汽车行业标准QC/T476-2007《客车防雨密封性限值及试验方法》，对被鉴车辆在不同工况下分别进行15分钟淋雨试验，发现前部进气管有不同程度的进水现象发生。其中，在熄火未启动的状态下，大约有1.915/L的雨水可以通过右前大灯与发动机罩盖、前格栅之间的缝隙，沿着右前大灯壳体边缘自然流淌、进入前部进气管；而在点火启动、发动机怠速运行状态下，由于发动机进气负压作用，会有大约2.8倍（5.32/L）的雨水进入前部进气管。由此可以推断，一旦被鉴车辆处于行驶状态，由于运动惯性和风力作用，存在更多雨水进入前部进气管的可能性。而一旦前部进气管中段底部单向排水阀排水速率小于进水速率，将导致雨水进入中部空气滤清器，并通过后部进气软管最终进入发动机缸体内，造成发动机损坏。通过旧款同排量车型对比检验，可以发现被鉴车辆在改款过程中，将前大灯的形状进行了重新设计，但在设计过程中未充分考虑到前部进气口与前大灯的相对位置关系，导致雨水极易沿着右前大灯壳体边缘自然流淌、进入前部进气管，造成安全隐患，属于典型的设计缺陷。

（2）召回措施合理性分析。加装导流板合理性分析，通过15分钟淋雨试验，可以发现按召回公告中提及的改进措施（在被鉴车辆进气口处加装导流板）进行处理，无论是在车辆熄火未启动状态下，还是在车辆点火启动、发动机怠速运行状态下进行试验，前部进气管和中部空气滤清器均未发现进水。上述试验说明：召回公告中在被鉴车辆进气口处加装导流板可以明显减少雨水进入。另外，将车辆点火启动、发动机怠速稳定运行一段时间后，在大气压力、水温、进气温度等背景参数相同情况下，使用专用设备对被鉴车辆加装导流板前后的发动机运行状态进行测试，可以发现测量到的转速及燃油压力等发动机工作数据并无明显区别。上述测试说明：召回公告中在被鉴车辆进气口处加装导流板并未给车辆使用带来新的危险与不利影响。因此，召回公告中在被鉴车辆进气口处加装导流板有效、合理。移除单向排水阀合理性分析，由于召回公告中提及的单向排水阀位于被鉴车辆前部进气管的中段底部，与进气口下边缘存在一定的高度差，如果该单向排水阀仅仅简单移除，一旦水面接近或高于单向排水阀安装孔，由于发动机进气负压作用，水可由暴露的单向排水阀安装孔进入前部进气管，严重时造成发动机损坏。因此，按召回公告移除单向排水阀会造成被鉴车辆行驶过程中的实际涉水高度降低。同时，单向排水阀移除后，由于发动机进气负压作用，存在导致路面尘土被吸入前部进气管的可能性，一方面会减少空气滤芯的使用寿命，另一方面会影响发动机进气。因此，召回公告中移除被鉴车辆前部进气管中段底部的单向排水阀不合理。

最终鉴定意见为：车架号为×××的某车型汽车由于设计缺陷，导致其发动机存在通过进气口进水而被损坏的风险。某汽车（中国）销售有限公司在召回公告中提供的在车辆进气口处加装导流板措施有效、合理，且并未给车辆使用带来新的危险与不利影响；而某汽车（中国）销售有限公司在召回公告中提供的移除单向排水阀措施不合理，该措施会造成车辆行驶过程中的实际涉水高度降低，同时会减少空气滤芯的使用寿命、影响发动机进气。

杨某对鉴定报告的真实性表示认可，但对鉴定意见中加装导流板的措施并未给车辆使用带来新的危险与不利影响提出疑问。杨某认为鉴定机构是在车辆怠速状态下进行的车辆检测，车辆在怠速状态下发动机转速很低、发动机进气口的吸力最低，如果车辆处于正常行驶状态，随着发动机负载的增加，进气口的吸力会逐渐增大，吸进雨水的可能性必然增大，鉴定机构没有对发动机在正常行驶状态下导流板对车辆的使用效果进行检测即得出导流板措施未给车辆带来新的危险与不利影响，缺乏依据。

某汽车（中国）销售有限公司对鉴定报告的真实性表示认可，但不认可移除排水阀不合理的鉴定意见。鉴定机构没有对车辆移除单向排水阀之后进行涉水实验，也没有对移除单向排水阀对车辆空气滤芯的影响进行实验，鉴定意见缺乏实验数据和证据支持。

另查，针对术语“在静止水域的涉水深度”，2013年版及2017年版某车型汽车用户手册中对该术语的解释是，轮胎同地面的接触点与发动机的进气系统之间的距离；技术数据载明，带空气悬架的汽车在装载高度下静止水域的涉水深度最大值为440毫米，不带空气悬架的汽车在静止水域的涉水深度最大值为500毫米，带空气悬架的汽车在特殊越野高度下静止水域的涉水深度最大值为580毫米，用户手册同时表明，数据针对理想条件，数值都是在平坦、坚实且不容易打滑的道路路面上以及干燥的气候条件下得出。用户手册提示，汽车在地面有足够的硬度时可以驶过静止水域，要遵守手册中的最大涉水深度，如果行驶过水域时超过最大涉水深度（即使只是短时超过），则会造成发动机严重损坏，可能导致汽车在水中失灵，驶过时要缓慢地以恒定车速行驶，如果快速驶入水中，则在车前会产生车头浪，这种车头浪可能进入发动机的进气口，从而严重损坏发动机。

2018年12月，本院组织各方对涉案车辆自地面至进气管下水口（排水阀）高度进行现场勘验，勘验中各方确认，2013年与2016年的用户手册中，新、旧款某车型汽车在静止水域的涉水深度的底盘数据相同，新、旧款的区别仅在于汽车前脸和隔栅的变化。胎压调至2.3的负载模式下，地面至涉案汽车排水阀的高度为590毫米，位置大致在车辆轮胎轮毂上沿。车辆负载状态下从地面至车辆440毫米的位置大致在车辆轮胎中心圆轴上沿。在特殊越野状态下，地面至涉案汽车排水阀的高度为705毫米，位置大致在车辆轮胎上沿。说明书载明的特殊越野高度最大值为580毫米。

## 争议焦点

1. 某汽车（中国）销售有限公司的召回公告是否完备充分；

2. 某汽车（中国）销售有限公司是否需要承担黄某某车辆受损的侵权责任，以及如果需要承担责任时损害赔偿数额认定；

3.相关行政主管部门在某汽车（中国）销售有限公司自主召回措施实施过程中的行政调查，是否影响本案作为民事纠纷受理。

## 裁判理由

本院认为，《侵权责任法》第46条规定："产品投入流通后发现存在缺陷的，生产者、销售者应当及时采取警示、召回等补救措施。未及时采取补救措施或者补救措施不力造成损害的，应当承担侵权责任。"〔1〕《缺陷汽车召回管理条例》第3条规定："本条例所称缺陷，是指由于设计、制造、标识等原因导致的在同一批次、型号或者类别的汽车产品中普遍存在的不符合保障人身、财产安全的国家标准、行业标准的情形或者其他危及人身、财产安全的不合理的危险。本条例所称召回，是指汽车产品生产者对其已售出的汽车产品采取措施消除缺陷的活动。"从中国境外进口汽车产品到境内销售的企业被视为汽车产品的生产者。

由此可见，我国法律法规对产品生产者之于缺陷产品的法律责任予以了明确的法律规定：生产者对投入流通后的产品，发现产品在其使用过程中存在缺陷情形的，生产者应当及时以合理、有效的方式向使用人发出警示，并采取检测、修理或者更换召回缺陷产品等补救措施，以防止损害的发生或者进一步扩大。如果生产者对投入流通后发现存在缺陷的产品，不及时采取补救措施或者采取补救措施不力造成损害的，应当承担侵权责任。

本案中，某汽车（中国）销售有限公司在根据消费者投诉及国家市场监督管理总局实施缺陷调查的情况下，实施了召回措施。确认2014年12月21日至2017年11月12日期间生产的部分进口2015—2018年款某车型系列汽车存在缺

---

〔1〕 本条现为《民法典》第1206条："产品投入流通后发现存在缺陷的，生产者、销售者应当及时采取停止销售、警示、召回等补救措施；未及时采取补救措施或者补救措施不力造成损害扩大的，对扩大的损害也应当承担侵权责任。依据前款规定采取召回措施的，生产者、销售者应当负担被侵权人因此支出的必要费用。"

陷并向国家市场监督管理总局备案了召回计划。

关于本案争议焦点一——某汽车（中国）销售有限公司的召回公告是否完备充分。我国已确立了针对缺陷产品的一般性及具体化的召回法律制度，对产品的召回措施作出了较为详细的规定。召回制度的法律意义在于防患于未然，消除产品在进入流通领域后存在的侵害消费者人身、财产的危害可能，阻断产品危害。

某汽车（中国）销售有限公司针对汽车缺陷的公告内容，载明为安装在进气管底部的排水阀可能被尘土、树叶或其他异物堵塞。一旦堵塞并且车辆长时间停放于下雨、淋水等环境，雨水可能从大灯间隙流入进气管并且无法有效排出，在空气滤清器壳底部形成积水，可能进一步导致空气滤清器浸水。针对可能造成的后果，载明为如果发动机进气管道中的积水过量且无法被有效排出，在发动机起动或加速时，水可能会被吸入发动机中并导致发动机损坏进而熄火，存在安全隐患。针对召回维修措施，某汽车（中国）销售有限公司明确为两项：一是移除车辆进气管路不必要的排水阀，二是在进气口处安装导流板。

结合本案的审理查明可知，涉案汽车作为新款某车型轿车，车辆在改款过程中，将前大灯的形状进行了重新设计，但在设计过程中未充分考虑前部进气口与前大灯的相对位置关系，导致雨水极易沿着右前大灯壳体边缘自然流淌、进入前部进气管，造成安全隐患。车辆的缺陷问题属于产品设计缺陷，即通过车辆大灯间隙流入进气系统的进水难以通过既有的排水装置排出，从而导致发动机存在因进水被损毁的风险。

作为设计缺陷产品的生产者，某汽车（中国）销售有限公司有义务清晰、准确地告知消费者产品的缺陷内容。但某汽车（中国）销售有限公司的缺陷公告全文，告知内容过于含混、琐碎，表面上面面俱到，实际上有意无意地将产品的设计缺陷隐藏在100余字的限定性说明之中，缺陷内容的公示不从大灯的设计缺陷直接展开，反而从排水阀可能因外部原因堵塞而无法发挥其排水功能说起，对于前大灯与前部进气口的位置关系设计缺陷前置了“一旦排水阀堵塞”且“车辆长时间停放于下雨、淋水等环境”的限制性条件，“雨水可能从大灯间隙流入进气管”的语句无法使消费者得出产品设计的缺陷即为大灯的位置设计存在问题的直观感受。故某汽车（中国）销售有限公司发布的缺陷内容公告对产品设计缺陷问题的描述含义不清晰、不准确。黄某某向某汽车（中国）销售有限公司主张的如实告知所购某车型汽车质量缺陷有关信息的诉讼请求，本院予以支持。

针对黄某某主张的赔礼道歉。赔礼道歉主要适用于自然人的人身权利或精神权利受到侵害时的情形。本院已对黄某某主张的如实告知诉讼请求予以支持，通过该请求的判定已足以消除黄某清未能全面知悉涉案汽车设计缺陷的内容。黄某某主张的赔礼道歉请求缺乏事实和法律依据，本院不予支持。针对黄某某主张的因诉讼产生的律师费，缺乏法律依据的支持，本院不予支持。

针对本案争议焦点二——某汽车（中国）销售有限公司是否需要承担黄某某车辆受损的侵权责任，以及如果需要承担责任损害赔偿数额的认定问题。《消费者权益保护法》第52条规定：“经营者提供商品或者服务，造成消费者财产损害的，应当依照法律规定或者当事人约定承担修理、重作、更换、退货、补足商品数量、退还货款和服务费用或者赔偿损失等民事责任。”

本案中，因涉案汽车的设计缺陷导致黄某某车辆发动机损坏，黄某某有权起诉某汽车（中国）销售有限公司主张损害赔偿。现黄某某要求某汽车（中国）销售有限公司赔偿损失，包括购车款664,520元、购置税52,991.45元、保险19，762.09元、车船税375元、精品30,380元、贴膜1935元、停车费（以每日50元为标准，自2017年6月2日计算至实际提车之日）、律师费66,600元、误工费5000元、差旅费5000元，涉案车辆归某汽车（中国）销售有限公司。除法律另有规定外，侵权损害赔偿的基本原则是损失填平原则，侵权人的赔偿数额应与受害人的损失持平，涉案车辆发动机进水时并非新车，黄某某已使用8个月，本院综合案情，以保护消费者合法权益为原则，积极妥善处理消费者的维权主张、不增加消费者维权诉累为综合考量因素，结合上述全部诉讼请求，酌情确定某汽车（中国）销售有限公司赔偿原告黄某清680,000元，黄某某将涉案车辆交付某汽车（中国）销售有限公司。

关于本案争议焦点三——相关行政主管部门在某汽车（中国）销售有限公司自主召回措施实施过程中的行政调查是否影响本案作为民事纠纷的受理的问题。本案是一起涉汽车产品质量责任纠纷及车主知情权益纠纷案件，是以车主黄某某个人为原告，以汽车产品生产者为被告，以缺陷产品召回内容失真及召回措施未能消除车辆进水危险为理由，请求人民法院判令汽车产品的生产者承担侵权法律责任的民事纠纷案件。相关汽车产品质量行政主管部门所实施的行政调查行为并不阻碍当事人为维护私权行使民事纠纷诉权，车主的诉讼权利应当得到保护。某汽车（中国）销售有限公司辩称的本案不属于民事纠纷的受案范围抗辩意见，本院不予采信。

综上，依照《侵权责任法》第46条〔1〕，《消费者权益保护法》第8条、第52条，《缺陷汽车产品召回管理条例》第3条、第8条第3款之规定，判决：（1）被告某汽车（中国）销售有限公司于本判决生效后10日内告知原告黄某某悬挂号牌为××××××、车辆识别代号为×××的某车型轿车设计缺陷内容，告知内容须经本院核准，如被告某汽车（中国）销售有限公司拒不履行该义务，本院将在全国公开发行的媒体上公布本判决的主要内容，费用由被告某汽车（中国）销售有限公司负担；（2）被告某汽车（中国）销售有限公司于本判决生效后

〔1〕 本条现为《民法典》第1206条："产品投入流通后发现存在缺陷的，生产者、销售者应当及时采取停止销售、警示、召回等补救措施；未及时采取补救措施或者补救措施不力造成损害扩大的，对扩大的损害也应当承担侵权责任。依据前款规定采取召回措施的，生产者、销售者应当负担被侵权人因此支出的必要费用。"

30日内赔偿原告黄某某680,000元，同时原告黄某某于本判决生效后30日内将车辆识别代号为×××的某车型轿车交付被告某汽车（中国）销售有限公司；（3）驳回原告黄某某的其他诉讼请求。如果未按本判决指定的期间履行给付金钱义务，应当依照《民事诉讼法》第253条[1]之规定，加倍支付迟延履行期间的债务利息。案件受理费12,300元，由原告黄某清负担1700元（已交纳），由被告某汽车（中国）销售有限公司负担10,600元（于本判决生效后7日内交纳）。如不服本判决，可以在判决书送达之日起15日内，向本院递交上诉状，并按照对方当事人或者代表人的人数提出副本，上诉于北京市第三中级人民法院。

## 作者点评

缺陷产品召回制度是指产品的生产者或销售者在得知其生产或销售的某类产品存在危及消费者人身财产安全的缺陷时，依法将该类产品从市场上收回，并免费进行修理或更换的制度。[2]缺陷产品召回制度的设立对于消费者权益的保护可谓是注入了一针"强心剂"，有力地确保了产品的质量。我国2004年设立汽车缺陷产品召回制度。此后，我国缺陷产品制度不断演进，缺陷产品范围扩大至食品、药品、玩具等一般消费品，有力地保障了产品的质量。

但我国的缺陷产品召回制度也存在一些问题，如不同法律、法规对缺陷产品的定义不一致、对不合格产品的处罚标准不同、对"产品"范围的定义狭窄、产品质量标准过低、精神损害赔偿规定不足，以及存在惩罚性损害赔偿的标准较低等问题，这些问题的解决还需要相关法律制度的不断完善。

---

〔1〕 2021年《民事诉讼法》修改后，本条现为第260条。

〔2〕 参见王利明：《关于完善我国缺陷产品召回制度的若干问题》，载《法学家》2008年第2期。

## 法条链接

《中华人民共和国民法典》

**第一千二百零六条** 产品投入流通后发现存在缺陷的，生产者、销售者应当及时采取停止销售、警示、召回等补救措施；未及时采取补救措施或者补救措施不力造成损害扩大的，对扩大的损害也应当承担侵权责任。

依据前款规定采取召回措施的，生产者、销售者应当负担被侵权人因此支出的必要费用。

《缺陷汽车产品召回管理条例》

**第三条** 本条例所称缺陷，是指由于设计、制造、标识等原因导致的在同一批次、型号或者类别的汽车产品中普遍存在的不符合保障人身、财产安全的国家标准、行业标准的情形或者其他危及人身、财产安全的不合理的危险。

本条例所称召回，是指汽车产品生产者对其已售出的汽车产品采取措施消除缺陷的活动。

**第八条** 对缺陷汽车产品，生产者应当依照本条例全部召回；生产者未实施召回的，国务院产品质量监督部门应当依照本条例责令其召回。

本条例所称生产者，是指在中国境内依法设立的生产汽车产品并以其名义颁发产品合格证的企业。

从中国境外进口汽车产品到境内销售的企业，视为前款所称的生产者。

12

# 渠某某与北京某汽车制造厂有限公司、包头市某贸易有限公司产品责任纠纷案

——二手车车主的权利认定及二手车质量问题的责任承担

## 案件基本信息

1. 法院裁判文书

内蒙古自治区包头市中级人民法院（2018）内02民终2924号民事判决书

2. 案由

产品责任纠纷

3. 当事人

上诉人（原审被告）：包头市某贸易有限公司

上诉人（原审被告）：北京某汽车制造厂有限公司

被上诉人（原审原告）：渠某某

## 裁判要旨

二手机动车处于“三包”期间，二手车辆车主有权享受“三包”服务，“三包”责任不因机动车所有权的转移而改变。二手车辆车主遗失“三包”凭证，也并非免除车辆生产者、销售者及修理者“三包”责任的事由。对于二手车辆使用过程出现问题，生产者、销售者未提交证据证明二手车辆不存在质量瑕疵

的，应承担举证不能的法律后果。

## 基本案情

2017年3月14日，案外人胡某某从北京某达汽车销售有限公司购买本案涉案车辆，并开具机动车销售统一发票，北京某汽车制造厂系该车辆的生产制造商。后该车由胡某某通过大同市南郊区某二手车交易有限公司出卖给本案原告渠某某，并于2017年10月18日开具二手车销售统一发票。该车的保修手册中质量保修注意事项处写明："您的车辆出现故障时，请及时与我公司特约维修服务站联系。"在后附的汽车服务站中，内蒙古自治区包头地区的服务站名称为包头市某汽修有限责任公司及本案被告包头市某贸易有限公司。在车辆使用过程中，原告发现该车的分动箱有开裂的情况，故向该车指定的特约维修服务站即本案的被告包头市某贸易有限公司联系要求质保，但遭到拒绝。后原告通过包头市交通广播电视台进行维权，某汽车全国客服以二手车手续不全（无保养手册）无法质保为由拒绝质保，同时表示二手车该手册不予补办，被告包头市某贸易有限公司则表示不能给原告补办保养手册及提供质保。同时，北京经销商表示无法为原告补办保养手册。原告维权无果，遂诉至法院，要求二被告免费为其更换故障零部件并赔偿损失。被告北京某汽车制造厂提出管辖异议，法院裁定驳回了其管辖异议的申请，被告北京某汽车制造厂不服裁定，上诉至包头市中级人民法院，包头市中级人民法院裁定驳回上诉，维持原裁定。在案件的管辖异议上诉期间，为避免损失的进一步扩大，原告对该车进行了修理，并由包头市某公证处对该车辆分动箱的拆卸过程进行了公证，公证书中载明分动箱上面带有裂痕，并有红色液体渗出，该分动箱被拆卸后，由该公证处进行封箱保管。包头市某公证处据此出具了（2018）包方正内民字第××××号公证书及（2018）包方正内民字第××××保管证书。原告共花费公证费1400元。一审法院开庭前，原告将诉讼请求进行了变更，被告北京某汽车制造厂在接到原告的变更诉讼请求的申请书后，再次提出管辖异议的申请，一审法院未对其第二次提出的申请予以处理。该车辆的行驶里程为19，632.4公里。

## 争议焦点

1. 本案中渠某某作为二手车车主是否有权享受“三包”服务；

2. 本案包头某贸易有限公司是否是本案的适格主体、是否应当承担责任。

## 裁判理由

一审法院认为，对于原告渠某某购买的涉案车辆在使用过程中出现分动箱开裂，有原告提供的公证书在案佐证，且二被告未提出相应的证据证明该产品无质量瑕疵，故对于该事实足以认定。根据车辆的购买年限和行驶里程，涉案车辆在“三包”规定的范围内，可以享受保修服务。虽然该车所有权发生过变更，但根据《家用汽车产品修理、更换、退货责任规定》〔1〕第27条的规定，“三包”责任不因汽车所有权转移而改变的规定，〔2〕本案原告有权享受“三包”服务。对于原告的三包凭证丢失的问题，根据《家用汽车产品修理、更换、退货责任规定》第27条的规定，消费者遗失家用汽车产品“三包”凭证的，销售者、生产者应当在收到申请后10个工作日内予以补办，〔3〕原告提供的包头交通

〔1〕 2021年国家市场监督管理总局通过《家用汽车产品修理更换退货责任规定》，自2022年1月1日起施行。《家用汽车产品修理、更换、退货责任规定》同时废止。以下同。

〔2〕 本条现为2021年《家用汽车产品修理更换退货责任规定》第30条：“包修期内家用汽车产品所有权发生转移的，三包凭证应当随车转移。三包责任不因家用汽车产品所有权的转移而改变。”

〔3〕 本条现为2021年《家用汽车产品修理更换退货责任规定》第14条：“消费者遗失三包凭证的，可以向销售者申请补办。销售者应当及时免费补办。”

广播的录音材料证实，原告积极希望进行补办，但遭到了北京某汽车制造厂有限公司全国客服、被告包头市某贸易有限公司和汽车销售商的拒绝，无法进行补办，故被告辩称的原告无法提供“三包”凭证的辩解理由法院不予采信。对于责任的承担，被告北京某汽车制造厂有限公司作为产品的生产者，应当对产品质量的瑕疵承担责任，根据《家用汽车产品修理、更换、退货责任规定》第18条，在家用汽车包修期内，家用汽车产品出现产品质量问题，消费者凭“三包”凭证由修理者免费修理的规定，[1]被告包头市某贸易有限公司作为被指定的汽车服务站，即修理者，应当承担修理责任。对于承担的具体数额，原告在遭到修理者拒绝保修的情况下，自己进行了维修，并公证记录下拆卸故障零部件的过程，同时有包头市麻池镇宏腾专业机修钣金喷漆美容装饰店开具的4900元的发票在案佐证，法院对该笔费用予以认定。对于原告主张的公证费，是本案证据保全的必要费用，被告应当予以承担，原告主张的律师费6000元，不是本案必须发生的费用，法院不予支持。依照《产品质量法》第26条，《家用汽车产品修理、更换、退货责任规定》第18条、第27条，《民事诉讼法》第144条[2]之规定，判决如下：(1)被告包头市某贸易有限公司、北京某汽车制造厂有限公司给付原告渠某某汽车修理费4900元。(2)被告包头市某贸易有限公司、北京某汽车制造厂有限公司给付原告渠某某汽车公证费1400元。(3)驳回原告渠某某的其他诉讼请求；以上款项于本判决书生效后10日内履行完毕。如果未按本判决指定的期间履行给付金钱义务，应当依照《民事诉讼法》第253条[3]之规定，加倍支付迟延履行期间的债务利息。案件受理费100元(原告已预交)，由原告渠某承担48元，被告包头市某贸易有限公司、北京某汽车

〔1〕 本条现为2021年《家用汽车产品修理更换退货责任规定》第19条：“家用汽车产品在包修期内出现质量问题或者易耗损零部件在其质量保证期内出现质量问题的，消费者可以凭三包凭证选择修理者免费修理(包括免除工时费和材料费)。修理者能够通过查询相关信息系统等方式核实购买信息的，应当免除消费者提供三包凭证的义务。”

〔2〕 2021年《民事诉讼法》修改后，本条变更为第147条。

〔3〕 2021年《民事诉讼法》修改后，本条变更为第260条。

制造厂有限公司负担52元。

二审中，当事人未提交新证据。经二审审理查明的事实与一审判决认定的事实一致，本院予以确认。

本院认为，渠某某购买的涉案车辆在使用中分动箱开裂，有其提供的公证书予以佐证，且二上诉人未举证证明该车辆分动箱开裂非质量问题，而是由其他原因导致，故本院对该车辆存在质量问题的事实予以确认。因该车辆尚在“三包”期内，车辆的“三包”责任不因汽车所有权转移而改变，另渠某某在遗失汽车“三包”凭证后，也积极进行补办，但遭到北京某汽车制造厂有限公司全国客服、包头市某贸易有限公司及销售者的拒绝，无法进行补办，故渠某某无法提供三包凭证并非免除车辆生产者、销售者及修理者“三包”责任的事由。据此，北京某汽车制造厂有限公司作为车辆的生产者，应对产品质量负责；包头市某贸易有限公司作为指定的修理者，应当承担保修责任。包头市某贸易有限公司称在渠某某要求其提供维修服务时已非指定维修商，对此其未举证，本院不予采信。渠某在修理者拒绝保修的情况下已自行修理车辆，故原审法院判决二上诉人给付渠某车辆修理费及因证据保全产生的必要的公证费并无不当，本院予以确认。

综上所述，包头市某贸易有限公司的上诉请求不能成立，应予驳回；原审判决认定事实清楚，适用法律正确，应予维持。依照《民事诉讼法》第170条第1款第1项[1]规定，判决：驳回上诉，维持原判。上诉人北京某汽车制造厂有限公司预交二审案件受理费107.5元，予以退还；上诉人包头市某贸易有限公司预交二审案件受理费107.5元，自行负担。本判决为终审判决。

---

〔1〕 2021年《民事诉讼法》修改后，本条变更为第177条。

## 作者点评

随着我国经济高质量发展取得新成效，汽车进入千家万户，成为生活消费的必需品。二手车因相较于新车具有价格低廉、实用性高等优点更受到消费者的青睐。随着二手车交易数量的不断增多，因二手车服务产生的法律纠纷也日益增多。

二手车引发的纠纷，相当数量的案件涉及对“事故车”的理解。二手车商对“事故车”的理解是：车辆存在发动机、变速箱损坏或者车架变形等结构性损伤的车辆；消费者对“事故车”的理解往往是车辆任意部分损坏后进入修理厂修理过的车辆。

车辆状况直接影响二手车的价格，二手车也呈现“一车一况”的特点。因此，在消费者购买二手车时，笔者建议消费者与经销商在拟定买卖合同时对于车辆的全部真实情况、车辆的事故情况、行驶里程、维修历史进行明确的约定，同时要提示消费者一定要二手车商对所售车辆进行质量承诺，以防日后出现争议。

## 法条链接

《中华人民共和国产品质量法》

**第二十六条** 生产者应当对其生产的产品质量负责。

产品质量应当符合下列要求：

（一）不存在危及人身、财产安全的不合理的危险，有保障人体健康和人身、财产安全的国家标准、行业标准的，应当符合该标准；

（二）具备产品应当具备的使用性能，但是，对产品存在使用性能的瑕疵作出说明的除外；

（三）符合在产品或者其包装上注明采用的产品标准，符合以产品说明、实物样品等方式表明的质量状况。

《家用汽车产品修理更换退货责任规定》

**第十九条** 家用汽车产品在包修期内出现质量问题或者易损耗零部件在其质量保证期内出现质量问题的，消费者可以凭三包凭证选择修理者免费修理（包括免除工时费和材料费）。

修理者能够通过查询相关信息系统等方式核实购买信息的，应当免除消费者提供三包凭证的义务。

13

# 深圳市某汽车贸易有限公司与罗某某产品责任纠纷案

——汽车“三包”责任规定中的责任承担方式及其适用前提

## 案件基本信息

1. 法院裁判文书

广东省深圳市中级人民法院（2020）粤03民终13690号民事判决书

2. 案由

产品责任纠纷

3. 当事人

上诉人（原审被告）：深圳市某汽车贸易有限公司

被上诉人（原审原告）：罗某某

## 裁判要旨

在家用汽车产品“三包”有效期内，因产品质量问题修理时间累计超过35日或因同一产品质量问题累计修理超过5次的，消费者可以凭“三包”凭证、销售发票由销售者负责更换。

## 基本案情

2016年5月23日，罗某某（购方、甲方）与深圳市某汽车贸易有限公司（销方、乙方）签订汽车销售协议，约定罗某某向深圳市某汽车贸易有限公司购买宝马汽车一辆，购车款181,800元，该车加装行车记录仪2980元和倒车影像3900元。乙方销售代表为周某。该协议所附汽车销售协议载明，乙方保证所售车辆质量符合国家质量标准和规定。2016年5月23日，深圳市某汽车贸易有限公司向罗某某开具机动车销售统一发票，内容显示罗某某向深圳市某汽车贸易有限公司购买一辆宝马轿车，型号为宝马118iR51,发动机号为×××、车辆识别代号／车架号为×××，增值税税额为26,415.38元，不含税价155,384.62元，合计181,800元。

2016年5月27日，该车在深圳市车辆管理所办理登记手续，登记车牌号为粤B×××××。2016年5月31日，深圳市某汽车贸易有限公司将涉案车辆及车辆“三包”证书、合格证、商检单等交付给罗某某，经双方检查、验收，交付状态合格。罗某某和深圳市某汽车贸易有限公司销售顾问周某均在新车车辆交付检查清单上签名确认。罗某某并为涉案车辆贴装防爆膜，支付了4500元。抬头为“深圳市某汽车贸易有限公司南山分公司”的精品／服务记录表，显示“精品／服务明细”“进口防爆膜龙膜：4500”等内容，销售顾问为周某。

2017年5月13—18日、2018年3月6日、2018年3月26—30日、2018年4月25日—5月2日、2018年5月30日—7月3日，涉案车辆因水箱冷却液等原因被送至某维修公司进行维修。2018年7月7日，罗某某委托律师向深圳市某汽车贸易有限公司发出律师函，认为罗某某在2016年5月购车后，自2017年起因水箱漏水问题到某维修公司进行维修超过5次（4S系统可查询），有回单的维修记录5次，累计维修时间已超过35天；对于水箱漏水，维修方提供多种解释并进行相应维修，但每次修复后短时间内均复发水箱漏水问题，根据《消费者权益保护法》和《家用汽车产品修理、更换、退货责任规定》，该车已达到更换标准，请报告予以协商退换事宜。

2018年8月29日，深圳市某汽车贸易有限公司南山分公司复函罗某某，提出以下建议：(1)换车，深圳市某汽车贸易有限公司将新车（2018款进口BMW118i领先型）给罗某某，深圳市某汽车贸易有限公司免费将旧车上的行车记录仪及倒车影像免人工费安装至新车，罗某某向深圳市某汽车贸易有限公司支付39，971元（包括里程折旧费18，452元和新车差价21,519元），新车保险费罗某某自理。(2)退车，深圳市某汽车贸易有限公司退还罗某某款项176,848元（罗某某购车款181,800元＋购置税9500元＋深圳市某汽车贸易有限公司补偿罗某某购车时订购的精品、附件及支付的服务费用4000元-里程折旧费18，452元），罗某某将涉案车辆退还深圳市某汽车贸易有限公司。

## 争议焦点

1. 深圳市某汽车贸易有限公司是否应为罗某某更换车辆；

2. 深圳市某汽车贸易有限公司是否应为罗某某拆卸安装倒车影像、行车记录仪和防爆膜。

## 裁判理由

一审法院认为，本案系产品责任纠纷。《家用汽车产品维修、更换、退货责任规定》第1条规定："为了保护家用汽车产品消费者的合法权益，明确家用汽车产品修理、更换、退货（以下简称三包）责任，根据有关法律法规，制定本规定。"[1]该规定第20条[2]规定，在家用汽车产品"三包"有效期内，因严重安全性能故障累计进行了2次修理，严重安全性能故障仍未排除或者又出现新的严重安全性能故障的，消费者选择更换或退货的，销售者应当负责更换或退货。

本案中，罗某某因涉案车辆水箱漏水等问题对车辆进行维修无果，进而要求深圳市某汽车贸易有限公司退换，深圳市某汽车贸易有限公司也同意罗某某的退换要求，并提出具体的退换方案，故对于罗某某提出的更换一辆相同品牌、相同配置的车辆的主张，法院予以支持，深圳市某汽车贸易有限公司应予更换，并将涉案车辆安装的倒车影像、行车记录仪拆装至新车。因防爆膜不能拆卸重装，故深圳市某汽车贸易有限公司应在新车重新安装同价值防爆膜。罗某某主张防爆膜价格为4500元，且购买防爆膜的精品、服务记录表上深圳市某汽车贸易有限公司销售顾问周某同为涉案车辆的销售顾问，深圳市某汽车贸易有限公司虽不予确认，但其没有提供有效反驳证据，深圳市某汽车贸易有限公司该抗辩理由依据不足，法院不予采纳。

对于罗某某主张的防爆膜价格4500元，法院予以确认。若无同品牌同型号家用汽车产品更换的，深圳市某汽车贸易有限公司应向罗某某更换不低于原车配置的家用汽车产品。另外，罗某某主张损失，但依据不足，法院不予支持。

---

〔1〕 现为2021年《家用汽车产品修理更换退货责任规定》第1条："为了明确家用汽车产品修理、更换、退货（以下统称三包）责任，保护消费者合法权益，根据《中华人民共和国产品质量法》《中华人民共和国消费者权益保护法》等法律，制定本规定。"

〔2〕 现为2021年《家用汽车产品修理更换退货责任规定》第24条："家用汽车产品在三包有效期内出现下列情形之一，消费者凭购车发票、三包凭证选择更换家用汽车产品或者退货的，销售者应当更换或者退货：（一）因严重安全性能故障累计进行2次修理，但仍未排除该故障或者出现新的严重安全性能故障的；（二）发动机、变速器、动力蓄电池、行驶驱动电机因其质量问题累计更换2次，仍不能正常使用的；（三）发动机、变速器、动力蓄电池、行驶驱动电机、转向系统、制动系统、悬架系统、传动系统、污染控制装置、车身的同一主要零部件因其质量问题累计更换2次，仍不能正常使用的；（四）因质量问题累计修理时间超过30日，或者因同一质量问题累计修理超过4次的。发动机、变速器、动力蓄电池、行驶驱动电机的更换次数与其主要零部件的更换次数不重复计算。需要根据车辆识别代号（VIN）等定制的防盗系统、全车主线束等特殊零部件和动力蓄电池的运输时间，以及外出救援路途所占用的时间，不计入本条第一款第（四）项规定的修理时间。"

综上所述，依据《消费者权益保护法》第24条，《民事诉讼法》第64条第1款[1]、第142条[2]之规定，判决：（1）深圳市某汽车贸易有限公司应于本判决发生法律效力之日起10日内向罗某某更换和涉案车辆（型号为宝马118iR51、车牌号码为粤B××××××）同品牌同型号、新的合格的家用汽车产品一辆，若无同品牌同型号家用汽车产品更换的，深圳市某汽车贸易有限公司应向罗某某更换不低于原车配置的家用汽车产品一辆；（2）深圳市某汽车贸易有限公司应于本判决发生法律效力之日起10日内将涉案车辆（型号为宝马118iR51、车牌号码为粤B××××××）上的倒车影像和行车记录仪拆卸并安装到新车上；（3）深圳市某汽车贸易有限公司应于本判决发生法律效力之日起10日内为新车安装价值4500元的防爆膜；（4）罗某某应在收到深圳市某汽车贸易有限公司交付新车当日将涉案粤B××××××号宝马小型汽车退还深圳市某汽车贸易有限公司；（5）驳回罗某某其他诉讼请求。

深圳市某汽车贸易有限公司不服一审判决提起上诉。

二审法院经审理查明，原审查明事实清楚，本院予以确认。

另查明，本案二审庭审中，罗某某提交了结算单证明涉案车辆在2018年5月30日前就同一故障维修了6次，除一审查明2017年5月13—18日、2018年3月6日、2018年3月26—30日、2018年4月25日—5月2日、2018年5月30日—7月3日的5次维修外，涉案车辆在2018年3月11—17日就同一故障进行了维修。深圳市某汽车贸易有限公司对上述维修的真实性、合法性、关联性予以认可，但辩称2018年5月30日—7月3日的该次维修已超过“三包”有效期。

本院认为，本案系产品责任纠纷。《家用汽车产品修理、更换、退货责任规定》第20条规定，在家用汽车产品“三包”有效期内，因严重安全性能故障累计进行了2次修理，严重安全性能故障仍未排除或者又出现新的严重安全

〔1〕 2021年《民事诉讼法》修改后，本款变更为第67条第1款。

〔2〕 2021年《民事诉讼法》修改后，本条变更为第145条。

性能故障的，消费者选择更换或退货的，销售者应当负责更换或退货。[1]第21条规定，在家用汽车产品“三包”有效期内，因产品质量问题修理时间累计超过35日或因同一产品质量问题累计修理超过5次的，消费者可以凭“三包”凭证、销售发票由销售者负责更换。[2]本案中，罗某某因涉案车辆同一故障进行了5次修理，要求深圳市某汽车贸易有限公司更换一辆相同品牌、相同配置的车辆，符合法律规定，本院予以支持。涉案车辆装贴防爆膜价格为4500元，有深圳市某汽车贸易有限公司的精品、服务记录表记载，且有深圳市某汽车贸易有限公司涉案车辆的销售顾问周某签字确认，本院对此证据的证明效力予以采信。因防爆膜不能拆卸重装，深圳市某汽车贸易有限公司销售的涉案车辆质量存在问题，故深圳市某汽车贸易有限公司应在新车上重新安装同价值防爆膜。因此，原审判令深圳市某汽车贸易有限公司应向罗某某更换与涉案车辆（型号为宝马118iR51、车牌号码为粤B×××××）同品牌同型号、新的合格的家用汽车产品一辆，若无同品牌同型号家用汽车产品更换的，深圳市某汽车贸易有限公司应向罗某某更换不低于原车配置的家用汽车产品一辆；并将

〔1〕 2021年《家用汽车产品修理更换退货责任规定》修改后，本条变更为第24条：“家用汽车产品在三包有效期内出现下列情形之一，消费者凭购车发票、三包凭证选择更换家用汽车产品或者退货的，销售者应当更换或者退货：（一）因严重安全性能故障累计进行2次修理，但仍未排除该故障或者出现新的严重安全性能故障的；（二）发动机、变速器、动力蓄电池、行驶驱动电机因其质量问题累计更换2次，仍不能正常使用的；（三）发动机、变速器、动力蓄电池、行驶驱动电机、转向系统、制动系统、悬架系统、传动系统、污染控制装置、车身的同一主要零部件因其质量问题累计更换2次，仍不能正常使用的；（四）因质量问题累计修理时间超过30日，或者因同一质量问题累计修理超过4次的。发动机、变速器、动力蓄电池、行驶驱动电机的更换次数与其主要零部件的更换次数不重复计算。需要根据车辆识别代号（VIN）等定制的防盗系统、全车主线束等特殊零部件和动力蓄电池的运输时间，以及外出救援路途所占用的时间，不计入本条第一款第（四）项规定的修理时间。”

〔2〕 2021年《家用汽车产品修理更换退货责任规定》修改后，本条变更为第24条：“家用汽车产品在三包有效期内出现下列情形之一，消费者凭购车发票、三包凭证选择更换家用汽车产品或者退货的，销售者应当更换或者退货：（一）因严重安全性能故障累计进行2次修理，但仍未排除该故障或者出现新的严重安全性能故障的；（二）发动机、变速器、动力蓄电池、行驶驱动电机因其质量问题累计更换2次，仍不能正常使用的；（三）发动机、变速器、动力蓄电池、行驶驱动电机、转向系统、制动系统、悬架系统、传动系统、污染控制装置、车身的同一主要零部件因其质量问题累计更换2次，仍不能正常使用的；（四）因质量问题累计修理时间超过30日，或者因同一质量问题累计修理超过4次的。发动机、变速器、动力蓄电池、行驶驱动电机的更换次数与其主要零部件的更换次数不重复计算。需要根据车辆识别代号（VIN）等定制的防盗系统、全车主线束等特殊零部件和动力蓄电池的运输时间，以及外出救援路途所占用的时间，不计入本条第一款第（四）项规定的修理时间。”

涉案车辆上的倒车影像和行车记录仪拆卸并安装到新车上，为新车安装价值4500元的防爆膜，上述内容符合法律规定，本院予以确认。

综上所述，上诉人深圳市某汽车贸易有限公司的上诉理由不成立，本院予以驳回。原审判决认定事实清楚，适用法律正确，本院予以维持。依照《民事诉讼法》第170条第1款第1项〔1〕之规定，判决：驳回上诉，维持原判。

## 作者点评

2013年旧版汽车“三包”规定中汽车售后服务质量差、曲解“三包”规定、限制消费者选择权，鉴定难、举证难等问题长期存在，不利于统一保护消费者的权益。

笔者认为，与2013版旧规相比，2021年新版汽车“三包”规定新增多条保护消费者权益的规定，比如，对新能源车是否适用“三包”政策，动力电池如何“三包”进行了明确界定；还对经营者提出更加严格的“三包”责任要求，比如，家用汽车自“三包”有效期起算之日起7日内，出现因质量问题需更换发动机、变速器、动力蓄电池、行驶驱动电机或者其主要零部件等情形的，销售者应当按照消费者的选择，予以免费换车或退车等。

2021年新版汽车“三包”规定，一方面对违法行为加大处罚力度，对故意拖延或无正当理由拒绝承担“三包”责任的经营者，明确依照有关规定实施处罚。另一方面，鼓励有关组织建立家用汽车“三包”责任争议处理机制，便于利用第三方专业资源免费为消费者提供公正、专业、便捷、高效的“三包”争议处理服务，降低消费者的维权成本，对于强化消费者权益保护、促进我国汽车产业高质量发展、推动汽车消费升级扩容发挥了积极作用。

---

〔1〕 2021年《民事诉讼法》修改后，本条变更为第177条。

## 法条链接

《中华人民共和国消费者权益保护法》

**第二十四条** 经营者提供的商品或者服务不符合质量要求的，消费者可以依照国家规定、当事人约定退货，或者要求经营者履行更换、修理等义务。没有国家规定和当事人约定的，消费者可以自收到商品之日起七日内退货；七日后符合法定解除合同条件的，消费者可以及时退货，不符合法定解除合同条件的，可以要求经营者履行更换、修理等义务。

依照前款规定进行退货、更换、修理的，经营者应当承担运输等必要费用。

《家用汽车产品修理更换退货责任规定》

**第一条** 为了明确家用汽车产品修理、更换、退货（以下统称三包）责任，保护消费者合法权益，根据《中华人民共和国产品质量法》《中华人民共和国消费者权益保护法》等法律，制定本规定。

**第二十三条** 家用汽车产品自三包有效期起算之日起60日内或者行驶里程3000公里之内（以先到者为准），因质量问题出现转向系统失效、制动系统失效、车身开裂、燃油泄漏或者动力蓄电池起火的，消费者可以凭购车发票、三包凭证选择更换家用汽车产品或者退货。销售者应当免费更换或者退货。

**第二十四条** 家用汽车产品在三包有效期内出现下列情形之一，消费者凭购车发票、三包凭证选择更换家用汽车产品或者退货的，销售者应当更换或者退货：

（一）因严重安全性能故障累计进行2次修理，但仍未排除该故障或者出现新的严重安全性能故障的；

（二）发动机、变速器、动力蓄电池、行驶驱动电机因其质量问题累计更换2次，仍不能正常使用的；

（三）发动机、变速器、动力蓄电池、行驶驱动电机、转向系统、制动系统、悬架系统、传动系统、污染控制装置、车身的同一主要零部件因其质量问题累计更换2次，仍不能正常使用的；

（四）因质量问题累计修理时间超过30日，或者因同一质量问题累计修理超过4次的。

发动机、变速器、动力蓄电池、行驶驱动电机的更换次数与其主要零部件的更换次数不重复计算。

需要根据车辆识别代号（VIN）等定制的防盗系统、全车主线束等特殊零部件和动力蓄电池的运输时间，以及外出救援路途所占用的时间，不计入本条第一款第（四）项规定的修理时间。

# 14

# 陕西某汽车有限公司与马某某健康权纠纷案

——产品缺陷的举证责任及承揽人工作过程中造成自身损害的责任承担

## 案件基本信息

1. 法院裁判文书

江苏省南京市中级人民法院(2014)宁民终字第613号民事判决书

2. 案由

健康权纠纷

3. 当事人

上诉人(原审被告):陕西某汽车有限公司

被上诉人(原审原告):马某某

被上诉人(原审被告):王某

被上诉人(原审被告):萧县某汽车运输有限公司

## 裁判要旨

在诉讼过程中,一方当事人陈述的于己不利的事实,或者对于己不利的事实明确表示承认的,另一方当事人无须举证证明。生产者在一审提交的情况说明构成自认。生产者应对该零件断裂原因提供证据,证明该零件断裂并非产品固有缺陷或由其他原因造成，但生产者拒绝对零件断裂原因提供证据及申请鉴定，应当承担不利后果。

## 基本案情

2013年7月15日，王某将其驾驶的涉案车辆送至位于江苏省南京市江宁区麒麟街道的“许昌某维修站”进行水箱维修，马某某为该修理站修理工。因该车水箱位于驾驶室下部，马某某在将驾驶室举升起来，进入驾驶室下面修理水箱的过程中，涉案车辆的驾驶室举升缸轴座托架总成突然断裂，导致驾驶室落下将其砸伤。马某某在中国人民解放军81医院住院治疗17天，经该院治疗诊断为：创伤性截瘫，腰1椎体爆裂性骨折。截至2013年8月1日，共花去医疗费89，989.6元（其中马某某出具并主张的医疗费票据金额为86,007.6元，被告王某另提供的医疗费票据金额为3982元）。

另查明，涉案车辆生产厂商为陕西某汽车有限公司，该车系萧县某汽车运输有限公司于2010年9月18日购买。事故发生之时，该车已进行了正常的年检，并办理了道路运输证。涉案车辆驾驶员被告王某持有B2驾驶证，并拥有道路货物运输驾驶员资格。涉案车辆自购买后未进行过改装。

还查明，2013年7月17日，麒麟派出所接到本案被告王某报警，称其车辆的修理工修车时被车头砸伤，已送至医院治疗，无生命危险。警方对此报警记录进行了备案。除此之外，再无其他涉及本案事故的报警记录。

## 争议焦点

1. 一审法院认定涉案车辆驾驶室向后落下将被上诉人马某某砸伤的事实依据是否充分；

2. 一审法院认定涉案车辆存在产品质量缺陷是否符合法律规定；

3. 一审法院对责任的认定是否正确；

4. 一审法院审理本案程序是否合法。

## 裁判理由

一审法院经审理认为，公民的生命健康权受法律保护。此案中，马某某所受之伤害系涉案车辆的举升缸轴座托架总成零部件断裂后驾驶室向后倾倒所致，各方当事人对该事实并无异议，法院予以确认。涉案车辆的举升缸轴座托架总成零部件断裂是由于什么原因导致的？对此，陕西某汽车有限公司应承担举证责任，证明其生产的涉案车辆和零部件为合格产品，但其提供的车辆检测的合格证及零部件理化检验报告等证据均系陕西某汽车有限公司内部自行出具，且经法庭释明后，其并未对涉案车辆举升缸轴座托架总成零部件的断裂原因申请司法鉴定，故应推定为涉案车辆举升缸轴座托架总成零部件存在产品质量缺陷。原告受伤与陕西某汽车有限公司生产的涉案车辆存在产品质量缺陷具有因果关系，陕西某汽车有限公司应对马某某的受伤承担民事责任。

当事人对自己的主张有责任提供证据。陕西某汽车有限公司认为马某某在修理过程中举升驾驶室时涉嫌违规操作，未将驾驶室举升至正确位置，但其未能提供证据证明，且其对零部件断裂与未将驾驶室举升至正确位置是否存在必然因果联系，亦无法作出合理说明，故对陕西某汽车有限公司的该辩称意见，法院未予采信。

因产品存在缺陷造成损害要求赔偿的请求权，在造成损害的缺陷产品交付最初消费者满十年丧失，但尚未超过明示的安全使用期的除外。对于陕西某汽车有限公司认为涉案车辆购买于2010年，已过两年质保期，其不应承担责任的意见，法院不予采纳。

对于陕西某汽车有限公司认为马某某提供的医疗费票据中关于乙型肝炎、丙型肝炎进行了多次检测所产生的240元费用并非必要费用，该款应从医疗费用中扣除的意见，与事实和法律不符，法院亦未予采纳。

王某、萧县某汽车运输有限公司将具有水箱故障的涉案车辆交由“许昌某维修站”进行维修，双方形成了事实上的承揽法律合同关系。承揽人在完成工作过程中对第三人造成损害或者造成自身损害的，定作人不承担赔偿责任。故原告马某某要求王某、萧县某汽车运输有限公司对其因伤造成的损失承担连带赔偿责任的诉讼请求，于法无据，法院未予支持。

综上所述，根据本案所查明的事实，陕西某汽车有限公司应对马某某的伤后经济损失应承担全部的责任。对于马某某要求陕西某汽车有限公司赔偿其医疗费86,007.6元（截至2013年8月1日）的主张，法院予以支持。对于王某另提供的3982元医疗费票据及其自愿向马某某给付的7000元，因原告并未为此而变更诉讼请求，且王某在审理中亦未对该部分款项进行主张，故法院对此未予理涉。

据此，南京市江宁区人民法院依照《侵权责任法》第15条〔1〕、第16条〔2〕、第26条〔3〕、第41条〔4〕，《关于审理人身损害赔偿案件适用问题的解释》第10条〔5〕，《产品质量法》第45条第2款，《民事诉讼法》第64条第1款〔6〕之规定，作出判决：（1）被告陕西某汽车有限公司赔偿原告马某某伤后损失的医疗费

---

〔1〕 本条现为《民法典》第179条：“承担民事责任的方式主要有：（一）停止侵害；（二）排除妨碍；（三）消除危险；（四）返还财产；（五）恢复原状；（六）修理、重作、更换；（七）继续履行；（八）赔偿损失；（九）支付违约金；（十）消除影响、恢复名誉；（十一）赔礼道歉。法律规定惩罚性赔偿的，依照其规定。本条规定的承担民事责任的方式，可以单独适用，也可以合并适用。”

〔2〕 本条现为《民法典》第1179条：“侵害他人造成人身损害的，应当赔偿医疗费、护理费、交通费、营养费、住院伙食补助费等为治疗和康复支出的合理费用，以及因误工减少的收入。造成残疾的，还应当赔偿辅助器具费和残疾赔偿金；造成死亡的，还应当赔偿丧葬费和死亡赔偿金。”

〔3〕 本条现为《民法典》第1173条：“被侵权人对同一损害的发生或者扩大有过错的，可以减轻侵权人的责任。”

〔4〕 本条现为《民法典》第1202条。

〔5〕 2022年《关于审理人身损害赔偿案件适用法律问题的解释》修改后，本条未予保留。

〔6〕 2021年《民事诉讼法》修改后，本款变更为第67条第1款。

86,007.6元（截至2013年8月1日），于本判决发生法律效力之日起10日内付清；（2）驳回原告马某某的其他诉讼请求。

一审宣判后，陕西某汽车有限公司不服，向南京市中级人民法院提起上诉。

南京市中级人民法院二审认为，关于一审法院认定涉案车辆驾驶室向后落下将被上诉人马某某砸伤的事实依据是否充分，涉案事故发生后，被上诉人王某随即将马某某送医院治疗，并垫付了部分医疗费，王某对马某某被涉案车辆驾驶室向后落下砸伤的事实无异议。另据上诉人陕西某汽车有限公司在一审中提交的“关于车辆故障情况的说明”，其载明马某某在拆卸中冷器的时候，因驾驶室举升缸轴座托架总成突然断裂导致驾驶室向后落下将其压伤。故一审法院认定涉案车辆驾驶室向后落下将马某某砸伤的事实依据充分。陕西某汽车有限公司认为一审法院认定马某某受伤事实依据不足的上诉意见，法院不予采信。

关于一审法院认定涉案车辆存在质量缺陷是否符合法律规定，根据查明的事实，被上诉人马某某在修理涉案车辆水箱的过程中，该车辆驾驶室举升缸轴座托架总成突然断裂，导致驾驶室落下将马某某砸伤。《产品质量法》第46条规定，产品缺陷是指产品存在危及人身、他人财产安全的不合理的危险；产品有保障人体健康和人身、财产安全的国家标准、行业标准的，是指不符合该标准。法院认为，国家标准和行业标准是产品应当符合的最低标准，符合“标准”的产品，也存在具有不合理危险的可能性。本案中，驾驶室举升缸轴座托架总成突然断裂，导致驾驶室落下致马某某受伤。上诉人陕西某汽车有限公司辩称该车系合格产品，不存在产品缺陷，故其应对该零件断裂原因提供证据，以证明该零件断裂并非产品固有缺陷或由其他原因造成，但陕西某汽车有限公司以马某某应承担零件断裂原因的举证责任为由，拒绝对零件断裂原因提供证据及申请鉴定，故陕西某汽车有限公司应当承担举证不能的法律后果。

一审法院认定该零件断裂属于产品缺陷，有事实和法律依据，法院予以支持。

关于一审法院对责任的认定是否正确，《产品质量法》第41条规定，因产品存在缺陷造成人身、缺陷产品以外的其他财产损害的，生产者应当承担赔偿责任；生产者能够证明有下列情形之一的，不承担赔偿责任：（1）未将产品投入流通的；（2）产品投入流通时，引起损害的缺陷尚不存在的；（3）将产品投入流通时的科学技术水平尚不能发现缺陷的存在的。根据法院查明的事实，陕西某汽车有限公司未能提供证据证明本案中存在生产者不承担赔偿责任的情形。根据《侵权责任法》第41条规定，因产品存在缺陷造成他人损害的，生产者应当承担侵权责任。[1]产品责任对于生产者是无过错责任。被上诉人马某某因涉案车辆产品缺陷受伤，依据上述法律规定，上诉人陕西某汽车有限公司应对马某某因此次受伤造成的损失承担全部赔偿责任。陕西某汽车有限公司主张被上诉人王某、萧县某汽车运输有限公司应承担连带赔偿责任及马某某应承担部分责任的意见，缺乏法律依据，法院不予支持。

关于一审法院审理本案程序是否合法的问题，《民事诉讼法》第132条规定，必须共同进行诉讼的当事人没有参加诉讼的，人民法院应当通知其参加诉讼。[2]本案中，被上诉人马某某以产品质量缺陷致其损害为由主张陕西某汽车有限公司、王某、萧县某汽车运输有限公司赔偿其损失，王某某不是本案必要共同进行诉讼的当事人，一审法院没有追加王某某为共同被告，符合法律规定。《民事诉讼法》第133条第3项[3]规定，人民法院对受理的案件，根据案件情况，确定适用简易程序或者普通程序。上诉人陕西某汽车有限公司主张本案一审适用简易程序违法，依据不足，法院不予支持。

综上所述，一审法院认定事实清楚，所作判决并无不当，依法应予维持。

---

〔1〕 本条现为《民法典》第1202条。

〔2〕 2021年《民事诉讼法》修改后，本条变更为第135条。

〔3〕 2021年《民事诉讼法》修改后，本项变更为第136条第3项。

上诉人陕西某汽车有限公司的上诉请求，证据不足，理由不充分。据此，南京市中级人民法院依照《民事诉讼法》第170条第1款第 1项[1]之规定判决：驳回上诉，维持原判。本判决为终审判决。

## 作者点评

产品缺陷要件事实证明责任的合理分配，是切实保障被侵权人合法权益的重要环节，在我国司法实践中，产品缺陷纠纷案件的裁量结果往往呈现以下两种分歧：一种为产品存在缺陷的举证责任应当由生产者承担；另一种为产品存在缺陷的举证责任由被侵权人承担举证责任。

追根溯源，产品缺陷强调产品的安全性，指的是产品不符合保障人体健康和人身、财产安全的国家标准、行业标准，或者存在危及人身、财产安全的不合理的危险，本质上属于侵权责任。

将产品缺陷的证明责任分配给被侵权人，既较为符合证明责任分配的一般规则，也可以督促原告妥善保管缺陷产品，为查明事实创造了更大的可能性。但让被侵权人承担产品缺陷的证明责任，会令原告背负沉重负担。若将产品缺陷的证明责任分配给经营者，有益于推动其提高生产工艺、改进产品缺陷、提高产品质量，进而维护被侵权人的合法权益。但同时，也存在因此伤害生产者和销售者生产积极性和创造性的风险，可能刺激经营者追求过度保险，影响社会效率。[2]

笔者认为，在产品缺陷认定过程中，应恰当运用事实推定缓解被侵权人在举证方面的负担。在本案中，举升缸轴座托架总成零部件断裂是否属于产品缺陷，应当结合被侵权人马某某的举证能力、专业知识等因素综合考虑确定其

---

〔1〕 2021年《民事诉讼法》修改后，本项变更为第177条第1款第1项。

〔2〕 参见刘鹏飞：《反思与重述：产品缺陷的证明责任分配》，载《当代法学》2019年第5期。

举证责任，只要被侵权人马某某证明了较大可能属于产品缺陷，即可视为初步完成举证责任，继而再由生产者陕西某汽车有限公司就不存在缺陷承担举证责任。经法庭释明后，陕西某汽车有限公司并未对涉案车辆举升缸轴座托架总成零部件的断裂原因申请司法鉴定，故应承担举证不能的法律后果。

## 法条链接

《中华人民共和国产品质量法》

**第四十一条** 因产品存在缺陷造成人身、缺陷产品以外的其他财产（以下简称他人财产）损害的，生产者应当承担赔偿责任。

生产者能够证明有下列情形之一的，不承担赔偿责任：

（一）未将产品投入流通的；

（二）产品投入流通时，引起损害的缺陷尚不存在的；

（三）将产品投入流通时的科学技术水平尚不能发现缺陷的存在的。

**第四十四条** 因产品存在缺陷造成受害人人身伤害的，侵害人应当赔偿医疗费、治疗期间的护理费、因误工减少的收入等费用；造成残疾的，还应当支付残疾者生活自助具费、生活补助费、残疾赔偿金以及由其扶养的人所必需的生活费等费用；造成受害人死亡的，并应当支付丧葬费、死亡赔偿金以及由死者生前扶养的人所必需的生活费等费用。

因产品存在缺陷造成受害人财产损失的，侵害人应当恢复原状或者折价赔偿。受害人因此遭受其他重大损失的，侵害人应当赔偿损失。

**第四十六条** 本法所称缺陷，是指产品存在危及人身、他人财产安全的不合理的危险；产品有保障人体健康和人身、财产安全的国家标准、行业标准的，是指不符合该标准。

# 三、汽车交通事故责任纠纷

# 15

# 鞍山某汽车销售服务有限公司与滕某机动车交通事故责任纠纷案

## ——试乘试驾活动组织者的安全保障义务

## 案件基本信息

1. 法院裁判文书

辽宁省鞍山市中级人民法院(2018)辽03民终483号民事判决书

2. 案由

机动车交通事故责任纠纷

3. 当事人

上诉人(原审被告):滕某

被上诉人(原审原告):鞍山某汽车销售服务有限公司

## 裁判要旨

消费者与销售者签订的试乘试驾同意书上的责任约定虽系格式条款,但消费者作为试乘试驾活动的参加者,对试乘试驾活动具有事实上的控制力。如果消费者未确保行车安全是导致事故的直接原因,则对车辆损失负主要责任。同时,销售者存在路线选择不当、未有效制止消费者危险驾驶行为等过错的,同样承担相应的赔偿责任。

## 基本案情

2017年1月15日，滕某到鞍山某汽车销售服务有限公司处欲购车，并申请试驾辽C×××××的冠道车。滕某向鞍山某汽车销售服务有限公司出示了驾驶证并与鞍山某汽车销售服务有限公司签订了试乘试驾同意书，该份同意书载明“欢迎参加广汽本田汽车试乘试驾活动，车辆行驶路线是我们精心选择的，请服从工作人员的安排，按照设定的路线行驶。最高限速80公里/时，严禁超速行驶。对于在试乘试驾过程中因违反交通法规、擅自改变行驶路线、危险行为、意外事故等引发的一切人身、财产损失将由本人承担”。

2017年1月15日，滕某在鞍山某汽车销售服务有限公司安排的陪驾人员陪同下，并按照鞍山某汽车销售服务有限公司指定的试驾路线驾驶涉案车辆，当车辆行驶在沿立山区强工街由南向北行驶方向，至立山区辽宁某有限公司门前路段时，因冰雪路面湿滑加之滕某驾驶车辆未确保行车安全，所驾驶车辆驶入道路右侧的岩石上，将绿化所负责管理的树木撞坏，造成车辆及树木受损的道路交通事故。经鞍山市公安局公安交通管理局事故处理大队认定，滕某在道路交通事故中负全部责任。

另查，庭审中鞍山某汽车销售服务有限公司申请对车辆实际损失进行评估，该院依法委托辽宁新天衡资产鉴定评估有限公司进行评估，评估结论为：经评定估算，委估的车辆于评估基准日所表现的车辆损失价值为人民币97,709元。鞍山某汽车销售服务有限公司支付评估费为7100元。再查，鞍山某汽车销售服务有限公司已为涉案车辆投保交强险及商业三者险。

## 争议焦点

滕某应否承担涉案车辆损失的70%。

## 裁判理由

一审法院认为，鞍山某汽车销售服务有限公司、滕某之间签订的试乘试驾同意书中约定的“对试驾过程中违反交通法规、擅自改变行驶路线、危险行为、一切意外事故引发的一切人身、财产损失由本人承担”，系典型的格式条款，鞍山某汽车销售服务有限公司提供的格式条款免除了自身责任、排除了对方的主要权利，应认定为无效。因此，鞍山某汽车销售服务有限公司依据该协议要求滕某承担涉案车辆全部损失，没有事实和法律依据，该院不予支持。

鞍山某汽车销售服务有限公司、滕某是试乘试驾关系，根据试乘试驾同意书的约定，鞍山某汽车销售服务有限公司将车辆交给滕某驾驶期间，滕某必须按照鞍山某汽车销售服务有限公司的指示并按照规定的路线行驶。滕某是车辆的直接操作者，鞍山某汽车销售服务有限公司是车辆运行的支配者。而且，鞍山某汽车销售服务有限公司从举办试乘试驾活动中推广销售车辆、获取潜在客户，其商业利益是明显的。本案中，滕某在试驾过程中未确保行车安全的驾驶行为是该起事故发生的直接原因，对车辆损失承担主要赔偿责任。鞍山某汽车销售服务有限公司在提供试驾服务前，双方签订的试乘试驾同意书，明确记载滕某要按照规定的路线驾驶，鞍山某汽车销售服务有限公司在选择路线时就应该谨慎、合理，同时在发现滕某有危险驾驶行为时应及时、有效制止，鞍山某汽车销售服务有限公司选择的路线有冰雪路面，且滕某有危险驾驶行为时亦未有效制止，也是造成本次事故的原因之一，鞍山某汽车销售服务有限公司理应承担相应的赔偿责任，故涉案车辆的实际损失应由鞍山某汽车销售服务有限公司承担30%的责任，滕某承担70%的责任。故滕某应赔偿鞍山某汽车销售服务有限公司损失97,709元×70%=68，396.3元。鞍山某汽车销售服务有限公司支付评估费用为7100元，应由滕某承担70%即4970元。

综上所述，依据《合同法》第8条“依法成立的合同，对当事人具有法律约束力。当事人应当按照约定履行自己的义务，不得擅自变更或者解除合同”[1]、第53条“合同中的下列免责条款无效；(一)造成对方人身伤害的；(二)因故意或者重大过失造成对方财产损失的”[2]、第120条“当事人双方都违反合同的，应当各自承担相应的责任”[3]之规定，判决：(1)滕某于该判决生效之日起10日内赔偿鞍山某汽车销售服务有限公司车辆损失68，396.3元；(2)滕某于该判决生效之日起10日内给付鞍山某汽车销售服务有限公司评估费4970元。如滕某未按该判决指定的期间履行给付义务，应当依照《民事诉讼法》第253条[4]规定，加倍支付迟延履行期间的债务利息。案件受理费3430元(鞍山某汽车销售服务有限公司预缴)，由鞍山某汽车销售服务有限公司负担1920元，滕某负担1510元。

二审期间，双方当事人均未提交新证据。本院对一审查明的事实予以确认。

本院认为，滕某与鞍山某汽车销售服务有限公司签订的试乘试驾同意书虽属于鞍山某汽车销售服务有限公司提供的格式条款，而且免除了自身责任、加重了对方责任、排除了对方的主要权利，应为无效的格式条款。但滕某与鞍山某汽车销售服务有限公司之间的试驾合同关系成立，鞍山某汽车销售服务有限公司提供了试驾服务，滕某亦实际驾驶了试驾车辆，在试驾过程中，发生事故造成损失，主要责任在滕某。因此，一审法院根据涉案车辆受损原因确定双方应承担修车损失费用，并无不当。

关于上诉人滕某提出本案应适用《消费者权益保护法》的问题，《消费者权益保护法》调整的是消费者为生活需要购买、使用商品或者接受服务过程

---

〔1〕 本条现为《民法典》第465条：“依法成立的合同，受法律保护。依法成立的合同，仅对当事人具有法律约束力，但是法律另有规定的除外。”

〔2〕 本条现为《民法典》第506条：“合同中的下列免责条款无效：(一)造成对方人身损害的；(二)因故意或者重大过失造成对方财产损失的。”

〔3〕 本条现为《民法典》第592条：“当事人都违反合同的，应当各自承担相应的责任。当事人一方违约造成对方损失，对方对损失的发生有过错的，可以减少相应的损失赔偿额。”

〔4〕 2021年《民事诉讼法》修改后，本条变更为第260条。

中与经营者所形成的权利义务关系。本案中，滕某只是有意购买鞍山某汽车销售服务有限公司销售的汽车，但并未真正与鞍山某汽车销售服务有限公司形成买卖的权利义务关系，因此，本案不适用《消费者权益保护法》。故对滕某的该项上诉理由，本院不予支持。

关于上诉人滕某提出根据最高人民法院《关于审理道路交通事故损害赔偿案件适用法律问题的解释》第8条[1]规定和《侵权责任法》第49条[2]规定，涉案汽车的损失完全是由于鞍山某汽车销售服务有限公司自身过错造成，滕某不应负任何责任问题。最高人民法院《关于审理道路交通事故损害赔偿案件适用法律问题的解释》第8条是指机动车试乘过程中发生交通事故造成试乘人员损害的情形，而本案中，滕某为试驾人员，且人身并未受到损害，与本案情形不相符;《侵权责任法》第49条规定机动车试驾过程中发生损害的，应由驾驶人承担赔偿责任，提供试驾服务一方对损害的发生有过错的，承担相应的赔偿责任，与本案情形相符，一审法院判令滕某承担主要赔偿责任，并无不当。故对滕某的该项上诉理由，本院亦不予支持。

综上所述，滕某的上诉请求不能成立，应予驳回；一审判决认定事实清楚，适用法律正确，应予维持。依照《民事诉讼法》第170条第1款第1项[3]规定，判决：驳回上诉，维持原判。

## 作者点评

在本案中，被上诉人鞍山某汽车销售服务有限公司应否承担适当的赔偿责任，需要从以下两方面予以考量：

---

〔1〕 2020年《关于审理道路交通事故损害赔偿案件适用法律问题的解释》修改后，本条变更为第6条。

〔2〕 本条现为《民法典》第1209条："因租赁、借用等情形机动车所有人、管理人与使用人不是同一人时，发生交通事故造成损害，属于该机动车一方责任的，由机动车使用人承担赔偿责任；机动车所有人、管理人对损害的发生有过错的，承担相应的赔偿责任。"

〔3〕 2021年《民事诉讼法》修改后，本项变更为第177条第1款第1项。

首先，审查被上诉人鞍山某汽车销售服务有限公司作为组织者在试乘试驾活动中是否尽到勤勉、谨慎的义务，是否存在过错？鞍山某汽车销售服务有限公司作为活动组织者，必须保证试乘试驾人的人身和财产安全。当然，交通事故具有偶发性，其无法预测交通事故的发生与否，也无法控制其他道路参与者的不当行为。[1]但试乘试驾活动组织者负有基本保障义务不容置疑，比如，试驾路线规划是否合理、对驾驶人员危险行为是否明确制止、对驾驶人员是否具有驾驶资质、驾驶车辆是否符合安全标准等不一而足。被上诉人鞍山某汽车销售服务有限公司划定试驾路线不合理，也未采取措施制止滕某的危险驾驶行为，显然存在过错。

其次，我国《民法典》认定机动车交通事故责任主体时有两个标准判断："运行支配"与"运行利益"。"运行支配"是具有对机动车实际的支配力；"运行利益"是对机动车运行所生的利益有权分配。如前所述，被上诉人鞍山某汽车销售服务有限公司对试驾车辆仍保有实际支配力，提供试乘试驾服务本身就是期望试乘试驾者购买汽车的商业手段，故被上诉人鞍山某汽车销售服务有限公司对于试驾车辆具有运行利益。同时，试驾者滕某在本次事故中负全部责任，是车辆的支配者及运行利益享有者。本案在遵循公平原则下努力寻求利益与风险之间的"最大公约数"，判决上诉人鞍山某汽车销售服务有限公司承担适当的赔偿责任，显然更符合公平原则。

## 法条链接

《中华人民共和国民法典》

**第五百九十二条** 当事人都违反合同的，应当各自承担相应的责任。

---

〔1〕 参见谈卫峰、俞硒：《试驾引发的交通事故中汽车销售商责任之认定》，载《人民司法·案例》2013年第2期。

当事人一方违约造成对方损失，对方对损失的发生有过错的，可以减少相应的损失赔偿额。

**第一千二百零九条**　因租赁、借用等情形机动车所有人、管理人与使用人不是同一人时，发生交通事故造成损害，属于该机动车一方责任的，由机动车使用人承担赔偿责任；机动车所有人、管理人对损害的发生有过错的，承担相应的赔偿责任。

16

# 宿迁某汽车销售服务有限公司与杨某某机动车交通事故责任纠纷案

——合同的相对性与减损规则的适用

## 案件基本信息

1. 法院裁判文书

江苏省宿迁市中级人民法院(2014)宿中商终字第0028号民事判决书

2. 案由

机动车交通事故责任纠纷

3. 当事人

上诉人(原审原告):杨某某

上诉人(原审被告):宿迁某汽车销售服务有限公司

## 裁判要旨

承揽人应当履行的义务是将修理好的车辆完整交付给定作人。承揽人在修理车辆的过程中未经定作人同意,擅自使用定作人车辆并给定作人造成损失的,应承担赔偿责任。

# 基本案情

杨某某系南京某餐饮有限公司的总经理，系苏××××××小型轿车(帕萨特)的所有权人。

2013年4月27日，杨某某将苏××××××小型轿车交给其所在公司员工张某甲、吴某某使用。车辆行驶至距宿迁市宿豫区约15公里地段时，因发生故障，张某甲与该车投保的中国平安保险公司联系，中国平安保险公司宿迁分公司联系了宿迁某汽车销售服务有限公司，后宿迁某汽车销售服务有限公司派出道路清障车，将该车拖至其公司处维修。

2013年4月28日，宿迁某汽车销售服务有限公司维修工张某乙驾驶苏××××××轿车行驶至宿迁市区西湖路与黄海路交叉路口向北第四灯杆处，案外人王某某驾驶电动自行车撞到张某乙驾驶的苏××××××轿车打开的车门，导致王某某受伤，苏××××××轿车随即被交警处理部门扣留。

2013年5月21日，王某某申请财产保全并依法提起诉讼，当日，宿迁市宿城区人民法院裁定对苏××××××轿车采取诉前保全措施。涉案事故发生后，杨某某即与宿迁某汽车销售服务有限公司联系车辆解除保全事宜，双方协商未果。

2013年7月24日，法院裁定解除对涉案车辆的保全，张某乙将轿车领回。

2013年7月25日，宿迁某汽车销售服务有限公司打电话给杨某乙联系取车事宜。

2013年7月28日，杨某某将涉案车辆取回。

因涉案轿车被交警扣留被采取诉讼保全措施，影响了杨某某在南京某餐饮有限公司的工作，杨某某遂委托其员工张某甲于2013年5月3日与案外人南京某汽车服务有限公司签订汽车租赁合同，约定：租车费用按每月9000元计算，若不满一个月，按每天300元计算；车型为广本，车号为苏××××××，起始时间为2013年5月3日9时。2013年6月3日，南京某汽车服务有限公司向杨某某开具租赁费为18，000元的发票。

## 争议焦点

1. 杨某某的车辆在宿迁某汽车销售服务有限公司修理期间，因宿迁某汽车销售服务有限公司员工驾驶发生交通事故被案外人申请保全扣押产生的车辆损失，宿迁某汽车销售服务有限公司是否应当承担相应的责任；

2. 杨某某在法院对车辆采取保全措施后未提出异议，是否应当承担损失扩大的责任；

3. 杨某某因车辆迟延归还产生的损失如何确定。

## 裁判理由

宿迁市宿城区人民法院一审审理认为，杨某某与宿迁某汽车销售服务有限公司之间系车辆修理合同法律关系。依照法律规定，宿迁某汽车销售服务有限公司应当履行的义务是将修理好的车辆完整交付给杨某某。本案中，宿迁某汽车销售服务有限公司在修理车辆的过程中未经杨某某同意擅自使用杨某某车辆并给杨某某造成损失，对此应承担赔偿责任。

关于杨某某主张的租赁费用。由于宿迁某汽车销售服务有限公司的行为导致杨某某的车辆无法正常使用，杨某某为工作和生活需要，租赁苏××××××（广本）使用，由此产生的替代性交通工具的费用是实际的、合理的费用，法院予以支持。考虑到租赁市场的行情及使用时间，一审法院酌定该项费用为200元／天，合理使用期间为（4月29日—7月28日），该项损失为18，000元。

关于杨某某主张的交通费，因其未能提供相关证据加以证实，故该项费用不予支持。

综上所述，宿迁市宿城区人民法院依照《合同法》第107条[1]、第265条[2]，《民事诉讼法》第142条[3]之规定，于2013年10月16日作出（2013）宿城商初字第0701号民事判决：（1）宿迁某汽车销售服务有限公司于本判决生效之日起10日内赔偿杨某某租车费用18，000元；（2）驳回杨某某的其他诉讼请求。

一审判决后，杨某某、宿迁某汽车销售服务有限公司均不服，向宿迁市中级人民法院提起上诉。

宿迁市中级人民法院经二审审理，确认了一审查明的事实。

宿迁市中级人民法院二审审理认为，关于第一个争议焦点，《合同法》第107条规定："当事人一方不履行合同义务或者履行合同义务不符合约定的，应当承担继续履行、采取补救措施或者赔偿损失等违约责任。"[4]第121条规定："当事人一方因第三人的原因造成违约的，应当向对方承担违约责任。当事人一方和第三人之间的纠纷，依照法律规定或按照约定解决。"[5]《合同法》所确立的违约责任为无过错责任原则，即严格责任，依上述法律规定，只要合同当事人一方有违约行为，就要承担相应的责任，即使违约客观上是由第三人的原因造成的，也不妨碍违约责任的构成。本案中，杨某某将车辆送至宿迁某汽车销售服务有限公司处修理，双方之间形成修理合同关系，宿迁某汽车销售服务有限公司作为修理人应当在完成修理工作后及时将车辆交还杨某某，其无法向杨某某交还车辆，即构成对杨某某的违约。至于无法交还车辆的原因是宿

---

〔1〕 本条现为《民法典》第577条。

〔2〕 本条现为《民法典》第784条："承揽人应当妥善保管定作人提供的材料以及完成的工作成果，因保管不善造成毁损、灭失的，应当承担赔偿责任。"

〔3〕 2021年《民事诉讼法》修改后，本条变更为第145条。

〔4〕 本条现为《民法典》第577条。

〔5〕 本条现为《民法典》第593条："当事人一方因第三人的原因造成违约的，应当依法向对方承担违约责任。当事人一方和第三人之间的纠纷，依照法律规定或者按照约定处理。"

迁某汽车销售服务有限公司员工个人造成还是案外人王某某申请法院保全造成，依合同相对性原则，均不影响被告宿迁某汽车销售服务有限公司作为修理合同的相对人，向原告杨某某承担违约责任。现杨某某主张要求宿迁某汽车销售服务有限公司赔偿因违约产生的租车费用损失，具有法律依据，应予支持。至于宿迁某汽车销售服务有限公司主张杨某某车辆损失是由案外人王某某申请法院保全造成，宿迁某汽车销售服务有限公司与杨某某的损失之间无法律上的因果关系，应由案外人赔偿杨某某损失，对此，法院认为，宿迁某汽车销售服务有限公司员工将车辆开出发生事故，其员工行为产生的民事法律后果应由宿迁某汽车销售服务有限公司承担，且宿迁某汽车销售服务有限公司负有管理上的过错，其过错与杨某某的损失具有因果关系，即使宿迁某汽车销售服务有限公司无任何过错，依前述法律规定，也不影响其对杨某某承担赔偿损失的违约责任，宿迁某汽车销售服务有限公司的上述主张不能成立，依法不予采信。

关于第二个争议焦点，《合同法》第119条第1款规定："当事人一方违约后，对方应当采取适当措施防止损失的扩大；没有采取适当措施致使损失扩大的，不得就扩大的损失要求赔偿。"[1]据此，对违约方造成的损失，守约方当事人负有相应的减损义务，否则不得就扩大的损失要求违约方赔偿。减损规则适用的关键在于对上述规定中"适当措施"的理解。对此，应遵循合理性的要求，不得对守约方苛以过重的义务。事实上，由于损失的发生毕竟系违约方的违约行为造成，从诚信和公平原则出发，也应当理解为，守约方如果依照一般的交易习惯，已经尽到了合理的勤勉和通常的注意，采取了作为普通的正常交易主体本应做且能做到的行为，即应当认定守约方履行了减损义务。本案中，

〔1〕 本款现为《民法典》第591条第1款："当事人一方违约后，对方应当采取适当措施防止损失的扩大；没有采取适当措施致使损失扩大的，不得就扩大的损失请求赔偿。当事人因防止损失扩大而支出的合理费用，由违约方负担。"

宿迁某汽车销售服务有限公司主张，杨某某在车辆被法院保全后应及时提出保全异议，而杨某某因怠于提出异议申请造成损失扩大，应由其自己承担相应后果。对此，法院认为，宿迁某汽车销售服务有限公司辩称杨某某负有向法院提出保全异议的义务，不具有合理性，理由为：

首先，宿迁某汽车销售服务有限公司作为修理合同的承揽人，是事故发生时涉案车辆的合法控制人，与该车辆具有直接而密切的利益关系，涉案车辆在修理期间因宿迁某汽车销售服务有限公司原因被保全，导致其不能返还车辆而违约时，其完全有义务且能够依其与车辆的利益关系向法院提出保全异议或采取其他替代措施申请法院解除对涉案车辆的保全。现宿迁某汽车销售服务有限公司将这种责任推卸给守约方杨某某，要求杨某某履行申请保全异议的义务，缺乏法律依据，亦不具有合理性。其次，诉讼保全措施是法院在紧急情况下，经当事人申请，为防止将来的裁判无法执行而依法采取的法律强制措施。保全异议程序的启动需要具备一定的法律专业知识和诉讼能力，对作为社会普通人的杨某某来说，要求过高。且案件管辖法院距离杨某某较远，其行使相关诉讼权利亦不方便。事实上，在涉案事故发生后，杨某某已积极与宿迁某汽车销售服务有限公司联系协商，要求其向法院申请解除保全，且其为经营需要采取租车这一替代性措施来减少因无法使用车辆产生的损失，据此应当认定其已经采取了合理的减损措施。因此，对宿迁某汽车销售服务有限公司的该项抗辩，法院不予支持。

关于第三个争议焦点，法院认为，因涉案轿车相继被交警扣留和诉讼保全，影响了在南京某餐饮有限公司的工作，杨某某为经营需要采取租车方式具有一定的合理性。对租车费用损失，原审法院从市场行情、使用时间等因素考虑，酌情确定为200元／天，该酌情确定的标准并未导致双方利益明显失衡，并无不当。杨某某对其主张的交通费损失负有举证责任，因其未提供证据，原审法院对杨某某主张的该损失不予支持亦无不当。对杨某某上诉主张的住宿费损失，因其在一审中未提出该项诉讼请求，二审对此不予审理。

综上所述，一审判决认定事实清楚，适用法律正确，依法应予维持。上诉人的上诉理由不能成立，对其上诉请求不予支持。依照《民事诉讼法》第170条第1款第1项[1]的规定，宿迁市中级人民法院于2014年4月11日作出（2014）宿中商终字第0028号判决：驳回上诉，维持原判。

## 作者点评

本案是典型的承揽合同纠纷，涉及对合同相对性的理解。合同相对性即合同的权利义务由当事人之间互相承担，除法律和合同另有规定以外，第三人无须对合同当事人承担合同上的权利与义务。恪守合同的相对性规则，是民法建构的基石之一，对于合同双方行使权利和履行义务、维护交易安全和秩序具有重要意义。[2]

应当看到，在本案中杨某某和宿迁某汽车销售服务有限公司应向对方互相承担修理合同约定的权利和义务。宿迁某汽车销售服务公司的主要义务是按照杨某某的要求完成修理车辆的工作并交付修理好的车辆；杨某某的主要义务是给付宿迁某汽车销售公司相应的报酬即修理费，且宿迁某汽车销售服务有限公司是事故发生时涉案车辆的合法控制人，与该车辆具有直接利益关系，完全有义务且能够向法院提出保全异议，减少杨某某的损失。故杨某某的损失不能归咎于提出保全异议的案外人。

合同相对性规则在部分案件处理中也未得到严格遵守，个别法官出于保护本地当事人的利益的观念影响，责令与合同当事人无关的第三人代为履行义务，严重损害了司法的公信力。

---

〔1〕 2021年《民事诉讼法》修改后，本项变更为第177条第1款第1项。

〔2〕 参见张玲玲、薛金霞、贺建民：《论合同的相对性与第三人的关系》，载《中小企业管理与科技（上旬刊）》2011年第5期。

## 法条链接

《中华人民共和国民法典》

**第五百七十七条** 当事人一方不履行合同义务或者履行合同义务不符合约定的，应当承担继续履行、采取补救措施或者赔偿损失等违约责任。

**第五百九十一条** 当事人一方违约后，对方应当采取适当措施防止损失的扩大；没有采取适当措施致使损失扩大的，不得就扩大的损失请求赔偿。

当事人因防止损失扩大而支出的合理费用，由违约方负担。

**第五百九十三条** 当事人一方因第三人的原因造成违约的，应当依法向对方承担违约责任。当事人一方和第三人之间的纠纷，依照法律规定或者按照约定处理。

17

# 某财产保险股份有限公司内蒙古分公司呼和浩特中心支公司与宣某某、梁某某等机动车交通事故责任纠纷案

——交通事故责任中“第三者”的认定

## 案件基本信息

1. 法院裁判文书

河北省高级人民法院（2019）冀民再93号民事判决书

2. 案由

机动车交通事故责任纠纷

3. 当事人

再审申请人（一审被告、二审上诉人）：某财产保险股份有限公司内蒙古分公司呼和浩特中心支公司

被申请人（一审原告、二审被上诉人）：宣某某

被申请人（一审原告、二审被上诉人）：梁某某

被申请人（一审原告、二审被上诉人）：何某乙

被申请人（一审原告、二审被上诉人）：何某丙

被申请人（一审被告、二审被上诉人）：杨某

被申请人（一审被告、二审被上诉人）：四平辽河农垦管理区某货物运输有限责任公司

二审被上诉人（一审被告）：中国某保险股份有限公司深圳分公司

二审被上诉人（一审被告）：中国某保险股份有限公司吉林分公司

## 裁判要旨

如果驾驶人员对事故的发生存在过错，且驾驶人员的过错行为是造成自身受损害的原因之一，该因果关系不因驾驶人员物理位置的变化而变化。此时驾驶员既是侵权人又是受害人，驾驶人员不能成为自身过错行为的受害者并以此要求赔偿。

## 基本案情

2017年7月28日21时17分许，何某甲驾驶蒙××××××号江淮牌轻型仓栅式货车，沿京新高速公路张家口方向行驶至120公里+100米处时，因故将车停于应急车道内随后下车走至车头右侧，随后杨某驾驶吉××××××号解放牌重型半挂牵引车在应急车道内与何某丙驾驶的蒙××××××号江淮牌轻型仓栅式货车相撞，造成蒙××××××号车车下人员何某甲当场死亡，杨某受伤，两车不同程度受损及一定路产损失的交通事故。

该事故经河北省公安厅高速交警总队张家口支队北辛堡大队认定，杨某负此次事故的主要责任，何某甲负此次事故的次要责任。

杨某驾驶四平辽河农垦管理区某货物运输有限责任公司所有的吉××××××号解放牌重型半挂牵引车在中国某保险股份有限公司吉林分公司投保交强险，在中国某保险股份有限公司深圳分公司投保了500,000元商业三者险并不计免赔，何某甲驾驶蒙××××××号江淮牌轻型仓栅式货车在某财产保险股份有限公司内蒙古分公司呼和浩特中心支公司投保了交强险和商业三者险300,000元并不计免赔，事故发生在保险期限内。何某甲、梁某某、何某乙、何某丙居住在呼和浩特市某区。

## 争议焦点

某财产保险股份有限公司内蒙古分公司呼和浩特中心支公司是否应在交强险和商业三者险限额内承担赔偿责任。

## 裁判理由

一审法院认为，本次交通事故有当事人当庭陈述及交警部门的道路交通事故认定书予以证实，法院对交通事故发生的事实予以确认。因此中国某保险股份有限公司吉林分公司、某财产保险股份有限公司内蒙古分公司呼和浩特中心支公司应根据法律规定，在交强险责任限额内承担对四原告的赔偿责任，不足部分由中国某保险股份有限公司深圳分公司按70%的比例承担赔偿责任，某财产保险股份有限公司内蒙古分公司呼和浩特中心支公司按30%的比例承担赔偿责任。

在审理过程中，四原告与四平辽河农垦管理区某货物运输有限责任公司达成协议，四平辽河农垦管理区某货物运输有限责任公司一次性赔偿四原告除保险公司的赔偿以外损失及诉讼费17,000元，四原告向法院提出申请，请求撤回对四平辽河农垦管理区某货物运输有限责任公司的起诉，诉讼费自愿承担，符合法律规定，一审法院予以准许。

四原告主张的尸检鉴定费、被抚养人生活费（宣某某），不符合法律规定，一审法院不予支持。

四原告主张的处理丧葬事宜人员的交通费、误工费，法院结合实际情况酌情支持5000元。某财产保险股份有限公司内蒙古分公司呼和浩特中心支公司辩称的不属于法院管辖，不属于交强险及商业三者险赔偿的意见，因事故发生时何某甲已经位于车下，不是车上人员，已在事故发生时变成第三者，因此某财产保险股份有限公司内蒙古分公司呼和浩特中心支公司拒绝在交强险及商业三者险责任限额内承担赔偿责任的理由不成立，一审法院不予采信。

四原告因本次交通事故造成的经济损失，结合相关证据并参照《内蒙古自治区2017年度道路交通事故人身损害赔偿标准》计算为：（1）医疗费2361元；（2）死亡赔偿金659,500元（32,975元/年×20年）；（3）精神抚慰金30,000元；（4）丧葬费30,996元（5166元/月×6月）；（5）被抚养人生活费250,184元（何某乙22,744元/年×15年÷2+何某甲22,744元/年×7年÷2）；（6）处理丧葬事宜人员的交通费、误工费5000元，以上共计978,041元。

中国某保险股份有限公司吉林分公司、某财产保险股份有限公司内蒙古分公司呼和浩特中心支公司在机动车交通事故责任强制保险责任限额内各赔偿四原告111,180.5元，中国某保险股份有限公司深圳分公司在商业三者险限额内赔偿四原告500,000元，某财产保险股份有限公司内蒙古分公司呼和浩特中心支公司在商业三者险限额内赔偿四原告226,704元［（978,041元−222,361元）×30%］。

一审法院判决：（1）被告中国某财产保险股份有限公司吉林分公司在机动车交通事故责任强制保险责任限额内赔偿原告梁某某、宣某某、何某乙、何某丙经济损失111,180.5元；（2）被告某财产保险股份有限公司内蒙古分公司呼和浩特中心支公司在机动车交通事故责任强制保险责任限额内赔偿原告梁某某、宣某某、何某乙、何某丙经济损失111,180.5元；（3）被告中国某保险股份有限公司深圳分公司在商业三者险限额内赔偿原告梁某某、宣某某、何某乙、何某丙经济损失500,000元；（4）被告某财产保险股份有限公司内蒙古分公司呼和浩特中心支公司在商业三者险限额内赔偿原告梁某某、宣某某、何某乙、何某丙经济损失226,704元；（5）驳回原告梁某某、宣某某、何某乙、何某丙的其他诉讼请求。以上第1项、第2项、第3项、第4项于判决生效后15日内履行。案件受理费6820元，原告梁某某、宣某某、何某乙、何某丙自愿承担。

某财产保险股份有限公司内蒙古分公司呼和浩特中心支公司不服一审判决，向河北省张家口市中级人民法院上诉。

二审法院查明的事实与一审一致。

二审法院认为，“第三人”与“车上人员”均为特定时空下的临时身份，二者是可以相互转化的，认定受害人是否就相关车辆构成“第三人”，应以发生交通事故之时这一特定时间是否处于该车辆之上为依据。本案中，在事故发生之前，何某甲作为蒙××××××号车辆的驾驶员，应当属于车上人员，而事故发生在何某甲因故将该车停于应急车道内并下车走至车头右侧后，此时，何某甲对于蒙××××××号车辆并不具有实际的控制力，且驾驶人杨某驾驶吉××××××号挂号车辆与蒙××××××号车辆左后侧相撞是本次事故发生的主要原因，并非因何某甲自身的行为造成自身损害，故何某甲就蒙××××××号车辆应当构成第三人身份，而某财产保险股份有限公司内蒙古分公司呼和浩特中心支公司作为蒙××××××号车辆的保险人，在该车因发生交通事故造成第三者人身、财产损失时，应由某财产保险股份有限公司内蒙古分公司呼和浩特中心支公司与中国某保险股份有限公司吉林分公司在机动车交通事故责任强制保险的责任限额内承担赔偿责任，不足的部分，由某财产保险股份有限公司内蒙古分公司呼和浩特中心支公司与中国某保险股份有限公司深圳分公司在机动车第三者责任保险的责任限额内予以赔偿。

关于赔偿标准问题，梁某某、宣某某、何某乙、何某丙为证明其经常居住地相关计算标准高于一审法院所在地的相关计算标准，提供了常住人口登记卡，呼和浩特市某区、呼和浩特市某区居民委员会、某派出所、某村民委员会的证明等证据，一审法院据此认定对于梁某某、宣某某、何某甲、何某丙等人的损失赔偿标准并无不当，某财产保险股份有限公司内蒙古分公司呼和浩特中心支公司对此虽有异议，但并未提交足以证明其主张的证据，对于某财产保险股份有限公司内蒙古分公司呼和浩特中心支公司的主张，二审法院不予支持。

中国某保险股份有限公司深圳分公司未在法律规定的上诉期限内提出上诉，对于其在二审中的主张，二审法院不予支持。

二审法院判决：驳回上诉，维持原判。二审案件受理费6368元，由某财产保险股份有限公司内蒙古分公司呼和浩特中心支公司负担。

再审查明事实与原审查明事实一致。

本院再审认为，在交通事故责任保险中，第三人的范围为被保险人、车上人员之外的受害人。本案中，何某甲为涉案车辆蒙××××××的驾驶人，也是被保险人。发生事故时，何某甲处于其驾驶车辆的车头右侧。发生事故后，经河北省公安厅高速交警总队张家口支队北辛堡大队认定，何某甲负此次事故的次要责任。何某甲作为驾驶人，同时对事故的发生存在过错，其自己的过错行为是造成自身受损害的原因之一，这种因果关系不因驾驶人物理位置的变化而变化，此时其既是侵权人又是受害人，故何某甲不能成为自身过错行为的受害者并以此要求赔偿。因此，何某甲在事故发生过程中，并非第三人，某财产保险股份有限公司内蒙古分公司呼和浩特中心支公司不应在交强险和商业三者险限额内承担赔偿责任。原审认为何某甲在事故发生时由驾驶人转化为第三人，适用法律错误，本院予以纠正。

综上所述，再审申请人某财产保险股份有限公司内蒙古分公司呼和浩特中心支公司的再审理由成立，本院予以支持；原判决适用法律错误，本院予以纠正。依照《民事诉讼法》第207条第1款〔1〕、第170条第1款第2项〔2〕的规定，判决如下：（1）撤销河北省张家口市中级人民法院（2018）冀07民终1285号判决；（2）维持河北省怀来县人民法院（2017）冀0730民初1822号判决第1项、第3项、第5项；（3）撤销河北省怀来县人民法院（2017）冀0730民初1822号判决第2

〔1〕 2021年《民事诉讼法》修改后，本款变更为第214条第1款。

〔2〕 2021年《民事诉讼法》修改后，本项变更为第177条第1款第2项。

项、第4项。一审案件受理费6820元、二审案件受理费6368元，合计13,188元，由梁某某、宣某某、何某乙、何某丙负担。本判决为终审判决。

## 作者点评

机动车驾驶人员在交通事故中向“第三者”身份转化的问题在实务处理中并不统一。

笔者认为，处理交通事故责任案件时，判断当事人属于“车上人员”还是“第三者”，直接影响到能否在本车的交强险范围内获得赔偿。从《机动车交强险条例》规定中可知，交强险对本车人员和被保险人是不予赔偿的。交强险虽然是一种强制保险，但其本质上讲仍然是第三者责任保险的一种。因此，本案中，能否获得交强险的赔偿，关键在于判断何某丙是否属于本案中的“第三者”。

“车上人员”与“第三者”看似是互不相干的两方，但任何人不可能永久地置身于机动车辆之上，“车上人员”与“第三者”均是特定时空条件下的临时性身份，二者可以因特定时空条件的变化而互相转化。[1]就本案而言，何某丙在驾车行驶过程中，其是驾驶员，后因故下车处理其他事务，其相对事故车辆来说，应被认定为“第三者”。

“司法是维护社会公平正义的最后一道防线”。驾驶人员向第三者身份的转化，不仅要探究立法原意，灵活地、创造性地适用法律，更要填补法律与现实之间的差距，而不是机械地适用法律，[2]最大限度实现情、理、法三者的结合，裁判结果不仅须体现公平正义，也要饱含法官对社会和民众的深刻理解与同情。

---

〔1〕 参见郑志毅:《车辆保险中“车上人员”与“第三者”身份问题辨析》，载《知识经济》2013年第9期。
〔2〕 参见周萍:《论审判的法律效果与社会效果的统一》，载《知识经济》2009年第10期。

## 法条链接

《中华人民共和国民法典》

**第一百八十三条** 因保护他人民事权益使自己受到损害的，由侵权人承担民事责任，受益人可以给予适当补偿。没有侵权人、侵权人逃逸或者无力承担民事责任，受害人请求补偿的，受益人应当给予适当补偿。

**第一千一百八十一条** 被侵权人死亡的，其近亲属有权请求侵权人承担侵权责任。被侵权人为组织，该组织分立、合并的，承继权利的组织有权请求侵权人承担侵权责任。

被侵权人死亡的，支付被侵权人医疗费、丧葬费等合理费用的人有权请求侵权人赔偿费用，但是侵权人已经支付该费用的除外。

**第一千一百九十二条** 个人之间形成劳务关系，提供劳务一方因劳务造成他人损害的，由接受劳务一方承担侵权责任。接受劳务一方承担侵权责任后，可以向有故意或者重大过失的提供劳务一方追偿。提供劳务一方因劳务受到损害的，根据双方各自的过错承担相应的责任。

提供劳务期间，因第三人的行为造成提供劳务一方损害的，提供劳务一方有权请求第三人承担侵权责任，也有权请求接受劳务一方给予补偿。接受劳务一方补偿后，可以向第三人追偿。

《中华人民共和国道路交通安全法》

**第七十六条** 机动车发生交通事故造成人身伤亡、财产损失的，由保险公司在机动车第三者责任强制保险责任限额范围内予以赔偿；不足的部分，按照下列规定承担赔偿责任：

（一）机动车之间发生交通事故的，由有过错的一方承担赔偿责任；双方都有过错的，按照各自过错的比例分担责任。

（二）机动车与非机动车驾驶人、行人之间发生交通事故，非机动车驾驶人、行人没有过错的，由机动车一方承担赔偿责任；有证据证明非机动车驾驶人、行人有过错的，根据过错程度适当减轻机动车一方的赔偿责任；机动车一方没有过错的，承担不超过百分之十的赔偿责任。

交通事故的损失是由非机动车驾驶人、行人故意碰撞机动车造成的，机动车一方不承担赔偿责任。

# 18

# 某财产保险股份有限公司岐山支公司与聂某甲、崔某甲等机动车交通事故责任纠纷案

## ——交通事故中混合过错的认定

## 案件基本信息

1. 法院裁判文书

河南省南阳市中级人民法院(2017)豫13民终5744号民事判决书

2. 案由

机动车交通事故责任纠纷

3. 当事人

上诉人(原审被告):某财产保险股份有限公司岐山支公司

被上诉人(原审原告):聂某甲

被上诉人(原审原告):崔某甲

被上诉人(原审原告):刘某某

被上诉人(原审原告):崔某乙

被上诉人(原审原告):崔某丙

被上诉人(原审被告):李某某

被上诉人(原审被告):陕西某汽车物流有限公司

被上诉人(原审被告):中国某财产保险股份有限公司绍兴市越城支公司

被上诉人(原审被告):王某某

## 裁判要旨

受害人因交通事故停留在高速公路，侵权人驾驶的大型货车未能按照操作规范安全行驶，导致车辆横向朝前滑行，受害人在此情况下为逃离险境，最终慌不择路，导致坠落桥下死亡，侵权人、受害人对事故的发生均存在过错，均应承担相应责任。

## 基本案情

2017年1月31日22时00分左右，崔某丁驾驶豫××××××号车，沿沪陕高速公路南阳至西安方向行驶至1182公里处时，与前方王某某驾驶的浙××××××号车相撞，杨某某驾车行至该处，与前方因道路结冰停放在行车道内关某某驾驶的车辆相撞，又与前方停放在行车道内郑某某驾驶的车辆相撞，又与前方停放在应急车道内寿某源驾驶的车辆相撞；崔某丁、王某某、杨某某、关某某、郑某某、寿某某在交通事故发生后均未按照规定设置警示标志。22时02分左右，李某某驾驶陕××××××挂号车行至该处，没有遵守道路交通安全法律、法规的规定，没有按照操作规范做到安全驾驶，致使陕××××××挂号车横向朝前滑行（车头与中央护栏碰撞、车尾右侧护栏碰撞），豫××××××号车乘坐人孙某某、驾驶员崔某丁见状跳落至道路右侧桥下（深11.6米），造成崔某丁死亡、孙某某受伤、七车受损、路产受损的交通事故。

南阳市公安局高速公路交通警察支队第六大队作出的宛公高交认字（2017）第××××号道路交通事故认定书，认定崔某丁驾驶机动车在高速公路上行驶，没有遵守道路交通安全法律、法规的规定，没有按照操作规范做到安全驾驶，是造成豫××××××号车撞击浙××××××号车的原因，对此承担全部责任。

崔某丁，男，汉族，生于1976年6月27日，生前自2015年4月20日起在郑州市居住生活。原告聂某甲系崔某丁妻子，崔某乙、崔某丙系二人儿子，崔某甲、刘某某系崔某丁父母，崔某丁有兄妹三人。2016年河南省城镇居民人均纯收入为27,233元，农村人均消费支出为8587元。

发生事故的浙××××××号汽车在被告中国某财产保险股份有限公司绍兴市越城支公司投保交强险及商业险。陕××××××挂号车在被告某财产保险股份有限公司岐山支公司投保交强险及商业险，其中商业三者险限额100万元，且不计免赔，事故发生在保险期间。

## 争议焦点

本案的混合过错责任各方如何承担。

## 裁判理由

一审法院认为，公民的生命健康权受法律保护。崔某丁驾驶的车辆与王某某驾驶的车辆相撞，公安部门认定崔某丁负此次事故的全部责任，虽然此事故未造成崔某丁伤亡，但因此事故导致崔某丁停留在高速公路这一危险地方，与随后发生的二次危险有一定的关联性。被告李某某驾驶的大型货车未能按照操作规范安全行驶，导致车辆横向朝前滑行，撞向崔某丁所在的位置，崔某丁在此情况下逃离险境，最终慌不择路，导致坠落桥下死亡，对此，李某某、崔某丁均有责任。

综合事故的发生过程，引起事故发生及死亡后果，首先是崔某丁驾驶行为不当引发事故，将自己置于危险环境之中，自身存在过错，应负事故的主要责任。李某某驾驶的车辆虽未撞击到崔某丁驾驶的车辆，但因其不符合规范的驾驶行为，再次将崔某丁置身于巨大的危险之中，最终导致崔某丁死亡的后果，对此应承担事故的次要责任。因李某某驾驶的车辆属被告陕西某汽车物流有限公司所有，在被告某财产保险股份有限公司岐山支公司处投保交强险及商业险，应先由保险公司在保险限额内赔偿。被告王某某与二次事故有一定的关联性，应由其投保的保险公司在交强险范围内承担无过错责任。在事故现场另外驾驶车辆发生事故的杨某某、关某某、郑某某、寿某某，原告表示不主张向其索赔，属于对自己民事权利的自由处分，本院予以准许。原告方的具体损失范围如下：

（1）死亡赔偿金，因崔某丁在郑州长期居住生活，应按城镇标准计算，27,233元×20年=544,660元。另计入被扶养人扶养费，其父母，8587元×（13年+13年）÷3人=74,420.6元，其子女，8587元×（2年+13年）÷2人=64,402.5元；（2）丧葬费22,960元；（3）精神损害抚慰金，酌定为20,000元；以上共计726,443.1元。首先由被告中国某财产保险股份有限公司绍兴市越城支公司赔偿10,000元，某财产保险股份有限公司岐山支公司在交强险伤残赔偿金或死亡赔偿金项内赔偿80,000元（因事故导致乘坐人孙某托受伤，为其预留30,000元份额），超出部分636,443.1元由某财产保险股份有限公司岐山支公司在商业三者险范围内按30%赔偿，为190,932.93元。根据《侵权责任法》第16条[1]、第22条[2]，《民事诉讼法》第144条[3]之规定，判决：（1）被告中国人民财产保险股份有限公司岐山支公司在判决书生效后10日内赔偿原告聂某甲、崔某乙、崔某丙、崔某甲、刘某某交通事故损失270,932.93元；（2）被告中国某财产保险股

[1] 本条现为《民法典》第1179条："侵害他人造成人身损害的，应当赔偿医疗费、护理费、交通费、营养费、住院伙食补助费等为治疗和康复支出的合理费用，以及因误工减少的收入。造成残疾的，还应当赔偿辅助器具费和残疾赔偿金；造成死亡的，还应当赔偿丧葬费和死亡赔偿金。"

[2] 本条现为《民法典》第1183条："侵害自然人人身权益造成严重精神损害的，被侵权人有权请求精神损害赔偿。因故意或者重大过失侵害自然人具有人身意义的特定物造成严重精神损害的，被侵权人有权请求精神损害赔偿。"

[3] 2021年《民事诉讼法》修改后，本条变更为第147条。

份有限公司绍兴市越城支公司在判决书生效后10日内赔偿原告交通事故损失10,000元，如未按本判决指定的期间履行给付金钱义务，应当依照《民事诉讼法》第253条[1]之规定，加倍支付迟延履行期间的债务利息，案件受理费减半收取为3500元，由被告陕西某汽车物流有限公司负担。

一审被告中国某财产保险股份有限公司岐山支公司不服一审判决提起河南省南阳市中级人民法院提起上诉，审中，各方均未提交新证据。

本院二审查明的事实与一审认定事实相一致。

如何确定被告及选择何种法律关系进行诉讼，系原告方对自身权利的处分，聂某甲、崔某乙、崔某丙、崔某甲、刘某某以本次交通事故造成其亲属崔某丁身故为由提起本案诉讼，且其起诉的各被告系该起交通事故的参与方及承保保险公司，另外，本案系在公共道路上因混合过错致使受害人死亡的交通事故，符合《道路交通安全法》第119条第5项之规定，故聂某甲、崔某乙、崔某丙、崔某丙、刘某某诉讼主张与机动车交通事故责任纠纷的特点和法律性质要求相符，一审法院据此确定案由并进行审理，程序正当、合法，不存在漏列当事人的情形。

关于某财产保险股份有限公司岐山支公司所承担责任是否适当的问题。一审法院对此已作出详细评判，本院认可一审法院的分析认定及对相关法律法规的理解适用，不再重复评述，现投保车辆在使用保过程中发生交通事故，属于双方约定的保险责任范围，某财产保险股份有限公司岐山支公司应当依约承担相应的保险责任。

综上所述，原审法院根据双方当事人的诉辩、提交的证据对本案事实进行了审查认定，并在此基础上依法作出判决，合法合理，理由阐述充分，现上诉人某财产保险股份有限公司岐山支公司要求撤销一审判决并予以改判，但在二审

〔1〕 2021年《民事诉讼法》修改后，本条变更为第260条。

中并未提出新的事实及相关证据，某财产保险股份有限公司岐山支公司的上诉理由明显缺乏事实及法律依据，本院依法不予支持。依照《民事诉讼法》第170条第1款第1项[1]之规定，判决：驳回上诉，维持原判，二审案件受理费5364元，由中国人民财产保险股份有限公司岐山支公司负担。本判决为终审判决。

## 作者点评

笔者认为，在实务中连环相撞交通事故案件主要表现为以下四点共同特征：第一，案件的审理结果多以判决为主，调解结案和撤诉结案的比例较低；第二，案件诉讼主体复杂，实务中，连环相撞案件往往涉及多个车辆的驾驶人、驾驶人的雇主、登记所有权人、交强险保险公司等，上述人员通常都要参加诉讼，而原告在起诉时，由于无法知晓被告车辆的上述相关信息，经常会遗漏有关被告，法院在审理过程中往往要根据案情需要追加有关被告；第三，连环相撞案件中受损车辆或受伤人员通常为多个，可能存在同一车辆的交强险保险公司对多个受害人负有保险赔偿义务，涉及交强险赔偿额的合理分配问题；[2]第四，连环相撞案件中也可能涉及多个交强险保险公司对某辆汽车的人身、财产损害如何承担保险责任的问题，多车相撞案件中所涉多个车辆，一般均投保有交强险，因受损车辆或受伤人员的损害通常是在多个车辆相互碰撞的情形下造成的，而多个车辆的相互碰撞往往直接结合造成同一损害后果，这可能涉及责任划分问题。[3]

连环碰撞交通事故往往属于重特大交通事故，是鉴于其该类案件复杂程度，处理的细节证据、责任的划分等问题对案件审理影响重大，更是因为涉及

---

〔1〕 2021年《民事诉讼法》修改后，本项变更为第177条第1款第1项。

〔2〕 参见冯建、李朝霞：《关于机动车交通事故责任纠纷案件的调研报告》，载《山东审判》2013年第6期。

〔3〕 参见王卫国、冯昆英：《多车连环相撞与“交强险”赔付》，载《中国保险》2012年第2期。

后续的赔偿问题和保险公司责任承担问题。

## 法条链接

《中华人民共和国民法典》

**第一千一百七十九条** 侵害他人造成人身损害的，应当赔偿医疗费、护理费、交通费、营养费、住院伙食补助费等为治疗和康复支出的合理费用，以及因误工减少的收入。造成残疾的，还应当赔偿辅助器具费和残疾赔偿金；造成死亡的，还应当赔偿丧葬费和死亡赔偿金。

**第一千一百八十三条** 侵害自然人人身权益造成严重精神损害的，被侵权人有权请求精神损害赔偿。

因故意或者重大过失侵害自然人具有人身意义的特定物造成严重精神损害的，被侵权人有权请求精神损害赔偿。

《中华人民共和国道路交通安全法》

**第七十六条** 机动车发生交通事故造成人身伤亡、财产损失的，由保险公司在机动车第三者责任强制保险责任限额范围内予以赔偿；不足的部分，按照下列规定承担赔偿责任：

（一）机动车之间发生交通事故的，由有过错的一方承担赔偿责任；双方都有过错的，按照各自过错的比例分担责任。

（二）机动车与非机动车驾驶人、行人之间发生交通事故，非机动车驾驶人、行人没有过错的，由机动车一方承担赔偿责任；有证据证明非机动车驾驶人、行人有过错的，根据过错程度适当减轻机动车一方的赔偿责任；机动车一方没有过错的，承担不超过百分之十的赔偿责任。

交通事故的损失是由非机动车驾驶人、行人故意碰撞机动车造成的，机动车一方不承担赔偿责任。

19

# 烟台市某汽车运输公司与赵某甲、赵某乙等机动车交通事故责任纠纷案

——套牌机动车发生交通事故时的责任承担

## 案件基本信息

1. 法院裁判文书

上海市第二中级人民法院(2010)沪二中民一(民)终字第1353号民事判决书

2. 案由

机动车交通事故责任纠纷

3. 当事人

上诉人(原审被告):卫某甲

被上诉人(原审原告):赵某甲

被上诉人(原审原告):赵某乙

被上诉人(原审原告):冯某甲

被上诉人(原审原告):侯某某

原审被告:烟台市某汽车运输公司

原审被告:某财产保险股份有限公司烟台中心支公司

原审被告:林某某

原审被告:周某某

原审被告：卫某乙

原审被告：朱某某

## 裁判要旨

不符合安全技术标准的机动车通过套牌的方式在道路上行驶，客观上增加了道路交通的危险性，容易危及公共安全。发生交通事故时，被套牌机动车所有人或者管理人同意套牌存在过错的，应当与套牌机动车的所有人或者管理人承担连带责任。

## 基本案情

2008年11月25日5时30分许，被告林某某驾驶套牌的鲁××××××货车在同三高速公路某段行驶时，与同向行驶的被告周某某驾驶的客车相撞，两车冲下路基，客车翻滚致车内乘客冯某某当场死亡。经交警部门认定，货车司机林某某负主要责任，客车司机周某某负次要责任，冯某某不负事故责任。原告赵某甲、赵某乙、冯某甲、侯某某分别系死者冯某某的丈夫、儿子、父亲和母亲。

鲁××××××号牌在车辆管理部门登记的货车并非肇事货车，该号牌登记货车的所有人系被告烟台市某汽车运输公司，实际所有人系被告卫某甲，该货车在被告某财产保险股份有限公司烟台中心支公司投保机动车第三者责任强制保险。

套牌使用鲁××××××号牌的货车（肇事货车）实际所有人为被告卫某乙，林某某系卫某乙雇佣的司机。据车辆管理部门登记信息反映，鲁××××××号牌登记货车自2004年4月26日至2008年7月2日，先后15次被以损坏或灭失为由申请补领号牌和行驶证。2007年8月23日卫某乙申请补领行驶证的申请表上有签章。事发后，烟台市某汽车运输公司曾派人到交警部门处理相关事宜。审理中，卫某乙表示，卫某甲对套牌事宜知情并收取套牌费，事发后卫某乙还向卫某甲借用鲁××××××号牌登记货车的保单去处理事故，保单仍在卫某乙处。

发生事故的客车的登记所有人系被告朱某某，但该车辆几经转手，现实际所有人系周某某，朱某某对该客车既不支配也未从该车运营中获益。被告上海某建设工程有限公司系周某某的雇主，但事发时周某某并非在履行职务。该客车在中国某财产保险股份有限公司上海市分公司投保了机动车第三者责任强制保险。

## 争议焦点

机动车所有人将机动车号牌出借他人套牌使用，发生交通事故造成第三人损害的机动车所有人是否需要与套牌机动车所有人承担连带责任。

## 裁判理由

根据本案交通事故责任认定，肇事货车司机林某某负事故主要责任，而卫某乙是肇事货车的实际所有人，也是林某某的雇主，故卫某乙和林某某应就本案事故损失连带承担主要赔偿责任。永安保险公司承保的鲁××××××货车并非实际肇事货车，其也不知道鲁××××××机动车号牌被肇事货车套牌，故永安保险公司对本案事故不承担赔偿责任。

根据交通事故责任认定，本案客车司机周某某对事故负次要责任，周某某也是该客车的实际所有人，故周某某应对本案事故损失承担次要赔偿责任；朱某某虽系该客车的登记所有人，但该客车已几经转手，朱某某既不支配该车，也未从该车运营中获益，故其对本案事故不承担责任；周某某虽受雇于上海某建设工程有限公司，但本案事发时周某某并非在为上海某建设工程有限公司履行职务，故上海某建设工程有限公司对本案亦不承担责任。

至于承保该客车的中国某财产保险股份有限公司上海市分公司，因死者冯某某系车内人员，依法不适用机动车交通事故责任强制保险，故中国某财产保险股份有限公司上海市分公司对本案不承担责任。

另外，卫某乙和林某某一方、周某某一方虽各自应承担的责任比例有所不同，但车祸的发生系两方的共同侵权行为所致，故卫某乙、林某某对于周某某的应负责任份额、周某某对于卫某乙、林某某的应负责任份额，均应互负连带责任。

鲁××××××货车的登记所有人烟台市某汽车运输公司和实际所有人卫某甲，明知卫某乙等人套用自己的机动车号牌而不予阻止，且提供方便，纵容套牌货车在公路上行驶，烟台市某汽车运输公司与卫某甲的行为已属于出借机动车号牌给他人使用的情形，该行为违反了《道路交通安全法》等有关机动车管理的法律规定。将机动车号牌出借他人套牌使用，将会纵容不符合安全技术标准的机动车通过套牌在道路上行驶，增加道路交通的危险性，危及公共安全。套牌机动车发生交通事故造成损害，号牌出借人同样存在过错，对于肇事的套牌车一方应负的赔偿责任，号牌出借人应当承担连带责任。故烟台市某汽车运输公司和卫某甲应对卫某乙与林某某一方的赔偿责任份额承担连带责任。

上海市宝山区人民法院于2010年5月18日作出（2009）宝民一（民）初字第1128号判决：（1）被告卫某乙、林某某赔偿四原告丧葬费、精神损害抚慰金、死亡赔偿金、交通费、误工费、住宿费、被扶养人生活费和律师费共计396,863元；（2）被告周某某赔偿四原告丧葬费、精神损害抚慰金、死亡赔偿金、交通费、误工费、住宿费、被扶养人生活费和律师费共计170,084元；（3）被告烟台市某汽车运输公司、卫某甲对上述判决主文第1项的赔偿义务承担连带责任；被告卫某乙、林某某、周某某对上述判决主文第1项、第2项的赔偿义务互负连带责任；(4)驳回四原告的其余诉讼请求。

宣判后，卫某甲提起上诉。

二审法院经审理认为，虽然卫某乙套用鲁××××××车牌在先，卫某甲购买鲁××××××货车于后，但两人系在同一村内从事个体运输业务，最为重要的是，卫某乙在事故发生后持着鲁××××××货车的保单至公安交警部门处理交通事故，上述事实足以证明卫某甲对于卫某乙套取鲁××××××车牌的行为是明知的。原审法院据此判令卫某甲对卫某乙的赔偿义务承担连带赔偿责任，并无不当，本院予以维持。卫某甲对鲁××××××货车的保单为何在卫某乙处虽作出了解释，但不能令人信服，本院不予采信。

综上所述，卫某甲以其对卫某乙的套牌行为不知情为由，要求免除其连带赔偿责任的上诉请求，证据不足，本院不予支持。依照《民事诉讼法》第153条第1款第1项[1]之规定，判决：驳回上诉，维持原判。

## 作者点评

套牌机动车主要表现为在机动车上悬挂伪造、变造的机动车号牌或其他人车辆的机动车号牌，以逃避交通管理，从事违法活动。

从法益的角度来看，套牌机动车侵犯了交通安全秩序，也加大了有关部门惩处车辆违法行为和处理事故的难度，若套牌机动车辆属于通过套牌来取得该机动车的上路资格的拼装车、报废车，在某种程度上也会增加交通事故的发

〔1〕 2021年《民事诉讼法》修改后，本项变更为第177条第1款第1项："第二审人民法院对上诉案件，经过审理，按照下列情形，分别处理：(一)原判决、裁定认定事实清楚，适用法律正确的，以判决、裁定方式驳回上诉，维持原判决、裁定。"

生概率。因此，套牌行为是被法律明文规定的应受处罚的违法行为。

对于车辆的套牌行为应否承担民事责任？最高人民法院出台的司法解释予以明确：“只有当套牌机动车因交通事故导致他人损害且属于套牌机动车一方的责任时，套牌机动车所有人、管理人才对受害方承担民事上的赔偿责任。”〔1〕

套牌机动车社会危险性极大，笔者赞同必须运用司法裁判的手段对机动车套牌行为进行严厉惩戒以起到警示作用，减少车辆套牌等违法行为。

## 法条链接

**《中华人民共和国道路交通安全法》**

**第十六条** 任何单位或者个人不得有下列行为：

（一）拼装机动车或者擅自改变机动车已登记的结构、构造或者特征；

（二）改变机动车型号、发动机号、车架号或者车辆识别代号；

（三）伪造、变造或者使用伪造、变造的机动车登记证书、号牌、行驶证、检验合格标志、保险标志；

（四）使用其他机动车的登记证书、号牌、行驶证、检验合格标志、保险标志。

**《最高人民法院关于审理道路交通事故损害赔偿案件适用法律若干问题的解释》**

**第三条** 套牌机动车发生交通事故造成损害，属于该机动车一方责任，当事人请求由套牌机动车的所有人或者管理人承担赔偿责任的，人民法院应予支持；被套牌机动车所有人或者管理人同意套牌的，应当与套牌机动车的所有人或者管理人承担连带责任。

〔1〕 参见张家勇：《论同意套牌人对套牌机动车肇事的赔偿责任——以公、私法的关系为视角》，载《暨南学报（哲学社会科学版）》2015年第12期。

# 20

# 庆阳某汽车租赁有限公司与刘某某、杨某甲等机动车交通事故责任纠纷案

——未成年人驾驶机动车发生交通事故及对事故发生存在过错的，各侵权人的责任承担

## 案件基本信息

1. 法院裁判文书

甘肃省庆阳市中级人民法院(2014)庆中民终字第701号民事判决书

2. 案由

机动车交通事故责任纠纷

3. 当事人

上诉人(原审被告)：庆阳某汽车租赁有限公司

被上诉人(原审原告)：刘某某

被上诉人(原审原告)：杨某甲

被上诉人(原审原告)：冯某

被上诉人(原审被告)：封某甲

原审被告：张某某

原审被告：路某

原审被告：中国某财产保险股份有限公司庆阳中心支公司

## 裁判要旨

未成年人驾驶机动车发生交通事故造成损害的，由其监护人承担责任，其他侵权人存在疏于证件保管、未审核身份信息等行为，对该事故的发生也存在过错，构成无意思联络的数人侵权，各侵权人根据责任的大小承担相应的责任。

## 基本案情

2013年12月3日，张某某将自己的身份证、机动车驾驶证借给别某某，别某某持张某某身份证、驾驶证复印件伙同封某甲等三人，代替张某某签名，与庆阳某汽车租赁有限公司签订租车合同，从庆阳某汽车租赁有限公司租赁甘M×××××号“起亚”牌商务客车，每天租金280元，预交押金2000元，租车人张某某，担保人别某某。

2014年1月7日11时55分许，封某甲无证驾驶别某某租来的甘M×××××车，沿华池县“柔东”公路由东向西行驶至22公里＋900米处时，与对向杨某甲驾驶的刘某某所有的陕A×××××车相会时发生碰撞，致使陕A×××××车驾驶员杨某甲、乘坐人冯某受伤，两车受损。

华池交警队认定封某甲负事故的全部责任。

杨某甲受伤后，被送往庆阳市人民医院住院治疗8天后好转出院；冯某在华池县人民医院门诊治疗；被损车辆陕A×××××车支付施救费2000元、修理费20,275元。双方因医疗费、修理费等赔偿费用未达成协议。

2014年1月26日，刘某某、杨某甲、冯某遂提起诉讼，要求封某甲、张某某、路某、庆阳某汽车租赁有限公司、某财保公司共同赔偿：(1)刘某某车辆修理费20,275元、拖车费2000元、车辆误工费4500元，共计26,775元；(2)杨某甲医疗费3980.70元、误工费800元、护理费480元、住院伙食补助费400元、交通费

190元，共计5850.70元；(3)冯某医疗费1395.80元；以上总计34,021.50元。

另查明，甘M×××××车系路某从杨某乙处买来，杨某乙在平安财保公司投保了机动车交通事故强制责任保险，保险单号为：×××，保险金额122,000元；机动车交通事故第三者责任险，保险单号×××，保险金额30,000元，在保险单上登记的牌照号码甘M××××××，发动机号×××，保险期间自2013年5月31日至2014年5月30日止。后路某将原牌照号码甘M××××××更换为甘××××××，因杨某乙投保的保险期间未满，故未更换投保人。

2013年11月4日，路某又将该车卖于庆阳某汽车租赁有限公司，故甘××××××车应为庆阳某汽车租赁有限公司所有的车辆，本起交通事故发生在原保险期间内。

又查明，肇事发生后，陕××××××“起亚”牌小型普通客车在西峰区卓新东方汽车修理中心修理18天，该车为小型普通客车，根据该车的租赁合同，其每天损失为250元，共计18天，损失为4500元。

## 争议焦点

1. 侵权人系未成年人，是否应由其法定代理人承担赔偿责任；

2. 一审审判程序是否合法，法律适用是否正确。

## 裁判理由

原审法院经审理认为：封某甲系未成年人，在未依法取得驾驶资格证的情况下，驾驶别某某持张某某证件复印件租赁庆阳某汽车租赁有限公司所有的甘××××××号“起亚”牌商务客车，与杨某甲驾驶刘某某所有的

用法律问题的解释》第17条[1]、第19条[2]、第21条[3]、第22条[4]、第23条[5]、第24条[6],《关于审理道路交通事故损害赔偿案件法律问题的解释》第15条[7]第1款第1项、第3项和第18条第1款第1项[8]及《民事诉讼法》第144条[9]之规定，判决:(1)中国某财产保险股份有限公司庆阳中心支公司在机动车交通事故强制责任保险限额内赔偿刘某某被损车辆施救费2000元，杨某甲医疗费3980.70元，护理费564元，交通费70元，伙食补助费320元，营养费160元，冯某医疗费540.50元，交通费50元。共计7685.20元;(2)封某甲的监护人封某赔偿刘某某各项经济损失24,775元，庆阳某汽车租赁公司、张某某负连带赔偿责任;(3)路某不承担赔偿责任。如未按判决书指定的期间履行给付金钱义务，应当依照《民事诉讼法》第253条[10]之规定，加倍支付迟延履行期间的利息。

案件受理费850元，由封某甲承担450元，庆阳某汽车租赁公司承担200元，张某某承担200元。

庆阳某汽车租赁有限公司不服上述民事判决，向庆阳市中级人民法院提起上诉。

二审查明，一审庭审结束后，被上诉人刘某某向原审法院提交了西峰区某汽车修复中心分别于2014年8月30日、9月1日出具的陕A××××××号车维修票据3张，金额20,275元，以印证其一审中提交的机动车辆保险损失确认书。经二审当庭质证，庆阳某汽车租赁有限公司的委托代理人对该维修票据的真

〔1〕 2022年《关于审理人身损害赔偿案件适用法律问题的解释》修改后，本条未予保留。

〔2〕 2022年《关于审理人身损害赔偿案件适用法律问题的解释》修改后，本条变更为第6条。

〔3〕 2022年《关于审理人身损害赔偿案件适用法律问题的解释》修改后，本条变更为第8条。

〔4〕 2022年《关于审理人身损害赔偿案件适用法律问题的解释》修改后，本条变更为第9条。

〔5〕 2022年《关于审理人身损害赔偿案件适用法律问题的解释》修改后，本条变更为第10条。

〔6〕 2022年《关于审理人身损害赔偿案件适用法律问题的解释》修改后，本条变更为第11条。

〔7〕 2020年《关于审理道路交通事故损害赔偿案件法律问题的解释》修改后，本条变更为第12条。

〔8〕 2020年《关于审理道路交通事故损害赔偿案件法律问题的解释》修改后，本项变更为第15条第1款第1项。

〔9〕 2021年《民事诉讼法》修改后，本条变更为第147条。

〔10〕 2021年《民事诉讼法》修改后，本条变更为第260条。

实性无异议，但认为维修票据应该出具1张，却出具了3张，不符合证据的形式要件，对其证明目的有异议。路某对该证据的开票时间有异议。其他当事人均无异议。经审查，该证据确系正式税务发票，与中国某财产保险股份有限公司庆阳中心支公司核准的机动车辆保险损失确认书能够相互印证，且各方当事人对其真实性均无异议，结合本案受损的陕A××××××号车维修的事实，应予认定。

二审查明的事实与原审查明认定的事实一致。有当事人陈述、华池县公安局交通警察大队华公交认字〔2014〕第××××号道路交通事故认定书、机动车辆保险损失确认书、施救费票据、陕A××××××号车维修票据、车辆租赁合同、华池县人民医院诊断证明、出院证明、住院病例、用药明细清单、医疗费票据、交通费票据、处方、机动车行驶证复印件、汽车买卖合同、租车合同、保险单、报案单、机动车辆保险条款（2009版）等证据在卷证实，本院予以确认。

连带责任的承担须有当事人的有效约定或法律规定。本案现有证据证实，庆阳某汽车租赁有限公司作为甘MJ××××××号“起亚”牌商务客车所有人，在实际租车人与提供的证件不相一致的情况下，签订租车合同，出租车辆，未尽到安全注意义务；封某甲作为未成年人，在未依法取得驾驶资格证的情况下，驾驶租用车辆发生交通事故；张某某疏于对自己证件的保管，将其出借给他人，被用于租用车辆发生交通事故，造成杨某甲、冯某受伤，陕A××××××号“起亚”牌小型普通客车受损的后果。上述各行为人的行为应属多因一果的侵权行为，即无意思联络的数人侵权。根据《侵权责任法》第12条“二人以上分别实施侵权行为造成同一损害，能够确定责任大小的，各自承担相应的责任；难以确定责任大小的，平均承担赔偿责任”〔1〕及第49条“因

〔1〕 本条现为《民法典》第1172条：“二人以上分别实施侵权行为造成同一损害，能够确定责任大小的，各自承担相应的责任；难以确定责任大小的，平均承担责任。”

租赁、借用等情形机动车所有人与使用人不是同一人时，发生交通事故后属于该机动车一方责任的，由保险公司在机动车强制保险责任限额范围内予以赔偿。不足部分，由机动车使用人承担赔偿责任；机动车所有人对损害的发生有过错的，承担相应的赔偿责任”〔1〕的规定，应由庆阳某汽车租赁有限公司、封某甲、张某某按照各自责任的大小承担相应的赔偿责任，一审法院判决由庆阳某汽车租赁有限公司、张某某承担连带赔偿责任不当。但因封某甲的侵权行为发生时系未成年人，一审判决对封某甲的赔偿责任由其法定代理人封某承担正确。

对于庆阳某汽车租赁有限公司提出的一审中修车发票没有当庭质证的问题。经审查，一审中对据以认定刘某某车辆维修费20,275元事实的中国某财产保险股份有限公司庆阳中心支公司核准的机动车辆保险损失确认书进行了当庭质证，对作为印证该事实的维修票据确未质证。但经二审对该维修票据当庭质证，庆阳某汽车租赁有限公司对其真实性并无异议，结合本案刘某某车辆因交通事故受损进行维修的事实客观存在，且能够与中国某财产保险股份有限公司庆阳中心支公司核准的机动车辆保险损失确认书相互印证，应予认定。对于一审判决刘某某车辆停运损失4500元，庆阳某汽车租赁有限公司提出异议，但未提交相反证据予以反驳，本院不予支持。

综上所述，原判认定事实清楚，但适用法律不当，应予纠正。经本院审判委员会讨论，依据《侵权责任法》第12条〔2〕、第49条〔3〕，《民事诉讼法》第170条

〔1〕 本条现为《民法典》第1209条：“因租赁、借用等情形机动车所有人、管理人与使用人不是同一人时，发生交通事故造成损害，属于该机动车一方责任的，由机动车使用人承担赔偿责任；机动车所有人、管理人对损害的发生有过错的，承担相应的赔偿责任。”

〔2〕 本条现为《民法典》第1172条：“二人以上分别实施侵权行为造成同一损害，能够确定责任大小的，各自承担相应的责任；难以确定责任大小的，平均承担责任。”

〔3〕 本条现为《民法典》第1209条：“因租赁、借用等情形机动车所有人、管理人与使用人不是同一人时，发生交通事故造成损害，属于该机动车一方责任的，由机动车使用人承担赔偿责任；机动车所有人、管理人对损害的发生有过错的，承担相应的赔偿责任。”

第1款第2项[1]之规定，判决：(1)维持华池县人民法院(2014)华民初字第117号判决第一项、第三项及案件受理费负担部分，即“一、中国某财产保险股份有限公司庆阳中心支公司在机动车交通事故强制责任保险限额内赔偿刘某某被损车辆施救费2000元，杨某甲医疗费3980.70元，护理费564元，交通费70元，伙食补助费320元，营养费160元，冯某医疗费540.50元，交通费50元。共计7685.20元。三、路某不承担赔偿责任(以上款项限判决生效后15日内给付)。案件受理费850元，由封某甲承担450元，庆阳某汽车租赁公司承担200元，张某某承担200元”。(2)撤销华池县人民法院(2014)华民初字第117号判决第二项，即“二、封某甲的监护人封某赔偿刘某某各项经济损失24,775元，庆阳某汽车租赁公司、张某某负连带赔偿责任”。(3)刘某某各项经济损失24,775元，由封某甲的监护人封某赔偿14,865元，庆阳利安汽车租赁公司赔偿4955元，张某某赔偿4955元。以上款项限判决生效后15日内给付，如未按判决书指定的期间履行给付金钱义务，应当依照《民事诉讼法》第253条[2]之规定，加倍支付迟延履行期间的利息。

二审案件受理费850元，由封某甲的监护人封某负担510元，庆阳利安汽车租赁公司和张某某各负担170元。

本判决为终审判决。

## 作者点评

本案是典型的未成年人为侵权人的机动车交通事故案件。

未成年人心智尚未完全成熟，对日常生活中部分危险因素缺乏有效的辨别和控制能力，对于危险行为带来的后果也缺乏清晰认识，这就需要监护人尽

〔1〕 2021年《民事诉讼法》修改后，本项现为第177条第1款第2项。
〔2〕 2021年《民事诉讼法》修改后，本条现为第260条。

到监护义务，不仅要注意保护未成年人的人身及财产等合法权益，更要注意防范未成年人实施侵权行为；倘若发生未成年人侵权的事件，未成年人的监护人也须依法承担相应的赔偿责任。

《民法典》对租赁、租借机动车发生交通事故的情形规定得也较为详细。出借人，尤其是专业的汽车租赁公司，未尽到合理审查义务，将机动车出租给不具有驾驶资格的未成年人，理应在机动车交强险的范围外承担部分责任；机动车所有人在实际租车人与提供的证件不相一致的情况下出租车辆，未尽到安全注意义务；机动车实际使用人为未成年人，其在未依法取得驾驶资格证的情况下借用他人身份证件，驾驶租用的车辆发生交通事故，出借证件人疏于对自己证件的保管，将其出借给他人，被用于租用车辆发生交通事故，造成他人受伤，保险公司在机动车强制保险责任限额范围内承担责任后，各行为人应按照各自责任的大小承担相应的赔偿责任，其中未成年人应承担的赔偿责任由监护人承担。[1]

## 法条链接

《中华人民共和国民法典》

**第一千一百六十五条** 行为人因过错侵害他人民事权益造成损害的，应当承担侵权责任。

依照法律规定推定行为人有过错，其不能证明自己没有过错的，应当承担侵权责任。

**第一千一百七十二条** 二人以上分别实施侵权行为造成同一损害，能够确定责任大小的，各自承担相应的责任；难以确定责任大小的，平均承担

〔1〕 参见郭明瑞、张平华:《关于监护人对未成年人致人损害的赔偿责任》，载《政法论丛》2009年第5期。

责任。

**第一千一百七十九条** 侵害他人造成人身损害的，应当赔偿医疗费、护理费、交通费、营养费、住院伙食补助费等为治疗和康复支出的合理费用，以及因误工减少的收入。造成残疾的，还应当赔偿辅助器具费和残疾赔偿金；造成死亡的，还应当赔偿丧葬费和死亡赔偿金。

**第一千二百零九条** 因租赁、借用等情形机动车所有人、管理人与使用人不是同一人时，发生交通事故造成损害，属于该机动车一方责任的，由机动车使用人承担赔偿责任；机动车所有人、管理人对损害的发生有过错的，承担相应的赔偿责任

**第一千二百一十二条** 未经允许驾驶他人机动车，发生交通事故造成损害，属于该机动车一方责任的，由机动车使用人承担赔偿责任；机动车所有人、管理人对损害的发生有过错的，承担相应的赔偿责任，但是本章另有规定的除外。

## 21

# 北京市某汽车修理有限公司与温某甲、李某机动车交通事故责任纠纷案

——驾驶未投保交强险的机动车发生交通事故的责任承担

## 案件基本信息

1. 法院裁判文书

北京市第二中级人民法院(2014)二中民终字第06301号民事判决书

2. 案由

机动车交通事故责任纠纷

3. 当事人

上诉人(原审被告):北京市某汽车修理有限公司

被上诉人(原审原告):温某甲

被上诉人(原审被告):李某

## 裁判要旨

涉案车辆余款尚未交清、发票未交付,销售者仍为涉案车辆所有权人及该车辆交强险的投保义务人的,投保义务人和侵权人二者均应当在交强险限额范围内对受害人甲的损害承担连带赔偿责任。

## 基本案情

2012年9月18日15时许，李某至北京市某汽车修理有限公司购买小型轿车，其在交款时尚欠部分款项；16时许，由北京市某汽车修理有限公司工作人员与李某同行取款，李某驾驶其购买的无号牌一汽大众牌小型轿车在北京市丰台区天安街北京市某汽车修理有限公司4S店院内由北向西行驶时，适有朱某某驾驶电动自行车后乘温某甲由东向西行驶，小型轿车右前部与电动自行车尾部接触，造成温某甲、朱某某受伤、两车损坏。

北京市公安局公安交通管理局丰台交通支队卢沟桥大队认定：李某负事故全部责任，温某甲、朱某某无责任。

2012年9月18日至2013年1月30日，温某甲在武警北京市总队第三医院住院治疗，入院诊断为：骨盆骨折；出院诊断为：骨盆骨折、骶骨骨折、耻骨骨折、锁骨骨折、双肺挫伤、血气胸、皮肤挫伤、小腿开放性外伤。

2013年5月23日，温某甲经北京某司法鉴定所鉴定：（1）被鉴定人温某甲综合伤残赔偿指数为20%；（2）建议被鉴定人温某甲营养期为90～120日，护理期为60～90日，误工期至伤残评定前一日。

在此次交通事故中，温某甲支付医疗费 101,711.74元、住院伙食补助费6700元、交通费907元、鉴定费3100元；温某甲左下肢深胫脉血栓形成，其购抗血栓压力带2双，支付费用660元；温某甲另造成部分营养费、误工费及护理费损失；温某甲今后需二次手术，其费用尚未确定；温某甲受伤前在京务工，其女温某乙、温某丙尚未成年；李某为温某甲支付医疗费135,304.43元。

另查，对于北京市某汽车修理有限公司人员陪同李某前往提取款项的性质，北京市某汽车修理有限公司称李某要上河北牌照，根据公司规定要有牌照的押金，陪同取钱用作交该项押金，李某所购买车辆全款当时已经付完；李某称当时购车的钱没有交完，票也没有开，还差4000多元，不到5000元，当时并未说明具体的款项名称。除此之外，北京市某汽车修理有限公司认可，事故发生前发票已开完，但没有交给李某。

## 争议焦点

北京市某汽车修理有限公司是否应当对温某甲的损害承担赔偿责任。

## 裁判理由

原审法院认为，李某驾驶无号牌、未投保强制保险的机动车、未保障安全发生交通事故，违反了《道路交通安全法》第8条、第17条、第22条第1款之规定，是发生交通事故的主要原因，应负事故的主要责任；温某某乘坐朱某某驾驶的无号牌电动自行车上路行驶，违反了《道路交通安全法》第18条及《北京市实施〈道路交通安全法〉办法》第57条第11项〔1〕之规定，其自身亦存在一定过错，应负事故的次要责任。本次交通事故因温某某受伤，给其造成经济损失。李某应在强制险的医疗费10,000元及死亡伤残110,000元范围内先行承担赔偿责任，超过部分按70%的比例进行赔偿；北京市某汽车修理有限公司在明知车辆未取得临时牌照，未投保车辆强制保险及车辆所有权尚未转移的前提下，未尽到管理义务，由本公司人员陪同李某驾车取款时发生交通事故，北京市某汽车修理有限公司已构成共同侵权，应承担连带赔偿责任。温某某受伤前在京务工，对其残疾赔偿金应按本市城镇居民标准确定为145,876元；对其女温某乙、温某丙的被扶养人生活费亦分别确定为21,641元；对温某某的营养费，法院酌情确定为4500元；对温某某的护理误工费损失，法院酌情确定为

〔1〕 2018年《北京市实施〈道路交通安全法〉办法》修改后，第57条第11项修改为“（十一）不得搭乘人力货运三轮车、轻便摩托车；不得违反规定搭乘自行车、电动自行车、残疾人机动轮椅车”。

4800元；对温某某的误工费，法院酌情确定为28，000元；对温某某的精神损害抚慰金，法院酌情确定为8000元；温某某的二次手术费用及今后购买抗血栓压力带的费用，可待发生后另行解决；根据《关于适用〈中华人民共和国侵权责任法〉问题的通知》，应将被扶养人生活费计入残疾赔偿金或死亡赔偿金。北京市丰台区人民法院于2014年4月14日作出（2013）丰民初字第06865号判决，判决：（1）被告李某某本判决生效后7日内赔偿原告温某甲医疗费10,000元、精神损害抚慰金8000元，伤残赔偿金102,000元；（2）被告李某某本判决生效后7日内赔偿原告温某甲医疗费64,198.21元、营养费3150元、护理误工费3360元、误工费19，600元、住院伙食补助费4690元、交通费635元、弹力袜费用462元、鉴定费2170元、残疾赔偿金61,010.60元；（3）被告北京市某汽车修理有限公司对上述李某的赔偿款项承担连带赔偿责任；（4）驳回原告温某甲其他诉讼请求。

宣判后，被告北京市某汽车修理有限公司提出上诉。

二审法院认为，根据北京市某汽车修理有限公司与李某的陈述，事发前李某所购买车辆仍有部分款项未付，事故发生的起因亦为北京市某汽车修理有限公司工作人员陪同李某前往支取所欠部分款项，而且根据北京市某汽车修理有限公司的陈述，该车购车发票亦未交给李某。故此本院认定事故发生时李某所购买车辆的所有权仍未转移。

《关于审理道路交通事故损害赔偿案件法律问题的解释》第19条规定：“未依法投保交强险的机动车发生交通事故造成损害，当事人请求投保义务人在交强险责任限额范围内予以赔偿的，人民法院应予支持。投保义务人和侵权人不是同一人，当事人请求投保义务人和侵权人在交强险责任限额范围内承担连带责任的，人民法院应予支持。”[1]事故发生时，该车辆未投保交强险，在车辆所有权未转移的情况下，北京市某汽车修理有限公司作为车辆所有权人及该车辆交强险的投保义务人，李某作为侵权人，二者应当在交强险限额范围内对温某甲的损害承担连带赔偿责任。

《侵权责任法》第49条规定："因租赁、借用等情形机动车所有人与使用人不是同一人时，发生交通事故后属于该机动车一方责任的，由保险公司在机动车强制保险责任限额范围内予以赔偿。不足部分，由机动车使用人承担赔偿责任；机动车所有人对损害的发生有过错的，承担相应的赔偿责任。”[2]对于温某甲发生的损失数额超过交强险限额的部分，温某甲乘坐朱某某驾驶的无号牌电动自行车上路行驶，自身存在一定过错，原审法院确定温某甲承担事故30%的责任。

对于李某与北京市某汽车修理有限公司之间的责任划分问题，李某驾驶未取得临时牌照、未投保交强险的车辆，也未安全驾驶是事故发生的直接原因。北京市某汽车修理有限公司作为车辆的所有权人将该车辆由李某驾驶，是事故发生的条件，北京市某汽车修理有限公司未尽到管理义务，亦具有过错。在本次交通事故中，李某作为具有驾驶资格的完全民事行为能力人，其驾驶行为与北京市某汽车修理有限公司未尽到管理义务的行为之间并不符合法律上对于共同侵权的构成要件，北京市某汽车修理有限公司作为所有人与李某作为使用人应当根据前述法律的规定各自承担相应的赔偿责任。对于李某与北京市某汽车修理有限公司之间的责任划分，根据双方的过错程度，本院确

〔1〕 2020年《关于审理道路交通事故损害赔偿案件法律问题的解释》修改后，本条变更为第16条："未依法投保交强险的机动车发生交通事故造成损害，当事人请求投保义务人在交强险责任限额范围内予以赔偿的，人民法院应予支持。投保义务人和侵权人不是同一人，当事人请求投保义务人和侵权人在交强险责任限额范围内承担相应责任的，人民法院应予支持。”

〔2〕 本条现为《民法典》第1209条："因租赁、借用等情形机动车所有人、管理人与使用人不是同一人时，发生交通事故造成损害，属于该机动车一方责任的，由机动车使用人承担赔偿责任；机动车所有人、管理人对损害的发生有过错的，承担相应的赔偿责任。”

定李某作为车辆的驾驶人即事故发生的侵权人承担60%的责任，北京市某汽车修理有限公司在未尽到管理责任的情况下承担40%的责任。一审法院在确定李某与北京市某汽车修理有限公司之间的责任时存在不当之处，本院对此予以改判。

北京市第二中级人民法院于2014年8月25日作出（2014）二中民终字第06301号判决，认为原审判决存在不当之处，予以改判，判决：(1)撤销北京市丰台区人民法院（2013）丰民初字第06865号判决第三项、第四项；(2)变更北京市丰台区人民法院（2013）丰民初字第06865号判决第一项为李某、北京市某汽车修理有限公司于本判决生效后7日内连带赔偿温某甲医疗费10,000元，精神损害抚慰金8000元，残疾赔偿金102,000元；(3)变更北京市丰台区人民法院（2013）丰民初字第06865号判决第二项为李某某本判决生效后7日内赔偿温某甲医疗费、营养费、护理费、误工费、住院伙食补助费、交通费、弹力袜费用、鉴定费、残疾赔偿金共计95,565.49元；(4)北京市某汽车修理有限公司于本判决生效后7日内赔偿温某甲医疗费、营养费、护理费、误工费、住院伙食补助费、交通费、弹力袜费用、鉴定费、残疾赔偿金共计63,710.32元；(5)驳回温某甲的其他诉讼请求。

## 作者点评

倘若投保义务人未投交强险，发生交通事故后应如何处理？

笔者认为，投保机动车交强险是法定义务，车辆未投保交强险，不仅违反了《道路交通安全法》的规定，更重要的是一旦发生交通事故，无法给予交通事故受害人足额的赔偿，无法发挥交强险托底式的保障作用。因此，必须运用法律手段保护受害人、制裁本应投保的投保义务人，以起到教育、警示作用。

倘若投保义务人和侵权人不是同一人，当事人请求投保人、侵权人在交强险责任范围内承担连带责任的，法院也会予以支持。本案中，李某是侵权人，承担此次事故的全部过错，故李某应对温某甲的全部损失承担赔偿责任。北京市某汽车修理有限公司是投保义务人，未按规定对涉案车辆投保交强险，根据相关司法解释，李某与北京市某汽车修理有限公司在交强险责任限额范围内应承担连带责任。由此可见，让投保人与侵权人承担连带责任，不仅能有效保护受害人的合法权益，更可以凸显立法的预防、制裁违法行为的功能。

## 法条链接

《中华人民共和国民法典》

**第一千二百零九条** 因租赁、借用等情形机动车所有人、管理人与使用人不是同一人时，发生交通事故造成损害，属于该机动车一方责任的，由机动车使用人承担赔偿责任；机动车所有人、管理人对损害的发生有过错的，承担相应的赔偿责任。

**《最高人民法院关于审理道路交通事故损害赔偿案件适用法律若干问题的解释》**

**第十六条** 未依法投保交强险的机动车发生交通事故造成损害，当事人请求投保义务人在交强险责任限额范围内予以赔偿的，人民法院应予支持。

投保义务人和侵权人不是同一人，当事人请求投保义务人和侵权人在交强险责任限额范围内承担相应责任的，人民法院应予支持。

# 22

# 程某某与张某、中国某财产保险股份有限公司南京市分公司机动车交通事故责任纠纷案

——家庭自用车辆用于营运过程中发生交通事故的责任承担

## 案件基本信息

1. 法院裁判文书

江苏省南京市江宁区人民法院(2016)苏0115民初5756号民事判决书

2. 案由

机动车交通事故责任纠纷

3. 当事人

原告:程某某

被告:张某

被告:中国某财产保险股份有限公司南京市分公司

## 裁判要旨

被保险人的营运行为使被保险车辆危险程度显著增加,被保险人应当按照合同约定及时通知保险公司,保险公司可以主张增加保险费或者解除合同并返还剩余保险费用。被保险人未向保险公司履行通知义务,且其营运行为导致了交通事故的发生的,保险公司不承担赔偿保险金的责任。

## 基本案情

2015年7月28日下午，被告张某通过打车软件接到网约车订单一份，订单内容为将乘客从南瑞集团送至恒大绿洲小区。张某驾驶其自有轿车至南瑞集团，接到网约车乘客；17时5分许，张某驾车搭载网约车乘客，沿前庄路由西向东行驶至清水亭东路丁字路口往南右转弯过程中，遇原告程某某驾驶电动自行车沿清水亭东路由北向南通过该路口，两车碰撞，致程某某受伤、车辆损坏。

原告程某某受伤住院治疗，医院诊断其急性闭合性重型颅脑损伤。

经鉴定，原告程某某颅脑损伤所致轻度精神障碍，日常活动能力部分受限构成九级伤残；颅骨缺损6平方厘米以上构成十级伤残；误工期限180日，护理期限90日，营养期限90日；经审查确认原告因本次事故产生医疗费99，122.26元（其中张某垫付59，321元，中国某财产保险股份有限公司南京市分公司垫付10,000元）、住院伙食补助费560元、营养费1350元、误工费3427.48元、护理费7650元、残疾赔偿金156,126.6元、精神损害抚慰金10,500元、交通费500元，合计279，236.34元。

被告张某驾驶的轿车行驶证上的使用性质为“非营运”。2015年3月27日，张某在被告中国某财产保险股份有限公司南京市分公司为该车投保了交强险，保额为100万元的商业三者险，保险期间均自2015年3月28日起至2016年3月27日止。保单上的使用性质为“家庭自用汽车”。

## 争议焦点

1. 关于本次交通事故责任如何划分；

2. 中国某财产保险股份有限公司南京市分公司是否应当在商业三者险内赔偿。

# 裁判理由

公民的健康权受法律保护。行为人因过错侵害他人权益的应当承担侵权责任。

关于本次交通事故责任划分问题,《道路交通安全法》第76条规定,机动车发生交通事故造成损失的,首先由保险公司在交强险责任限额内赔偿,不足部分,按照以下规定承担赔偿责任……(二)机动车与非机动车驾驶人之间发生交通事故,非机动车驾驶人无过错的,由机动车一方承担赔偿责任;有证据证明非机动车驾驶人有过错的,根据过错程度适当减轻机动车一方的赔偿责任。本案中,被告张某驾驶机动车向右转弯,原告程某某驾驶非机动车直行,转弯应当避让直行,张某未能避让存在过错。现有证据不能证明原告程某某存在闯红灯等过错行为,故张某应负事故全部责任,程某某因本次交通事故产生的损失首先由被告中国某财产保险股份有限公司南京市分公司在交强险责任限额内赔偿,不足部分,由机动车一方赔偿。

关于中国某财产保险股份有限公司南京市分公司是否应当在商业三者险内赔偿的问题,《保险法》第52条规定:"在合同有效期内,保险标的的危险程度显著增加的,被保险人应当按照合同约定及时通知保险人,保险人可以按照合同约定增加保险费或者解除合同……被保险人未履行前款规定的通知义务的,因保险标的的危险程度显著增加而发生的保险事故,保险人不承担赔偿保险金的责任。"保险合同是双务合同,保险费与保险赔偿金为对价关系,保险人依据投保人告知的情况,评估危险程度而决定是否承保以及收取多少保险费。保险合同订立后,如果危险程度显著增加,保险事故发生的概率超过了保险人在订立保险合同时对事故发生的合理预估,如果仍然按照之前保险合同的约定要求保险人承担保险责任,对保险人显失公平。

在当前车辆保险领域中,保险公司根据被保险车辆的用途,将其分为家庭自用和营运车辆两种，并设置了不同的保险费率。相较于家庭自用车辆，营运车辆的运行里程多，使用频率高，发生交通事故的概率也自然更大，这既是社会常识也是保险公司对风险的预估，车辆的危险程度与保险费是对价关系，家庭自用车辆的风险小，支付的保费低；营运车辆风险大，支付的保费高。以家庭自用名义投保的车辆从事营运活动，车辆的风险显著增加，投保人应当及时通知保险公司，保险公司可以增加保费或者解除合同并返还剩余保费，投保人未通知保险公司而要求保险公司赔偿营运造成的事故损失，显失公平。

综上所述，张某的营运行为使被保险车辆危险程度显著增加，张某应当及时通知中国某财产保险股份有限公司南京市分公司，中国某财产保险股份有限公司南京市分公司可以增加保险费或者解除合同返还剩余保险费。张某未履行通知义务，且其营运行为导致了本次交通事故的发生，中国某财产保险股份有限公司南京市分公司在商业三者险内不负赔偿责任。

南京市江宁区人民法院依照《侵权责任法》第48条〔1〕、《道路交通安全法》第76条第1款、《保险法》第52条之规定，于2016年12月14日作出（2016）苏0115民初5756号判决：（1）被告中国某财产保险股份有限公司南京市分公司在交强险责任限额内赔偿原告程某某110,000元，被告张某赔偿原告程某某99,915.34元，均于本判决发生法律效力之日起10日内付清。（2）驳回原告程某某其他诉讼请求。

## 作者点评

机动车辆依据用途的不同分为营运车辆和非营运车辆两大类别，保险公司针对不同类别分别设置了不同的保险费率。

〔1〕 本条现为《民法典》第1208条："机动车发生交通事故造成损害的，依照道路交通安全法律和本法的有关规定承担赔偿责任。"

家庭自用车是典型的非营运车辆，随着网约车等新业态经济的兴起，兼职或者专职从事网约车职业的私家车也越来越多。家庭自用车从事网约车并没有把车辆转为营运，购买的保险也往往非营运车辆保险，而这往往会导致保险事故发生的概率极大提升。

在汽车保险领域，保险公司拒绝理赔必须符合三个要件：车辆危险程度显著增加；被保险人没有履行通知义务；车辆危险程度显著增加导致保险事故发生的概率上升。

本案中，张某将家庭自用名义投保的车辆从事网约车营运活动后，车辆运行里程多，频次高，保险车辆的危险程度显著增加，发生保险事故的概率显著上升，张某也未向保险公司履行通知义务，因此张某从事网约车营运发生的交通事故，保险公司可以在商业三者险范围内免赔，由此造成的损失只能由张某自行承担。

需要注意的是，当前我国经济面临需求收缩、供给冲击、预期转弱等多重压力，网约车关系着很多人的生活乃至生计，其作为新就业形态，在实务中也面临如保险公司拒绝承保、保费高昂等问题，这些问题亟待相关部门介入协调解决。

## 法条链接

《中华人民共和国道路交通安全法》

**第七十六条** 机动车发生交通事故造成人身伤亡、财产损失的，由保险公司在机动车第三者责任强制保险责任限额范围内予以赔偿；不足的部分，按照下列规定承担赔偿责任：

（一）机动车之间发生交通事故的，由有过错的一方承担赔偿责任；双方都有过错的，按照各自过错的比例分担责任。

(二)机动车与非机动车驾驶人、行人之间发生交通事故,非机动车驾驶人、行人没有过错的,由机动车一方承担赔偿责任;有证据证明非机动车驾驶人、行人有过错的,根据过错程度适当减轻机动车一方的赔偿责任;机动车一方没有过错的,承担不超过百分之十的赔偿责任。

交通事故的损失是由非机动车驾驶人、行人故意碰撞机动车造成的,机动车一方不承担赔偿责任。

**《中华人民共和国保险法》**

**第五十二条** 在合同有效期内,保险标的的危险程度显著增加的,被保险人应当按照合同约定及时通知保险人,保险人可以按照合同约定增加保险费或者解除合同。保险人解除合同的,应当将已收取的保险费,按照合同约定扣除自保险责任开始之日起至合同解除之日止应收的部分后,退还投保人。

被保险人未履行前款规定的通知义务的,因保险标的的危险程度显著增加而发生的保险事故,保险人不承担赔偿保险金的责任。

# 四、汽车公司劳动争议纠纷

# 23

# 白城市某汽车公司与刘某劳动争议纠纷案

## ——用人单位自用工之日起满一年未与劳动者签订书面劳动合同的，应承担的不利后果

## 案件基本信息

1. 法院裁判文书

吉林省白城市中级人民法院(2019)吉08民终337号民事判决书

2. 案由

劳动争议纠纷

3. 当事人

上诉人(原审被告)：白城市某汽车公司

被上诉人(原审原告)：刘某

## 裁判要旨

劳动者提交工资表及考勤记录，可以初步认定劳动者与用人单位存在劳动关系，用人单位应当及时与劳动者签订书面劳动合同，否则用人单位须向劳动者支付未签订劳动合同的经济补偿。劳动者在双休日、法定休假日加班的工资差额部分及非因劳动者原因休假期间的生活费用，用人单位也应及时支付。

## 基本案情

2015年7月20日原告与被告存在劳动关系，双方未签订劳动合同，日工资100元；2017年11月开始日工资133元。

2017年6月30日—10月30日因修路放假，被告未向原告发放工资。

2018年4月25日被告要求公司有意向的驾驶员签订劳务派遣合同，原告不同意，于2018年5月9日停止工作。

## 争议焦点

刘某与白城市某汽车公司之间是否存在劳动关系。

## 裁判理由

原审法院认为：根据《劳动争议调解仲裁法》第6条“发生劳动争议，当事人对自己提出的主张，有责任提供证据；与争议事项有关的证据属于用人单位掌握管理的，用人单位应当提供；用人单位不提供的，应当承担不利后果”和《关于确立劳动关系有关事项的通知》“二、用人单位未与劳动者签订劳动合同，认定双方存在劳动关系时可参照下列凭证：（一）工资支付凭证或记录（职工工资发放花名册）、缴纳各项社会保险费的记录；（二）用人单位向劳动者发放的‘工作证’、‘服务证’等能够证明身份的证件；（三）劳动者填写的用人单位招工招聘‘登记表’、‘报名表’等招用记录；（四）考勤记录；（五）其他劳动者的证言等。其中，（一）、（三）、（四）项的有关凭证由用人单位负举证责任”之规定，原告刘某提交的工资表及考勤记录，可以证明原告刘某在被告白城市某汽车公司处从事驾驶员工作，遵守被告的规章制度，由被告白城市某汽车公司向原刘某支付劳动报酬，故双方存在劳动关系。

根据《劳动合同法实施条例》第7条“用人单位自用工之日起满一年未与劳动者订立书面劳动合同的，自用工之日起满一个月的次日至满一年的前一日应当依照劳动合同法第八十二条的规定向劳动者每月支付两倍的工资，并视为自用工之日起满一年的当日已经与劳动者订立无固定期限劳动合同，应当立即与劳动者补订书面劳动合同。”原告刘某认为其在2013年8月1日到被告白城市某汽车公司处上班，但只出示了2015年7月20日以后的考勤表及2015年8月的工资表，故应认定原告刘某于2015年7月20日起与被告白城市某汽车公司存在劳动关系；因原告刘某在用工之日起满1年即2016年7月21日已经与被告白城市某汽车公司订立了无固定期限劳动合同，被告白城市某汽车公司应当与原告刘某补签书面劳动合同。

根据《劳动合同法》第48条“用人单位违反本法规定解除或者终止劳动合同，劳动者要求继续履行劳动合同的，用人单位应当继续履行”之规定，原告刘某与被告白城市某汽车公司就签订劳务派遣合同事宜未能达成一致意见，应继续履行双方之间的劳动合同，停止原告刘某工作的行为于法无据。虽然原告在仲裁时未要求签订劳动合同，但因该诉讼请求与讼争的劳动争议具有不可分性，应当合并审理。

关于原告刘某要求被告白城某汽车公司因未签订书面劳动合同应支付二倍工资的问题，根据《劳动争议调解仲裁法》第27条“劳动争议申请仲裁的时效期间为一年。仲裁时效期间从当事人知道或者应当知道其权利被侵害之日起计算。前款规定的仲裁时效，因当事人一方向对方当事人主张权利，或者向有关部门请求权利救济，或者对方当事人同意履行义务而中断。从中断时起，仲裁时效期间重新计算。因不可抗力或者有其他正当理由，当事人不能在本条第一款规定的仲裁时效期间申请仲裁的，仲裁时效中止。从中止时效的原因消除之日起，仲裁时效期间继续计算。劳动关系存续期间因拖欠劳动报酬发生争议的，劳动者申请仲裁不受本条第一款规定的仲裁时效期间的限制；但是，劳动关系终止的，应当自劳动关系终止之日起一年内提出”之规定，用人单位因未签订书面劳动合同，应向劳动者支付二倍工资是对用人单位未履行法定义务的惩罚措施，其性质不属于劳动报酬，仲裁时效应当适用1年仲裁时效的规定。原告于2018年8月18日提起仲裁，已超过1年的仲裁时效，故原告要求因未签订书面劳动合同应支付二倍工资不予支持。

关于原告刘某请求被告白城某汽车公司支付加班费的问题，原告提交的考勤记录及工资表，可相互认证，原告存在双休日及法定假日加班的事实；加班费属于劳动报酬，劳动者主张加班费的诉讼时效起算时间应当与《劳动争议调解仲裁法》关于劳动报酬仲裁时效规定的起止时间相同，即劳动关系存续期间因拖欠劳动报酬发生争议的，劳动者申请仲裁不受1年的仲裁时效期间的限制。因此从2015年7月20日起，被告应支付原告加班工资；根据《工资支付暂行规定》第13条“用人单位在劳动者完成劳动定额或规定的工作任务后，根据实际需要安排劳动者在法定标准工作时间以外工作的，应按以下标准支付工资……（二）用人单位依法安排劳动者在休息日工作，而又不能安排补休的，按照不低于劳动合同规定的劳动者本人日或小时工资标准的200%支付劳动者工资；（三）用人单位依法安排劳动者在法定休假节日工作的，按照不低于劳动合同规定的劳动者本人日或小时工资标准的300%支付劳动者工资”之规定，原告刘某从2015年7月20日至2018年6月4日双休日工作178天，被告白城某汽车公司应支付加班工资差额17,800元（178天×100元×100%）；2018年11月后双休日工作8天，白城某汽车公司应支付加班工资差额1064元（8天×133元×100%），共计双休日工资差额为18，864元；2015年至2017年法定假日加班9天，被告应支付加班工资差额1800元（9天×100天×200%）。

关于原告刘某请求被告缴纳社会保险的问题，缴纳社会保险费是国家行政法规规定的一种强制性行政义务，并非劳动争议当事人之间的民事关系，原告要求被告给付其代缴的社会保险费用，但由于被告对缴费基数存在异议，此并非人民法院民事受案范围。

关于原告刘某在停工停产期间的劳动报酬问题，根据《工资支付暂行规定》第12条“非因劳动者原因造成单位停工、停产在一个工资支付周期内的，用人单位应按劳动合同规定的标准支付劳动者工资。超过一个工资支付周期的，若劳动者提供了正常劳动，则支付给劳动者的劳动报酬不得低于当地的最低工资标准；若劳动者没有提供正常劳动，应按国家有关规定办理”之规定，在2017年6月30日至10月30日因道路施工，原告刘某没有提供正常劳动，双方也没有对此进行约定，其劳动报酬应按当地最低工资标准的70%酌情确定，即4144元（1480元×70%×4个月）。

一审法院判决：（1）被告白城市某汽车公司于本判决生效后10日内与原告刘某补签书面无固定期限劳动合同；（2）被告白城市某汽车公司于本判决生效后10日内支付原告刘某双休日加班工资18，864元、法定休假日加班工资差额1800元；（3）被告白城市某汽车公司于本判决生效后10日内支付原告刘某停工期间劳动报酬4144元；（4）驳回原告刘某的其他诉讼请求。案件受理费5元，由被告白城市某汽车公司负担。

本院二审期间，双方当事人没有提交新证据。

二审查明事实与一审查明事实相同。本院对一审查明事实予以确认。

二审法院认为，被上诉人刘某与上诉人白城市某汽车公司之间形成事实劳动关系，有上诉人白城市某汽车公司出具的工资表及考勤记录等证据为证。上诉人白城市某汽车公司在其与被上诉人刘某形成事实劳动关系一年内，未与被上诉人刘某签订书面劳动合同，依据劳动法相关规定，视为双方形成无固定期限劳动合同关系。上诉人白城市某汽车公司主张政府修路造成其单位职工放假、劳动关系中断，被上诉人刘某劳动关系存续时间不符合无固定期限劳动关系构成条件，于法无据。上诉人白城市某汽车公司是否同意补签劳动合同，不影响双方形成无固定期限劳动合同关系的事实，故一审法院判令上诉人白城市某汽车公司与被上诉人刘某签订无固定期限劳动合同的表述不妥，应予纠正。

被上诉人刘某请求上诉人白城市某汽车公司支付劳动关系存续期间双休日、法定休假日加班工资差额部分，于法有据。白城市某汽车公司主张刘某计算的加班费天数不准确，没有举出充分证据证明。

被上诉人刘某请求上诉人白城市某汽车公司支付放假期间生活费，应予支持。上诉人白城市某汽车公司给被上诉人刘某放假并非其本人原因，依据《工资支付暂行规定》第12条“非因劳动者原因造成单位停工、停产在一个工资支付周期内的，用人单位应按劳动合同规定的标准支付劳动者工资。超过一个工资支付周期的，若劳动者提供了正常劳动，则支付给劳动者的劳动报酬不得低于当地的最低工资标准；若劳动者没有提供正常劳动，应按国家有关规定办理”和《吉林省企业工资支付办法》第22条“非因劳动者本人原因造成企业停工、停产，未超过一个工资支付周期的，企业应当按照劳动合同约定支付劳动者工资。超过一个工资支付周期的，若劳动者提供了正常劳动，企业按照不低于当地最低工资标准支付工资；若劳动者没有提供正常劳动，企业按照当地最低工资标准的70%以上支付工资，支付实际额度不得低于当地最低生活保障标准”之规定，一审按照当地最低工资标准的70%确定刘某放假期间工资标准，并无不当。

综上所述，上诉人白城市某汽车公司的上诉请求不成立，一审判决主文表述应予纠正。依照《民事诉讼法》第170条第1款第3项[1]的规定，判决：(1)维持吉林省白城市洮北区人民法院(2018)吉0802民初3399号判决第二项，即“被告白城市某汽车公司于本判决生效后10日内支付原告刘某双休日加班工资18,864元、法定休假日加班工资差额1800元”；第三项，即“被告白

〔1〕 2021年《民事诉讼法》修改后，本项变更为第177条第1款第3项。

城市某汽车公司于本判决生效后10日内支付原告刘某停工期间劳动报酬4144元”；第四项，即“驳回原告刘某的其他诉讼请求”；(2)撤销吉林省白城市洮北区人民法院(2018)吉0802民初3399号判决第一项，即被告白城市某汽车公司与本判决生效后10日内与原告刘某补签书面无定期限劳动合同；(3)上诉人白城市某汽车公司与被上诉人刘某继续履行劳动合同。

## 作者点评

劳动关系是重要的经济关系、社会关系。建立和谐稳定、合作共赢的劳动关系对于用人单位的可持续发展大有裨益。

当下我们的劳动关系面临一定的矛盾，一方面是劳动者就业选择增多，另一方面是用人单位“招工难”问题持续蔓延。在实务中，依然存在用人单位试用期内不与劳动者签订书面劳动合同等违法行为。《劳动合同法》明确规定，用人单位与劳动者建立劳动关系的时间自试用之日起，与劳动者订立书面劳动合同是用人单位不容拒绝的法定义务。用人单位若在1个月内不履行签订书面劳动合同的义务，用人单位要从第2个月起承担支付两倍工资的责任。此外，《劳动合同法》还规定了无固定期限劳动合同的情形。

立足于上述法律规定，用人单位只有不折不扣落到实处，不断改善工作条件、改善劳动者福利待遇，才能有效减少和避免劳动争议，实现用人单位与劳动者互利共赢的局面。

## 法条链接

《中华人民共和国劳动争议调解仲裁法》

**第二十七条** 劳动争议申请仲裁的时效期间为一年。仲裁时效期间从当事人知道或者应当知道其权利被侵害之日起计算。

前款规定的仲裁时效，因当事人一方向对方当事人主张权利，或者向有关部门请求权利救济，或者对方当事人同意履行义务而中断。从中断时起，仲裁时效期间重新计算。

因不可抗力或者有其他正当理由，当事人不能在本条第一款规定的仲裁时效期间申请仲裁的，仲裁时效中止。从中止时效的原因消除之日起，仲裁时效期间继续计算。

劳动关系存续期间因拖欠劳动报酬发生争议的，劳动者申请仲裁不受本条第一款规定的仲裁时效期间的限制；但是，劳动关系终止的，应当自劳动关系终止之日起一年内提出。

《中华人民共和国劳动合同法实施条例》

**第七条** 用人单位自用工之日起满一年未与劳动者订立书面劳动合同的，自用工之日起满一个月的次日至满一年的前一日应当依照劳动合同法第八十二条的规定向劳动者每月支付两倍的工资，并视为自用工之日起满一年的当日已经与劳动者订立无固定期限劳动合同，应当立即与劳动者补订书面劳动合同。

《工资支付暂行规定》

**第十二条** 非因劳动者原因造成单位停工、停产在一个工资支付周期内的，用人单位应按劳动合同规定的标准支付劳动者工资。超过一个工资支付周期的，若劳动者提供了正常劳动，则支付给劳动者的劳动报酬不得低于当地的最低工资标准；若劳动者没有提供正常劳动，应按国家有关规定办理。

# 24

# 北京某汽车俱乐部有限公司与郑某某劳动争议纠纷案

——如何认定劳动者与用人单位是否形成劳动关系

## 案件基本信息

1. 法院裁判文书

北京市高级人民法院(2017)京民申80号民事裁定书

2. 案由

劳动争议纠纷

3. 当事人

再审申请人(一审原告、二审上诉人):郑某某

再审被申请人(一审被告、二审被上诉人):北京某汽车俱乐部有限公司

## 裁判要旨

构成劳动关系要求劳动者与用人单位之间具有从属性、契约性、职业性、有偿性等特性。用人单位与劳动者未签订书面劳动合同,劳动者是否提供劳动、如何提供劳动及不提供劳动用人单位也无任何惩罚措施的,不构成《劳动法》意义上的劳动关系。

## 基本案情

郑某某与北京某汽车俱乐部有限公司未签订书面劳动合同或任何书面协议，北京某汽车俱乐部有限公司未为郑某某缴纳社会保险。

郑某某与北京某汽车俱乐部有限公司均认可郑某某根据北京某汽车俱乐部有限公司发送的汽车救援信息进行汽车救援活动，主要是搭电、打气、送油等汽车小修，郑某某从事维修时使用的是自己的机动车、自备的千斤顶等基本维修工具，从事维修时郑某某的车辆的油费由郑某某自己负担。

工作流程是：北京某汽车俱乐部有限公司根据郑某某的居住地或者郑某某当天早上告知的位置，将附近相应位置的维修信息发送给郑某某，郑某某回复信息“收到”表示其接受维修信息，并将前往相应位置进行相应维修；郑某某完成一个维修任务后，将相应位置告知北京某汽车俱乐部有限公司，北京某汽车俱乐部有限公司再根据就近原则将相应位置的维修信息发送给郑某某；如果郑某某没有向北京某汽车俱乐部有限公司告知新的位置，北京某汽车俱乐部有限公司会根据郑某某上一个维修任务的位置向其发送新的维修信息；郑某某如果超过一定的时间未回复北京某汽车俱乐部有限公司发送的救援信息，北京某汽车俱乐部有限公司会将该救援任务派送给其他维修师傅，并提醒其注意手机信号，此外无其他惩罚措施。

郑某某工资是按其提供维修的次数结合公里数计算，每月中旬与北京某汽车俱乐部有限公司结算，北京某汽车俱乐部有限公司将收入的一半作为维修费用支付给郑某某，另一半作为公司的信息费而留在其公司。

## 争议焦点

郑某某与北京某汽车俱乐部有限公司之间的关系是否是劳动关系。

## 裁判理由

一审法院经审理认为：劳动关系的基本特征是用人单位制定的各项规章制度适用于劳动者，劳动者受用人单位的劳动管理，从事用人单位安排的有报酬的劳动，劳动者提供的劳动是用人单位业务的组成部分。

本案中，郑某某接收到北京某汽车俱乐部有限公司的维修任务之后，如果其未实际完成该维修任务，则北京某汽车俱乐部有限公司不支付郑某某相应的维修费，北京某汽车俱乐部有限公司对其无惩罚措施。郑某某完成一个维修任务后，会向北京某汽车俱乐部有限公司报送自己的位置，以便北京某汽车俱乐部有限公司知悉其位置，待该位置附近有维修任务时，北京某汽车俱乐部有限公司将该维修任务的信息再向其送达。郑某某自带工具按维修次数结合公里数收取报酬。

综上所述，北京某汽车俱乐部有限公司与郑某某之间不具备劳动关系的基本特征。故对于郑某某关于其与北京某汽车俱乐部有限公司之间存在劳动关系的主张，不予采信。郑某某关于确认其与北京某汽车俱乐部有限公司之间存在劳动关系、要求北京某汽车俱乐部有限公司支付未签订劳动合同双倍工资差额、要求北京某汽车俱乐部有限公司支付违法解除劳动合同赔偿金的诉讼请求，于法无据，不予支持。一审法院据此于2016年3月31日作出（2015）大民初字第08723号判决：驳回郑某某的全部诉讼请求。

判决后，郑某某不服一审判决，上诉至北京市第二中级人民法院。

二审法院经审理认为：劳动关系是指劳动力所有者（劳动者）与劳动力使用者（用人单位）之间在劳动过程中发生的，一方提供劳动力，另一方提供劳动报酬的社会关系。

劳动关系中的劳动应当具备以下四个方面的含义：从属性、契约性、职业性、有偿性。

从属性是指人格从属性，即用人单位将劳动者纳入其生产组织并指示、决定劳动者劳动给付地、给付时、给付量与劳动强度、劳动过程，且当劳动者有妨碍企业生产秩序或企业运营的情形时，用人单位可以施以惩罚，以维护企业的正常生产与运作及经营管理的权威。

契约性是指用人单位与劳动者在平等协商的基础上意思表示一致后，建立劳动关系。

职业性是指劳动的长期性、持续性和稳定性，而非简单商品交易那样的一致性。

有偿性是指劳动者劳动力使用权与用人单位的劳动报酬所有权的交换。

因此，事实劳动关系建立的前提是劳动者所提供的劳动具备以上四方面的含义。

就本案而言，首先，被上诉人北京某汽车俱乐部有限公司并未将上诉人郑某某纳入其生产组织，郑某某是否提供劳动、如何提供劳动并非完全由被上诉人北京某汽车俱乐部有限公司控制，且即便上诉人郑某某未接到维修任务、接到维修信息后未及时回复或者未完成维修任务，被上诉人北京某汽车俱乐部有限公司均不对郑某某给予惩罚，故上诉人郑某某所提供劳动并不具有劳动法意义上的从属性。

其次，被上诉人北京某汽车俱乐部有限公司与上诉人郑某某在建立关系之初仅就由谁提供维修工具、如何接单、如何结算报酬达成了一致意见，并未就劳动关系项下的劳动保险、劳动合同、劳动管理等具体细节进行协商，因此，上诉人郑某某所提供劳动并不完全具有劳动法意义上的契约性。

再次，被上诉人北京某汽车俱乐部有限公司与上诉人郑某某并未就合作的期限达成一致意见，因此，双方的关系并不具备长期性、持续性和稳定性的特征，不符合职业性的含义。

最后，被上诉人北京某汽车俱乐部有限公司与上诉人郑某某之间系按照维修次数和公里数结算报酬，故被上诉人北京某汽车俱乐部有限公司向上诉人郑某某支付的报酬中不仅包含郑某某所付出劳动的价值，还包括了郑某某自带工具、加油费等成本，因此，上诉人郑某某所提供劳动并不完全具有劳动法意义上的有偿性。

据此，上诉人郑某某所提供劳动不具有从属性、契约性、职业性、有偿性四方面的含义，故对其要求确认与北京某汽车俱乐部有限公司存在劳动关系的主张不予支持。郑某某要求北京某汽车俱乐部有限公司支付未签订书面劳动合同双倍工资差额、违法解除劳动合同赔偿金的诉讼请求，缺乏事实及法律依据，故不予支持。

北京市第二中级人民法院于2016年6月28日作出民事判决：驳回上诉，维持原判。

再审申请人郑某某因不服北京市第二中级人民法院（2016）京02民终4940号判决，向北京市高级人民法院申请再审。

北京市高级人民法院经审查认为，劳动关系是指劳动力所有者（劳动者）与劳动力使用者（用人单位）之间在劳动过程中发生的，一方提供劳动力、另一方提供劳动报酬的社会关系。一审、二审法院根据劳动关系的含义性质，结合本案中郑某某实际提供劳动的形式，确认郑某某与北京某汽车俱乐部有限公司不具有《劳动法》规定的劳动关系，该认定符合相关法律的规定。郑某某的再审申请理由缺乏事实和法律依据，不符合《民事诉讼法》第200条第2项〔1〕的规定，本院不予支持。依照《民事诉讼法》第204条第1款〔2〕、《民事诉讼法司法解释》第395条第2款〔3〕的规定，裁定：驳回郑某某的再审申请。

〔1〕 2021年《民事诉讼法》修改后，本项变更为第207条第2项。
〔2〕 2021年《民事诉讼法》修改后，本款变更为第211条第1款。
〔3〕 2022年《关于适用〈中华人民共和国民事诉讼法〉的解释》修改后，本条现变更为第393条第2款。

# 作者点评

现行法律规范中仅2005年劳动和社会保障部[1]发布的《关于确立劳动关系有关事项的通知》对“劳动关系”有所界定。在“网约工”劳动争议案件的审理中，法院认定劳动关系皆以该通知为依据。[2]

随着网约经济等新业态的兴起，如外卖小哥、网约车司机、上门保洁等“网约工”因其时间更自由、管理更灵活等就业特点受到许多劳动者的青睐，但另一方面“网约工”的职业危险程度、劳动权益保障等问题又十分突出，降低了“网约工”等灵活就业者对自身职业合理期待的认同感。

2021年7月人社部等部门联合出台《关于维护新就业形态劳动者劳动保障权益的指导意见》正式将“网约工”定义为新就业形态劳动者，该指导意见剑指新就业形态劳动者最关注的权益问题，明确要健全制度，补齐劳动者权益保障短板，规定了公平就业、消除就业歧视、最低工资保障、休息制度、劳动定额标准、劳动安全卫生责任、完善基本养老保险、医疗保险、强化职业伤害保障、民主制定规则与算法等，实际上是一部原则性的“小劳动法”。这也充分证明了国家解决平台用工的问题，适用了劳动法的制度框架，其中结合了灵活变通的一些规定。毫无疑问，该指导意见在将来一段时间里将是规制平台用工的重要依据，在缺乏法律明确规定的前提下，该指导意见也将成为人民法院审理平台用工争议的重要参照。[3]

---

〔1〕 根据2008年国务院机构改革方案组建人力资源和社会保障部，不再保留劳动和社会保障部。

〔2〕 参见聂春苗：《“网约工”的劳动关系认定及制度设计——以滴滴司机为例》，载《法制与社会》2019年第9期。

〔3〕 参见张弓：《平台用工争议裁判规则探究——以〈关于维护新就业形态劳动者劳动保障权益的指导意见〉为参照》，载《法律适用》2021年第12期。

## 法条链接

《中华人民共和国劳动法》

**第三条**　劳动者享有平等就业和选择职业的权利、取得劳动报酬的权利、休息休假的权利、获得劳动安全卫生保护的权利、接受职业技能培训的权利、享受社会保险和福利的权利、提请劳动争议处理的权利以及法律规定的其他劳动权利。

劳动者应当完成劳动任务，提高职业技能，执行劳动安全卫生规程，遵守劳动纪律和职业道德。

**第四条**　用人单位应当依法建立和完善规章制度，保障劳动者享有劳动权利和履行劳动义务。

# 五、汽车公司修理合同纠纷

25

# 吉林市某销售服务有限公司与朱某某修理合同纠纷案

——经营者提供服务存在欺诈行为应承担“退一赔三”的惩罚性赔偿

## 案件基本信息

1. 法院裁判文书

吉林省吉林市中级人民法院(2019)吉02民终3107号民事判决书

2. 案由

修理合同纠纷

3. 当事人

上诉人(原审原告):朱某某

被上诉人(原审被告):吉林市某销售服务有限公司

## 裁判要旨

修理受损车辆的主要目的是恢复原状和恢复固有的主要性能,一体车身应理解为一体冲压成型车身而非由原厂配件焊接而成的车身。一体冲压成型车身相对于焊接而成的一体车身而言,一体冲压成型的车身更能实现消费目的,也更符合交易习惯和消费心理。

## 基本案情

上诉人朱某某将其名下的丰田越野车（型号为兰德酷路泽，车牌号为吉××××××）送至被上诉人吉林市某销售服务有限公司修理，并提出更换该车的一体车身等要求；涉案车辆的维修费（合计191,458元）已由案外人中国某财产保险股份有限公司北京市分公司确认并支付完毕；更换涉案车辆一体车身的费用是129，500元，原告朱某向被告吉林市某销售服务有限公司支付了涉案车辆维修费合计191,458元，其中一体车身的费用是129，500元，其他汽车零配件费用是61,958元。

2019年4月18日，被上诉人吉林市某销售服务有限公司向原告朱某某出具了一份维修证明，载明被告吉林市某销售服务有限公司为涉案车辆更换的是一体车身。

## 争议焦点

1. 原告朱某对涉案车辆更换的是由原厂零配件焊接而成的一体车身是否知情并同意；

2. 吉林市某销售服务有限公司在履行修理合同过程中是否存在欺诈的行为。

## 裁判理由

原审法院经审理认为，虽然原告朱某某与被告吉林市某销售服务有限公司之间未签订书面的维修合同，但双方履行了对等义务且已接受，故该合同成立并生效。

原告朱某某提供的维修证明可以表明，被告吉林市某销售服务有限公司承诺为涉案车辆更换的是车身总成（一体车篓子）。

原告朱某某要求更换的“一体车身”，顾名思义，应理解为一体冲压成型车身而非由原厂配件焊接而成的车身。因为作为消费者，修理受损车辆的主要目的一是恢复原状，即最大限度地修复至受损前的外貌等；二是恢复固有的主要性能，如安全性高、抗撞击性强等，而对于焊接而成的一体车身而言，一体冲压成型的车身更能达到上述要求，实现消费目的，这既符合交易习惯，也符合消费心理，而被告吉林市某销售服务有限公司辩解原告朱某对焊接而成的一体车身知情并同意，并有证人出庭作证，但该证人时任吉林市某销售服务有限公司的销售经理，与吉林市某销售服务有限公司之间有利害关系，证明力较弱。

此外，根据生活常识可知，被告吉林市某销售服务有限公司作为丰田品牌汽车的4S专卖店，其提供的售后服务质量、维修技术，尤其是汽车零配件的品质（保证源自丰田汽车生产商）远远优于非4S店，因此，维修价格也高于其他修理店，在涉案车辆的维修费最终由保险公司承担的前提下，任何一个心智正常的成年人，几乎不可能同意4S店为自己的受损车辆更换焊接而成的一体车身，而且该焊接车身是由其他生产商和销售商加工而成，故被告吉林市某销售服务有限公司的辩解与常理不符。被告吉林市某销售服务有限公司既未能提供充足证据证明其反驳理由，该辩解也不符合消费心理和生活常识，因此，上述辩解理由不成立，本院不予采信。

根据《合同法》第113条第1款的规定，当事人一方不履行合同义务或者履行合同义务不符合约定，给对方造成损失的，损失赔偿额应当相当于因违约所造成的损失，包括合同履行后可以获得的利益，但不得超过违反合同一方订立合同时预见到或者应当预见到的因违反合同可能造成的损失。[1]

经营者对消费者提供商品或服务有欺诈行为的，依照《消费者权益保护法》的规定承担损害赔偿责任。根据《消费者权益保护法》第8条和第55条第1款的规定，"消费者享有知悉其购买、使用的商品和接受服务的真实情况和权利。""经营者提供的商品或服务有欺诈行为的，应当按照消费者的要求增加赔偿其受到的损失，增加的金额为消费者购买商品价款或接受服务费用的三倍；增加赔偿的金额不足五百元的为五百元。法律另有规定的，依照其规定。"因被告吉林市某销售服务有限公司提供的一体车身是由他厂（非丰田汽车生产商）加工焊接而成，不仅与原告朱某某订购的"原厂一体车身"不符，而且原告朱某某对此不知情，被告吉林市某销售服务有限公司隐瞒了非原厂一体车身的真实情况，该行为不仅违反了维修合同的约定，而且侵犯了原告朱某某对其购买的商品的知情权，构成欺诈，被告吉林市某销售服务有限公司应承担赔偿责任，但原告朱某某未提供证据证明被告吉林市某销售服务有限公司提供的一体车身外的零配件存在违约和欺诈行为，故朱某某要求增加赔偿损失，应按其购买一体车身的费用三倍，即388,500元（129,500元×3），予以支持。

被告吉林市某销售服务有限公司提供的发票、销售货物清单、机动车保险车辆损失情况确认书零部件更换项目清单（待询价单）不足以证明原告朱某知情并同意更换焊接的一体车身等待证事实，故上述材料本院不予认定；

被告吉林市某销售服务有限公司的提供的多份海关进口增值税专用缴款书，缴款人不同，且无法证明与本案有关联，故该材料本院不予认定。

综上所述，依照《合同法》第113条第1款[2]、《消费者权益保护法》第8条、

[1] 本款现为《民法典》第584条："当事人一方不履行合同义务或者履行合同义务不符合约定，造成对方损失的，损失赔偿额应当相当于因违约所造成的损失，包括合同履行后可以获得的利益；但是，不得超过违约一方订立合同时预见到或者应当预见到的因违约可能造成的损失。"

[2] 本款现为《民法典》第584条："当事人一方不履行合同义务或者履行合同义务不符合约定，造成对方损失的，损失赔偿额应当相当于因违约所造成的损失，包括合同履行后可以获得的利益；但是，不得超过违约一方订立合同时预见到或者应当预见到的因违约可能造成的损失。"

第55条第1款之规定，判决：(1)被告吉林市某销售服务有限公司于本判决生效后10日内一次性赔偿原告朱某经济损失388，500元；(2)驳回原告朱某的其他诉讼请求。如果被告吉林市某销售服务有限公司未按本判决指定的期间履行给付金钱义务，应当依照《民事诉讼法》第253条[1]的规定，加倍支付迟延履行期间的债务利息。

原告朱某某不服一审判决向吉林省吉林市中级人民法院提起上诉。

二审法院经审理认为，朱某某在二审中明确主张，吉林市某销售服务有限公司承诺为其更换日本原厂使用生产线机械臂焊接而成一体车篓子，而现在吉林市某销售服务有限公司为其更换的车身总成为手工工艺焊接而成的，维修质量差，故存在欺诈行为。吉林市某销售服务有限公司则抗辩主张从未向朱某某承诺过更换生产线机械臂焊接而成的一体车篓子，而且事实上生产商也不会因为维修车辆的需要而提供生产线机械臂焊接的车身总成(一体车篓子)。

关于吉林市某销售服务有限公司对“一体车篓子”的焊接工艺是否作出机械臂焊接的承诺，二审法院认为，朱某某提交吉林市某销售服务有限公司于2019年4月18日出具的维修证明以证明其上述主张。但从维修证明约定更换“车身总成(一体车娄子)”的内容上无法认定吉林市某销售服务有限公司承诺车身总成的焊接工艺为机械臂焊接工艺。同时，吉林市某销售服务有限公司作为丰田汽车的销售商及维修服务提供商，其拥有生产线上的机械臂用以修理服务也是不可能的。故本院对朱某某主张吉林市某销售服务有限公司承诺为其更换机械臂工艺焊接的车身总成(一体车篓子)的事实，不予确认。一审法院认定车身总成(一体车篓子)是指一次冲压成型车身，系事实认定不清，本院予以纠正。

《消费者权益保护法》第55条规定的“欺诈行为”，是指经营者提供的商

---

〔1〕 2021年《民事诉讼法》修改后，本条变更为第260条。

品或服务过程中存在恶意隐瞒事实真相或告知虚假情况，以次充好、以假充真等情形。现朱某某并未举证证明吉林市某销售服务有限公司曾作出机械臂焊接工艺的承诺，而后又以手工工艺焊接车身总成以次充好的欺诈情况，故根据《民事诉讼法司法解释》第90条“当事人对自己提出的诉讼请求所依据的事实或者反驳对方诉讼请求所依据的事实，应当提供证据加以证明，但法律另有规定的除外。在作出判决前，当事人未能提供证据或者证据不足以证明其事实主张的，由负有举证证明责任的当事人承担不利的后果”之规定，依法应当承担举证不能的不利后果。本院对其依据《消费者权益保护法》第55条的规定，要求吉林市某销售服务有限公司三倍赔偿其维修损失的诉讼请求，不予支持。吉林市某销售服务有限公司上诉主张成立，本院依法予以支持。

关于朱某某提出涉案车辆维修后存在后车门不好使、车身漏雨等质量问题，如存在上述情况其可依据修理合同，与吉林市某销售服务有限公司另行解决。但上述事由不能成为要求吉林市某销售服务有限公司承担三倍赔偿责任的事实依据。

综上所述，朱某某的上诉请求依法不能成立，本院不予支持；吉林市某销售服务有限公司的上诉请求成立，予以支持。一审判决认定事实不清，适用法律不当，本院依法予以纠正。依照《合同法》第44条〔1〕、第60条〔2〕，《民事诉讼法》第170条第1款第2项〔3〕的规定，判决如下：(1)撤销吉林高新技术产业开发区人民法院(2019)吉0291民初787号判决；(2)驳回朱某某的诉讼请求。一

〔1〕 本条现为《民法典》第502条：“依法成立的合同，自成立时生效，但是法律另有规定或者当事人另有约定的除外。依照法律、行政法规的规定，合同应当办理批准等手续的，依照其规定。未办理批准等手续影响合同生效的，不影响合同中履行报批等义务条款以及相关条款的效力。应当办理申请批准等手续的当事人未履行义务的，对方可以请求其承担违反该义务的责任。依照法律、行政法规的规定，合同的变更、转让、解除等情形应当办理批准等手续的，适用前款规定。”

〔2〕 本条现为《民法典》第509条：“当事人应当按照约定全面履行自己的义务。当事人应当遵循诚信原则，根据合同的性质、目的和交易习惯履行通知、协助、保密等义务。当事人在履行合同过程中，应当避免浪费资源、污染环境和破坏生态。”

〔3〕 2021年《民事诉讼法》修改后，本项变更为第177条第1款第2项。

审案件受理费4772元，由朱某某负担；二审案件受理费11,145元（朱某某预交4017元、吉林市某销售服务有限公司预交7128元），由朱某某负担，朱某某预交不足的部分于本判决生效后3日内向本院交纳，本判决为终审判决。

## 作者点评

承揽人向定作人交付的工作成果存在瑕疵，则承揽人承担瑕疵责任。判断工作成果是否存在瑕疵，首先看定作人和承揽人之间对工作成果的质量是否有明确约定；若无约定，那么看是否可以依据“合同有关条款或者交易习惯”对工作成果进行判断；若仍不能确定，那么看工作成果是否可依据“国家标准、行业标准”判断；若依然不能确定的，那么由定作人和承揽人根据“通常标准或者符合合同目的的特定标准”判断。[1]工作成果不符合质量要求，应由定作人承担举证责任。本案中双方对一体车身存在不同理解，但一体车身应理解为“一体压铸式”工艺一体成型。如果一体车身理解为原厂配件焊接而成的车身，无论是在强度、韧性还是形变等方面引发消费者对车辆安全问题的担忧，故被告吉林某汽车销售服务有限公司向朱某某交付的焊接而成的车身存在瑕疵，应承担相应责任。

## 法条链接

《中华人民共和国民法典》

**第五百零二条**　依法成立的合同，自成立时生效，但是法律另有规定或者当事人另有约定的除外。

依照法律、行政法规的规定，合同应当办理批准等手续的，依照其规定。

---

〔1〕 参见宁红丽：《论承揽人瑕疵责任的构成》，载《法学》2013年第9期。

未办理批准等手续影响合同生效的，不影响合同中履行报批等义务条款以及相关条款的效力。应当办理申请批准等手续的当事人未履行义务的，对方可以请求其承担违反该义务的责任。

依照法律、行政法规的规定，合同的变更、转让、解除等情形应当办理批准等手续的，适用前款规定。

**第五百零九条** 当事人应当按照约定全面履行自己的义务。

当事人应当遵循诚信原则，根据合同的性质、目的和交易习惯履行通知、协助、保密等义务。

当事人在履行合同过程中，应当避免浪费资源、污染环境和破坏生态。

**第五百八十四条** 当事人一方不履行合同义务或者履行合同义务不符合约定，造成对方损失的，损失赔偿额应当相当于因违约所造成的损失，包括合同履行后可以获得的利益；但是，不得超过违约一方订立合同时预见到或者应当预见到的因违约可能造成的损失。

**第七百七十条** 承揽合同是承揽人按照定作人的要求完成工作，交付工作成果，定作人支付报酬的合同。

承揽包括加工、定作、修理、复制、测试、检验等工作。

《中华人民共和国消费者权益保护法》

**第五十五条** 经营者提供商品或者服务有欺诈行为的，应当按照消费者的要求增加赔偿其受到的损失，增加赔偿的金额为消费者购买商品的价款或者接受服务的费用的三倍；增加赔偿的金额不足五百元的，为五百元。法律另有规定的，依照其规定。

经营者明知商品或者服务存在缺陷，仍然向消费者提供，造成消费者或者其他受害人死亡或者健康严重损害的，受害人有权要求经营者依照本法第四十九条、第五十一条等法律规定赔偿损失，并有权要求所受损失二倍以下的惩罚性赔偿。

# 26

# 大连某汽车销售服务有限公司与徐某某修理合同纠纷案

——经营者剥夺消费者选择权和知情权构成欺诈

## 案件基本信息

1. 法院裁判文书

辽宁省高级人民法院(2021)辽民再16号民事判决书

2. 案由

修理合同纠纷

3. 当事人

抗诉机关:辽宁省人民检察院

申诉人(一审原告、二审被上诉人、再审申请人):徐某某

被申诉人(一审被告、二审上诉人、再审被申请人):大连谋汽车销售服务有限公司

## 裁判要旨

经营者应告知更换发动机的真实情况却未予告知,存在隐瞒相关信息的主观故意,剥夺了消费者的选择权和知情权,构成欺诈,应当承担“退一赔三”的惩罚性赔偿责任。

## 基本案情

2015年3月19日，徐某某与大连某汽车销售服务有限公司签订汽车销售合同，约定大连某汽车销售服务有限公司将型号为15款XJ2.0典雅商务版捷豹汽车出售给徐某某，合同价款为654,760元。

2015年3月21日，大连某汽车销售服务有限公司为徐某某出具发票，徐某某已付全部购车款604,730元、精品款23,230元。

2015年3月24日，徐某某支付车辆购置税70,200元，后大连某汽车销售服务有限公司向徐某某交付车辆，并向徐某某出具进口机动车辆随车检验单、车辆一致性证书，车辆型号为XJ。

2017年9月12日，徐某某在行驶过程中，涉案车辆突然出现发动机熄火。大连某汽车销售服务有限公司将涉案车辆拖至店内检修后，通知为徐某某更换车辆发动机，大连某汽车销售服务有限公司在为徐某维修车辆过程中，向徐某某出具中华人民共和国海关进口货物报关单，进口日期为2017年9月5日，商品名称为使用捷豹XF2.0L轿车发动机，原产国为西班牙，商品单价为33,047.05元。

大连某汽车销售服务有限公司向徐某某出具捷豹路虎（中国）投资有限公司于2017年9月29日致大连车辆管理所的函件，内容为该公司承诺更换发动机零配件是由捷豹路虎公司的英国工厂直接出口并进口的。经大连某汽车销售服务有限公司和徐某确认，涉案车辆发动机的市场购置价格为74,355.85元。

## 争议焦点

1. 涉案纠纷适用《消费者权益保护法》;

2. 大连某汽车销售服务有限公司是否构成《消费者权益保护法》中的

欺诈；

3. 大连某汽车销售服务有限公司是否应承担惩罚性赔偿责任。

## 裁判理由

一审法院经审理认为，原告徐某某与被告大连某汽车销售服务有限公司之间存在买卖合同关系，双方签订的汽车销售合同系双方真实意思表示，不存在违反法律、行政法规的强制性规定情形，为此上述合同合法有效，双方应严格按照上述合同履行。

关于大连某汽车销售服务有限公司是否为适格主体，原告徐某某与被告大连某汽车销售服务有限公司签订的买卖合同合法有效，被告大连某汽车销售服务有限公司应当按照约定向原告徐某某提供合格产品，现因原告徐某某在被告大连某汽车销售服务有限公司处购买的车辆出现故障，被告大连某汽车销售服务有限公司应当按照合同约定履行维修义务。本案中，被告大连某汽车销售服务有限公司辩称应当由案外人尊荣某方公司承担责任，理由为被告大连某汽车销售服务有限公司不具有维修资质，并且原告徐某某已经向大连某汽车销售服务有限公司主张维修义务。本院认为，根据合同的相对性，本案合同的相对方是原告徐某某和被告大连某汽车销售服务有限公司，涉案车辆发动机出现故障，被告大连某汽车销售服务有限公司有义务进行维修。现被告大连某汽车销售服务有限公司以没有维修资质为由拒绝履行义务、承担责任，于法无据，本院不予支持；且在本案中，案外人尊荣某方公司与大连某汽车销售服务有限公司的法定代表人、经营场所、经营范围均相同，甚至连名称也具有一定的混淆性。原告徐某某在被告大连某汽车销售服务有限公司处购买的车辆出现故障后，到被告大连某汽车销售服务有限公司所在的经营场所进行维修。由此可见，原告徐某某的主观意愿是向被告大连某汽车销售服务有限公司主张权利，要求被告大连某汽车销售服务有限公司履行合同义务。至于被告大连某汽车销售服务有限公司在履行义务的过程中自行选择由哪个公司办理业务并不影响原告权利的行使。故对于被告大连某汽车销售服务有限公司的该项主张，本院不予采纳。

关于被告大连某汽车销售服务有限公司在向原告徐某销售汽车及车辆保修过程中是否存在欺诈，本案中，根据原告徐某某提供的证据及被告大连某汽车销售服务有限公司的自认，可以证明被告大连某汽车销售服务有限公司应当为原告徐某更换的原厂发动机型号为XJ，但被告大连某汽车销售服务有限公司为原告徐某某更换的发动机型号为XF，型号不同，价格亦不相同；被告大连某汽车销售服务有限公司主张在销售汽车中不存在欺诈行为，但其在售后服务维修中，应当为原告徐某某更换的发动机型号为XJ，实际更换型号为XF，被告大连某汽车销售服务有限公司并未如实告知消费者更换发动机的真实情况，构成欺诈，且发动机属于汽车的心脏部位，被告大连某汽车销售服务有限公司未能履行维修义务，应当承担责任；现被告大连某汽车销售服务有限公司明确表示拒绝为原告徐某某维修车辆，故原告徐某某要求退车还款的诉讼请求，合情合理，本院予以支持。

关于涉案车辆损失基准如何确定问题，根据《合同法》第107条的规定，“当事人一方不履行合同义务或者履行合同义务不符合约定的，应当承担继续履行、采取补救措施或者赔偿损失等违约责任”。[1]经营者对消费者提供商品或者服务有欺诈行为的，依照《消费者权益保护法》的规定承担损害赔偿责任。根据《消费者权益保护法》第55条的规定，经营者提供商品或者服务有欺诈行为的，应当按照消费者的要求增加赔偿其受到的损失，增加赔偿的金额为消费者购买商品的价款或接受服务的费用的三倍；增加赔偿的金额不足五百

〔1〕 本条现为《民法典》第577条。

元的，为500元，法律另有规定的，依照其规定。原告徐某某与被告大连某汽车销售服务有限公司在买卖汽车的过程中，被告大连某汽车销售服务有限公司不存在欺诈行为，原告徐某某所购汽车符合质量要求；原告徐某某在使用过程中，即在维修期内，发动机出现故障，被告大连某汽车销售服务有限公司作为销售者，应当按照合同约定，对原告徐某某所购车辆进行维修保养，并且向原告徐某某提供真实的信息。现被告大连某汽车销售服务有限公司未能真实告知原告徐某某车辆的维修情况，被原告徐某某发现后诉至法院，责任在被告大连某汽车销售服务有限公司。因被告大连某汽车销售服务有限公司在为原告徐某某车辆维修发动机时存在欺诈行为，致使原告徐某某所购车辆的发动机至今仍未能维修好，故涉案车辆损失基准应当确定为发动机损坏部分，被告大连某汽车销售服务有限公司应按法律规定，按发动机总成价款74,355.85元给予三倍赔偿，即223,067.55元。汽车的其他部位没有质量问题，销售过程中也不存在欺诈行为，故原告徐某要求被告大连某汽车销售服务有限公司赔偿整车价款三倍无事实和法律依据。

综上所述，依照《消费者权益保护法》第24条第1款、《产品质量法》第40条第1款、《民事诉讼证据规定》第2条〔1〕之规定，判决如下：(1)被告大连某汽车销售服务有限公司自本判决发生法律效力之日起10日内返还原告徐某某购车款654,760元及车辆购置税损失70,200元，原告向被告返还车辆识别代号为×××的捷豹XJ轿车；(2)被告大连某汽车销售服务有限公司自本判决发生法律效力之日起10日内赔偿原告徐某某损失223,067.55元；(3)驳回原告徐某的其他诉讼请求。如未按本判决指定的期限履行给付金钱义务，应当按照《民事诉讼法》第253条〔2〕之规定，加倍支付迟延履行期间的债务利息。

大连某汽车销售服务有限公司、徐某某均不服一审判决，提出上诉。

---

〔1〕 2019年《民事诉讼证据规定》修改后，本条未予保留。
〔2〕 2021年《民事诉讼法》修改后，本条变更为第260条。

二审法院经审理判决如下，大连某汽车销售服务有限公司是专门从事汽车销售服务的专业机构，应当知道涉案XJ2.0车辆所安装的发动机与XF2.0车型上的发动机在生产制造商、价格等方面所存在的重大区别。大连某汽车销售服务有限公司在为徐某某的涉案车辆提供售后服务维修过程中，未如实告知所更换发动机的真实情况，构成欺诈。由于相关法院已就涉案车辆以及购车款等的相互返还作出生效判决，并且大连某汽车销售服务有限公司为徐某某所提供的涉案维修服务系售后维修服务，没有收取徐某某任何费用，故徐某某并未因为大连某汽车销售服务有限公司的欺诈而遭受损失。据此，一审法院根据被徐某某的诉讼请求判令大连某汽车销售服务有限公司按照涉案发动机总价款74,355.85元三倍的标准赔偿其223,067.55元的经济损失属法律适用错误。本院对此予以纠正。

综上所述，大连某汽车销售服务有限公司上诉请求成立，应予支持。本院依照《民事诉讼法》第170条第1款第2项[1]之规定，判决：(1)撤销大连市甘井子区人民法院(2018)辽0211民初11282号判决；(2)驳回徐某某的全部诉讼请求。

申诉人徐某某不服大连市中级人民法院(2019)辽02民终3593号判决，向辽宁省人民检察院申请监督。辽宁省人民检察院作出辽检民监(2020)21000000004号民事抗诉书，向辽宁省高级人民法院提起抗诉。辽宁省高级人民法院于2020年11月19日做出(2020)辽民抗50号裁定，裁定再审本案。

辽宁省高级人民法院再审查明的事实与原审一致。

另查明，再审中，大连某汽车销售服务有限公司提交以下两组证据：一是涉案车辆发动机与对比车辆发动机配件编码，证明涉案车辆与对比车辆发动机属于同款。二是涉案车辆发动机适用车型列表，证明涉案车辆发动机配件

〔1〕 2021年《民事诉讼法》修改后，本项变更为第177条第1款第2项。

适用的车型包括但不限于XF、XJ。徐某某认为以上证据均在原审中提过，不属于新证据，不具有证明力。

经审查，上述证据虽在原审中未提交过，属于新证据，但该组证据并不能证明XF型与XJ型发动机属于同一型号且其完全相同的发动机。

辽宁省高级人民法院认为，本案案由是修理合同纠纷，其是指当事人就达成承揽人为定作人修理或更换物品并使之恢复原状，定作人支付报酬的合同产生的权利义务纠纷。依据最高人民法院印发的《民事案件案由规定》规定，修理合同纠纷系四级案由，其对应的三级案由系承揽合同纠纷，而承揽合同的主要特征为双务、有偿，其项下的修理合同纠纷也应以有偿为前提。虽然徐某某对于大连某汽车销售服务有限公司的修理行为未支付相应对价，但大连某汽车销售服务有限公司是基于尊荣某方公司与徐某某的车辆销售合同为徐某某提供售后维修服务，原销售合同约定了保修服务，大连某汽车销售服务有限公司在庭审中也自认是基于三包义务而进行的涉案车辆的维修，可见，涉案维修与原合同权利义务关系具有承继性。因此本案中，尽管徐某某未另行支付维修费用，但亦不应归为“无偿”的范畴，故本案案由为修理合同纠纷认定正确，徐某某与大连某汽车销售服务有限公司存在修理合同的关系。

关于涉案纠纷是否适用《消费者权益保护法》的问题，《消费者权益保护法》第1条规定：“为保护消费者的合法权益，维护社会经济秩序，促进社会主义市场经济健康发展，制定本法。”第2条规定：“消费者为生活消费需要购买、使用商品或者接受服务，其权益受本法保护；本法未作规定的，受其他有关法律、法规保护。”第3条规定：“经营者为消费者提供其生产、销售的商品或者提供服务，应当遵守本法；本法未作规定的，应当遵守其他有关法律、法规。”

本案中，徐某某系消费者，大连某汽车销售服务有限公司为其提供售后修理服务。根据上述规定可以看出，《消费者权益保护法》的目的是保护消费者合法权益，其规范的是经营者为消费者提供生产、销售的产品或提供的服务。

故本案中应适用《消费者权益保护法》。

关于大连某汽车销售服务有限公司的行为是否构成《消费者权益保护法》中的欺诈的问题,《消费者权益保护法》第8条规定,消费者享有知悉其购买、使用的商品或者接受的服务的真实情况的权利。一般而言,构成欺诈包含以下要件:(1)经营者或服务者基于故意对相对人故意告知虚假事实或隐瞒真实事实;(2)相对人因该欺骗陷入或加深错误认识;(3)相对人因该错误认识为意思表示;(4)欺骗中的欺骗行为具有不正当性。《消费者权益保护法》中,欺诈行为是指经营者在提供商品或者服务中,采取虚假或者其他不正当手段欺骗、误导消费者,使消费者的合法权益受到损害的行为。欺诈行为在法律上分为积极欺诈与消极欺诈两种情形。积极欺诈是指欺诈者以积极的言辞,提供虚假情况,使消费者作出错误的意思表示,如故意夸大商品性能。消极欺诈是指行为人具有告知的义务,但其故意不告知或者隐瞒,致使消费者作出错误的意思表示。

本案中,大连某汽车销售服务有限公司系专门从事汽车销售服务的专业机构,应当知道涉案XJ2.0车辆所安装的发动机与XF2.0车型上的发动机在生产制造商、价格、功能等方面所存在的重大区别。但其在为徐某某的涉案车辆提供售后服务维修过程中,未如实告知所更换发动机的真实情况。发动机对于车辆来说意义重大,相当于汽车的“心脏”,对于这种车辆特别重要组成部分的更换,尤其是在存在与原发动机重大差别的情况下,大连某汽车销售服务有限公司应告知却未予告知,存在隐瞒相关信息的主观故意,剥夺了消费者的选择权和知情权。大连某汽车销售服务有限公司这种“以低充高,以小充大”的行为构成了《消费者权益保护法》中所指向的欺诈。

关于大连某汽车销售服务有限公司是否应承担惩罚性赔偿责任的问题,《消费者权益保护法》第55条规定,经营者提供商品或者服务有欺诈行为的,应当按照消费者的要求增加赔偿其受到的损失,增加赔偿的金额为消费者购买商品的价款或接受服务的费用的三倍；增加赔偿的金额不足500元的，为500元，法律另有规定的，依照其规定。

上述规定，是关于经营者提供商品或者服务有欺诈行为的，应当承担惩罚性赔偿责任的规定。可见，其立法宗旨为保护消费者合法权益，制裁经营者的欺诈行为，通过惩罚性的规定，形成威慑力，遏制市场不诚信行为。依上述规定，三倍赔偿责任的规定主要是针对欺诈行为，具有惩罚性质，与消费者所受损失大小并无必然关系。

在另案中，已认定尊荣某方公司在销售汽车过程中不存在欺诈行为，但在本案中，大连某汽车销售服务有限公司在售后服务维修中，其应当为徐某某更换的发动机型号为XJ型，而其实际更换的型号为XF型，且并未如实告知消费者更换发动机的真实情况，故构成欺诈。因此，虽然尊荣某方公司已在另案中与徐某某完成了退车返款等行为，但不能构成大连某汽车销售服务有限公司在售后修理中实施欺诈的免责事由。大连某汽车销售服务有限公司所述涉案修理行为是免费的，亦不是其免除惩罚性赔偿责任的借口。因此，大连某汽车销售服务有限公司应按照涉案发动机总价款74,355.85元的三倍标准赔偿徐某某223,067.55元的经济损失。

综上所述，辽宁省人民检察院的抗诉意见成立。原二审判决认定事实不清，适用法律错误，裁判结果不当；原一审判决认定事实清楚，适用法律正确。依照《民事诉讼法》第170条第1款第2项〔1〕、第207条第1款〔2〕之规定，判决如下：(1)撤销大连市中级人民法院(2019)辽02民终3593号判决；(2)维持大连市甘井子区人民法院(2018)辽0211民初11282号判决；(3)驳回徐某某其他诉讼请求。本判决为终审判决。

---

〔1〕 2021年《民事诉讼法》修改后，本项变更为第177条第1款第2项。

〔2〕 2021年《民事诉讼法》修改后，本款变更为第214条第1款。

# 作者点评

机动车买卖中判定经营者是否存在“欺诈”行为，应当符合四个要件：

第一，主观上具有欺诈故意，即欺诈人明知自己所作的行为会导致受害人陷入错误认识购买机动车，并且希望或放任购买机动车结果的发生。

第二，欺诈人客观上实施了欺诈行为，欺诈行为以明示方式或默示方式作出。欺诈行为往往表现为经营者虚假介绍车辆情况或者故意隐瞒车辆存在的瑕疵。

第三，受害人因为欺诈人的欺诈行为陷入错误认识；

第四，受害人基于该错误认识进而作出错误意思表示购买车辆。即买受人作出的购买该车辆的意思表示系因经营者的欺诈所致，并非自己真实的意思表示。

为了防止“欺诈”行为认定扩大的情况，法院会严格限定欺诈情形，仅当以上四个要件全部满足时才考虑构成“欺诈”，适用惩罚性赔偿。如果实务中存在消费者知假买假或是经营者在主观上不存欺诈故意的情况下，不宜认定为“欺诈”。

## 法条链接

《中华人民共和国民法典》

**第五百八十四条** 当事人一方不履行合同义务或者履行合同义务不符合约定，造成对方损失的，损失赔偿额应当相当于因违约所造成的损失，包括合同履行后可以获得的利益；但是，不得超过违约一方订立合同时预见到或者应当预见到的因违约可能造成的损失。

《中华人民共和国消费者权益保护法》

**第五十五条**　经营者提供商品或者服务有欺诈行为的，应当按照消费者的要求增加赔偿其受到的损失，增加赔偿的金额为消费者购买商品的价款或者接受服务的费用的三倍；增加赔偿的金额不足五百元的，为五百元。法律另有规定的，依照其规定。

经营者明知商品或者服务存在缺陷，仍然向消费者提供，造成消费者或者其他受害人死亡或者健康严重损害的，受害人有权要求经营者依照本法第四十九条、第五十一条等法律规定赔偿损失，并有权要求所受损失二倍以下的惩罚性赔偿。

# 27

# 宁波某汽车销售服务有限公司与陈某某修理合同纠纷案

——承揽合同中定作人不能以承揽人存在轻微瑕疵拒绝支付费用

## 案件基本信息

1. 法院裁判文书

浙江省宁波市中级人民法院(2021)浙02民终5471号民事判决书

2. 案由

修理合同纠纷

3. 当事人:

上诉人(原审被告):陈某某

被上诉人(原审原告):宁波某汽车销售服务有限公司

## 裁判要旨

如果承揽人未能在维修前告知定作人具体维修项目及价格,定作人也未事先明确告知承揽人维修项目及价格等具体要求,但车辆实际维修费用未超过该车辆保险公司的定损金额,承揽人未事先告知具体维修项目及价格的行为仅系轻微瑕疵,定作人不得以此为由拒绝支付费用。

## 基本案情

2020年12月5日，陈某某名下的汽车浙××××××在宁波市北仑区发生事故而受损。经中国平安财产保险股份有限公司下属公司定损，汽车浙××××××的损失金额为61,000元。

2021年3月，陈某某收到其保险公司的上述车辆理赔款61,400元（其中400元系拖车费）。经与保险公司沟通，陈某某于2020年12月15日将上述车辆拖至宁波某汽车销售服务有限公司处，并与宁波某汽车销售服务有限公司工作人员通过微信沟通修理事宜。其中陈某某的微信显示：2020年12月15日“你修好之后不管我卖车还是去别的地方去鉴定你要在你质保的时间内能通过”，12月16日“你好，车拆借得怎么样了”，2021年1月1日“前面的右轮胎最好换掉”，1月6日“你好发的配件什么时候能到”，3月9日“领导车修好了吗？明天能去开车吗”。

2021年3月12日，宁波某汽车销售服务有限公司修理完涉案车辆。同日，陈某某试驾上述车辆，后又将车辆开回宁波某汽车销售服务有限公司。宁波某汽车销售服务有限公司后催促陈某某支付维修费未果。

2021年5月19日，宁波某汽车销售服务有限公司出具结算单一份，载明涉案车辆的维修费共计61,000元。

2021年6月，宁波某汽车销售服务有限公司向陈某某邮寄财产留置通知书一份，要求陈某支付维修费61,000元并取走汽车浙××××××，若未履行付款义务，则将依据相关规定留置其车辆。陈某某于6月18日签收了上述通知书。

## 争议焦点

1. 关于宁波某汽车销售服务有限公司是否擅自维修涉案车辆；

2. 陈某能否因宁波某汽车销售服务有限公司未能维修前告知维修项目及价格而拒绝支付维修费。

## 裁判理由

一审法院经审理认为，宁波某汽车销售服务有限公司和陈某某之间成立车辆修理合同法律关系。在双方的修理合同关系中，宁波某汽车销售服务有限公司负有按约修理车辆并妥善保管送修车辆的义务，陈某某负有足额支付相应修理费的义务，双方均应诚信履行。现宁波某汽车销售服务有限公司已将涉案车辆修理完毕，陈某某理应支付修理费。

关于陈某某抗辩宁波某汽车销售服务有限公司未经其同意即擅自维修，一审法院认为，陈某的微信聊天记录“你修好之后”“前面的右轮胎最好换掉”“领导车修好了吗？明天能去开车吗”等表述以及其试驾行为均已明确系其自身委托宁波某汽车销售服务有限公司进行车辆修理，并非宁波某汽车销售服务有限公司擅自维修，故陈某某的上述主张于法无据，不予采纳。

关于维修的费用，陈某某提供的机动车辆保险定损报告明确载明涉案车辆维修费用为61,000元，与宁波某汽车销售服务有限公司的结算单即实际修理费一致，陈某某亦未提交其他证据证明涉案车辆实际修理费用并非61,000元，况且陈某某已实际收到车损理赔款61,000元，故对宁波某汽车销售服务有限公司主张的涉案车辆修理费用61,000元予以认定。陈某某虽以宁波某汽车销售服务有限公司未向其出具修车明细为由，拒绝支付涉案车辆修理费，但涉案机动车辆保险定损报告附有详细的修车明细，即便宁波某汽车销售服务有限公司未出具修车明细存在一定过错，但修理费用是否支付应以车辆是否修理完毕为前提，现涉案车辆已修理完毕，陈某某应向宁波某汽车销售服务有限公司足额支付涉案车辆修理费，陈某某上述主张不足以作为其拒绝支付涉案车辆修理费的合法抗辩理由。

此外，陈某某提出的车辆定损中存在造假行为，因定损系案外人所为，与本案系不同的法律关系。

依照《民法典》第447条之规定，债务人不履行到期债务，债权人可以留置其已经合法占有的债务人的动产，并有权就该动产优先受偿。涉案车辆修理完毕后，因陈某未支付车辆修理费，依照《民法典》第783条“定作人未向承揽人支付报酬或者材料费等价款的，承揽人对完成的工作成果享有留置权或者有权拒绝交付，但当事人另有约定的除外”之规定，宁波某汽车销售服务有限公司作为承揽人，其在双方没有另外约定的情况下，依法有权留置涉案车辆。据此，一审法院依照《民法典》第447条、第782条、第783条之规定，判决：(1)陈某某应于判决发生法律效力之日起7日内支付宁波某汽车销售服务有限公司修理费61,000元；(2)如陈某某不能按期履行上述付款义务，则宁波某汽车销售服务有限公司对涉案车辆享有留置权，并对该车辆折价或以拍卖、变卖该财产的价款在上述第1项范围内享有优先受偿权。如果未按判决指定的期间履行给付金钱义务，应当依照《民事诉讼法》第253条[1]及相关司法解释之规定，加倍支付迟延履行期间的债务利息（加倍部分债务利息=债务人尚未清偿的生效法律文书确定的除一般债务利息之外的金钱债务×日万分之一点七五×迟延履行期间）。

二审期间，宁波某汽车销售服务有限公司未提供新证据。陈某某向二审法院提供录音4份，拟证明宁波某汽车销售服务有限公司有定损服务，欺诈陈

〔1〕 2021年《民事诉讼法》修改后，本条变更为第260条。

某某未定损就维修的事实。

经质证，宁波某汽车销售服务有限公司对第一份录音的真实性认可，对于证明目的不认可，认为其只能证明涉案车辆在拖来之前有向宁波某汽车销售服务有限公司的客服咨询过；对于第二份录音，认为不是宁波某汽车销售服务有限公司的客服电话，宁波某汽车销售服务有限公司是经销商，陈某某打的电话是案外人的服务电话，与宁波某汽车销售服务有限公司无关，无法求证该证据的真实性；对于第三、四份录音的真实性、关联性、合法性均不予认可，认为该两份录音均不是宁波某汽车销售服务有限公司的客服电话，与宁波某汽车销售服务有限公司无关。本院经审查认为，上述录音并非新证据，且难以证明陈某某待证目的，本院不予确认。

经审理，本院对一审法院认定的事实予以确认。

本院认为，负有举证责任的当事人未能提供证据或者证据不足以证明其事实主张的，应当承担不利的后果。

首先，关于宁波某汽车销售服务有限公司是否系擅自维修涉案车辆的问题。陈某某主张宁波某汽车销售服务有限公司未对涉案车辆进行定损后走报废流程，而是擅自维修涉案车辆，但未能提供充分证据证明曾明确告知宁波某汽车销售服务有限公司对涉案车辆仅定损不维修，且在与宁波某汽车销售服务有限公司工作人员通过微信沟通过程中，发送“前面的右轮胎最好换掉”“就说别影响安全”“领导车修好了吗？明天能去开车吗”等语言，也未明确表达停止维修的意思表示，故一审法院对陈某未经其同意即擅自维修的抗辩不予采纳，判令陈某某支付涉案修理费，并无不当。

其次，关于陈某某能否因宁波某汽车销售服务有限公司未能在维修前告知维修项目及价格而拒绝支付维修费的问题，宁波某汽车销售服务有限公司未能在维修前告知陈某某具体维修项目及价格，但涉案车辆的实际维修费61,000元，并未超过涉案保险公司的定损金额61,000元，陈某某也未事先明确告知宁波某汽车销售服务有限公司维修项目及价格等具体要求，故宁波某汽车销售服务有限公司未事先告知具体维修项目及价格的行为系轻微瑕疵，一审法院对陈某某以此抗辩拒绝支付涉案维修费不予支持，并无不妥。

最后，一审法院认定陈某试驾涉案车辆时间有误，本院予以纠正，但并不影响案件的处理。

综上所述，陈某某上诉理由不能成立，一审判决认定事实清楚，适用法律正确。依照《民事诉讼法》第170条第1款第1项[1]的规定，判决：驳回上诉，维持原判。

## 作者点评

在承揽合同关系中，定作人原则上不承担责任。若定作人在定作过程中存在过错如何处理？《民法典》给出答案："定作人对定作、指示或者选任有过错的，应当承担相应的责任。"

准确理解把握定作人的"过错"对于实务处理至关重要。承揽人依据承揽合同的约定或者定作人的指示完成承揽事项。若定作人委托加工的定作物本身具有不法性或定作人在定作物的制作方法上所作出的指示存在过错或定作人在选任承揽人时未尽到必要的审查义务，那么定作人要为自己的定作、指示或选任的过错所造成的后果承担责任。

### 法条链接

《中华人民共和国民法典》

**第四百四十七条**　债务人不履行到期债务，债权人可以留置已经合法占

〔1〕 2021年《民事诉讼法》修改后，本项变更为第177条第1款第1项。

有的债务人的动产，并有权就该动产优先受偿。

前款规定的债权人为留置权人，占有的动产为留置财产。

**第七百八十三条** 定作人未向承揽人支付报酬或者材料费等价款的，承揽人对完成的工作成果享有留置权或者有权拒绝交付，但是当事人另有约定的除外。

# 六、汽车公司其他侵权纠纷

## 28

# 营口某汽车销售服务有限公司与张某某肖像权纠纷案

——利用信息网络侵犯公民肖像权应承担侵权责任

## 案件基本信息

1. 法院裁判文书

北京市第三中级人民法院(2018)京03民终7831号民事判决书

2. 案由

肖像权纠纷

3. 当事人

上诉人(原审被告):营口某汽车销售服务有限公司

被上诉人(原审原告):张某某

## 裁判要旨

侵权人未得到被侵权人的允许,将含有被侵权人图片发布在侵权人公司的微信公众号,以推广、宣传侵权人销售的汽车,擅自使用被侵权人的肖像对其商品进行推广宣传,构成以营利为目的使用公民肖像的情形,侵权人应承担相应的侵权责任。

## 基本案情

张某某系演员，曾出演《人民的名义》等多部影视作品。2017年11月，张某某发现2017年4月16日被告营口某汽车销售服务有限公司在其微信公众号上发表文章《悦分享〈人民的名义〉里的他们都适合BMW》，该文章配图使用其肖像照片，认为对方侵犯了自己的肖像权，遂于2017年11月2日委托他人至中华人民共和国北京市求是公证处对相关网页进行了证据保全公证，并自行支付了公证费1000元。当月张某某发现相关图片均已从营口某汽车销售服务有限公司微信公众号上删除。

庭审中，张某提交了中华人民共和国北京市方正公证处出具的（2018）求是内经证字第×××号公证书（附光盘一张），以证明营口某汽车销售服务有限公司在其微信公众号上使用多张张某的照片对营口某汽车销售服务有限公司的汽车产品进行商业宣传。被告营口某汽车销售服务有限公司针对公证书质证称没有异议。张某还提交了公证费发票一张，被告营口某汽车销售服务有限公司认为该证据与本案无关。

## 争议焦点

被告是否侵犯原告的肖像权。

## 裁判理由

公民享有肖像权，未经本人同意，不得以营利为目的使用公民的肖像。

本案中，争议的图片发布在被告营口某汽车销售服务有限公司的微信公众号上，依据张某某本人面貌特征与其提交的证据同涉案照片中的人物图像对比，以一般人的认知标准，可以认定争议图片确系张某某之照片。结合图片所配文章，从内容上看系推广、宣传营口某汽车销售服务有限公司的销售的汽车，在页面上还登载有营口某汽车销售服务有限公司的联系电话和地址，可以认定营口某汽车销售服务有限公司未得到张某某允许，擅自使用张某的肖像对其商品进行推广宣传，已经构成以营利为目的使用公民肖像的情形，营口某汽车销售服务有限公司理应承担侵权责任。该公司的抗辩理由没有事实和法律依据，本院不予采信。

公民的肖像权受到侵害的，有权要求停止侵害，恢复名誉，消除影响，赔礼道歉，并可以要求赔偿损失。从侵权时间上来看，营口某汽车销售服务有限公司在张某某公证后短时间内即停止了侵权行为；从侵权方式来看，营口某汽车销售服务有限公司仅在微信公众号上，使用张某某的照片，社会影响力较为有限；从侵权后果上看，张某某既不能举证证明其具体的经济损失，也不能证明营口某汽车销售服务有限公司因上述侵权行为获利的情况。

依据上述关于侵权行为的分析，营口某汽车销售服务有限公司主观恶意较轻，且未对张某某造成巨大影响，故关于损失赔偿一节，张某主张的赔偿数额明显过高，本院酌情确定由营口某汽车销售服务有限公司赔偿张某某损失40,000元。

关于赔礼道歉的请求，有事实和法律依据，本院予以支持，道歉具体方式由本院参考侵权影响等因素确定。

针对维权开支问题，张某某仅提供了公证费发票，故本院依据证据确认维权开支为1000元。

最后，张某某主张的精神损害抚慰金证据不足，本院不予支持。

综上所述，依照《民法通则》第100条[1]、第120条[2]，《侵权责任法》第20条[3]、第36条[4]，《关于审理利用信息网络侵害人身权益民事纠纷案件法律问题的规定》第16条[5]、第18条[6]的规定，判决：(1)被告营口某汽车销售服务有限公司于本判决生效之日起十日内赔偿张某经济损失40,000元、维权开支1000元；(2)被告营口某汽车销售服务有限公司于本判决生效之日起10日内在其微信公众号上向张某某连续刊载致歉声明5日，内容由本院审定。致歉所需费用由被告营口某汽车销售服务有限公司负担；(3)驳回张某某的其他诉讼请求。根据《民事诉讼法》第253条[7]的规定，如被告营口某汽车销售服务有限公司未在上述期限内向张某支付全部款项，则自逾期之日起按照中国人民银行规定的同期贷款利率的标准加倍向张某某支付迟延履行期间的债务利息。

营口某汽车销售服务有限公司不服一审法院判决提起上诉。

---

〔1〕 本条现为《民法典》第1018条："自然人享有肖像权，有权依法制作、使用、公开或者许可他人使用自己的肖像。肖像是通过影像、雕塑、绘画等方式在一定载体上所反映的特定自然人可以被识别的外部形象。"

〔2〕 本条现为《民法典》第995条："人格权受到侵害的，受害人有权依照本法和其他法律的规定请求行为人承担民事责任。受害人的停止侵害、排除妨碍、消除危险、消除影响、恢复名誉、赔礼道歉请求权，不适用诉讼时效的规定。"

〔3〕 本条现为《民法典》第1182条："侵害他人人身权益造成财产损失的，按照被侵权人因此受到的损失或者侵权人因此获得的利益赔偿；被侵权人因此受到的损失以及侵权人因此获得的利益难以确定，被侵权人和侵权人就赔偿数额协商不一致，向人民法院提起诉讼的，由人民法院根据实际情况确定赔偿数额。"

〔4〕 本条现为《民法典》第1194条、第1195条。第1194条规定："网络用户、网络服务提供者利用网络侵害他人民事权益的，应当承担侵权责任。法律另有规定的，依照其规定。"第1195条规定："网络用户利用网络服务实施侵权行为的，权利人有权通知网络服务提供者采取删除、屏蔽、断开链接等必要措施。通知应当包括构成侵权的初步证据及权利人的真实身份信息。网络服务提供者接到通知后，应当及时将该通知转送相关网络用户，并根据构成侵权的初步证据和服务类型采取必要措施；未及时采取必要措施的，对损害的扩大部分与该网络用户承担连带责任。权利人因错误通知造成网络用户或者网络服务提供者损害的，应当承担侵权责任。法律另有规定的，依照其规定。"

〔5〕 2020年《关于审理利用信息网络侵害人身权益民事纠纷案件适用法律问题的规定》修改后，本条未予保留。

〔6〕 2020年《关于审理利用信息网络侵害人身权益民事纠纷案件适用法律问题的规定》修改后，本条变更为第12条："被侵权人为制止侵权行为所支付的合理开支，可以认定为民法典第一千一百八十二条规定的财产损失。合理开支包括被侵权人或者委托代理人对侵权行为进行调查、取证的合理费用。人民法院根据当事人的请求和具体案情，可以将符合国家有关部门规定的律师费用计算在赔偿范围内。被侵权人因人身权益受侵害造成的财产损失以及侵权人因此获得的利益难以确定的，人民法院可以根据具体案情在50万元以下的范围内确定赔偿数额。"

〔7〕 2021年《民事诉讼法》修改后，本条变更为第260条。

二审中，双方均未提交新证据。

北京市第三中级人民法院经审理查明的事实与一审法院查明的事实一致。

北京市第三中级人民法院认为：公民享有肖像权，未经本人同意，不得以营利为目的使用公民的肖像。营口某汽车销售服务有限公司未经张某某的许可，在其公司的微信公众号上使用张某某的照片进行商业宣传，其行为侵犯了张某某的肖像权，营口某汽车销售服务有限公司应当承担相应的侵权责任。一审法院根据查明的侵权事实、情节、张某某作为演员的商业影响力等因素综合考量确认的赔偿数额并无不妥，营口某汽车销售服务有限公司上诉认为该赔偿数额过高，但是并未提供相关依据，故本院对营口某汽车销售服务有限公司的上诉意见不予采信。

综上所述，营口某汽车销售服务有限公司的上诉请求不能成立，应予驳回；一审判决认定事实清楚，适用法律正确，应予维持。依照《民事诉讼法》第170条第1款第1项〔1〕的规定，判决：驳回上诉，维持原判。本判决为终审判决。

## 作者点评

肖像权，是指自然人以自己肖像上的人格利益为内容的具体人格权，〔2〕主要有肖像制作权、使用权、公开权、许可权等权益。

在本案中，张某某以肖像权受到侵犯为由向被告营口某汽车销售服务有限公司提起诉讼，但是也应注意到，对于擅自使用他人照片获利的侵权人，不仅可以提起侵犯肖像权的诉讼，还可以以侵犯名誉权等诉讼维护自己的合法

〔1〕 2021年《民事诉讼法》修改后，本项变更为第177条第1款第1项。

〔2〕 参见曹远：《集体形象法律问题的探究》，载《公民与法》2011年第2期。

权利。

本案的分析带给我们更重要的启示是：民法是权利保护法，民法需要法律明确规定，民法对权利的保护在司法实践中需要遵循自愿原则。但是对于民事权利保护也需要法学理论的支持，比如本案中提到的对于侵犯肖像权构成解释，《民法典》删除“以营利为目的”的要素，避免肖像权保护范围的缩小。肖像权涉及肖像权人的人格尊严，是具有极强精神属性的权利，以丑化、污损，或者利用信息技术手段伪造等方式侵害他人的肖像权，都有可能对肖像权人的精神造成严重损害，只有民法和民法理论真正互动，法学理论同司法实践互相照应，我们的民事法治建设以及民法的建构才会更加切实和丰满。

## 法条链接

《中华人民共和国民法典》

**第九百九十五条** 人格权受到侵害的，受害人有权依照本法和其他法律的规定请求行为人承担民事责任。受害人的停止侵害、排除妨碍、消除危险、消除影响、恢复名誉、赔礼道歉请求权，不适用诉讼时效的规定。

**第一千零一十八条** 自然人享有肖像权，有权依法制作、使用、公开或者许可他人使用自己的肖像。

肖像是通过影像、雕塑、绘画等方式在一定载体上所反映的特定自然人可以被识别的外部形象。

**第一千一百八十二条** 侵害他人人身权益造成财产损失的，按照被侵权人因此受到的损失或者侵权人因此获得的利益赔偿；被侵权人因此受到的损失以及侵权人因此获得的利益难以确定，被侵权人和侵权人就赔偿数额协商不一致，向人民法院提起诉讼的，由人民法院根据实际情况确定赔偿数额。

**第一千一百九十四条** 网络用户、网络服务提供者利用网络侵害他人民事权益的，应当承担侵权责任。法律另有规定的，依照其规定。

**第一千一百九十五条** 网络用户利用网络服务实施侵权行为的，权利人有权通知网络服务提供者采取删除、屏蔽、断开链接等必要措施。通知应当包括构成侵权的初步证据及权利人的真实身份信息。

网络服务提供者接到通知后，应当及时将该通知转送相关网络用户，并根据构成侵权的初步证据和服务类型采取必要措施；未及时采取必要措施的，对损害的扩大部分与该网络用户承担连带责任。

权利人因错误通知造成网络用户或者网络服务提供者损害的，应当承担侵权责任。法律另有规定的，依照其规定。

**《最高人民法院关于审理利用信息网络侵害人身权益民事纠纷案件适用法律若干问题的规定》**

**第十二条** 被侵权人为制止侵权行为所支付的合理开支，可以认定为民法典第一千一百八十二条规定的财产损失。合理开支包括被侵权人或者委托代理人对侵权行为进行调查、取证的合理费用。人民法院根据当事人的请求和具体案情，可以将符合国家有关部门规定的律师费用计算在赔偿范围内。

被侵权人因人身权益受侵害造成的财产损失以及侵权人因此获得的利益难以确定的，人民法院可以根据具体案情在50万元以下的范围内确定赔偿数额。

# 29

# 兰某某、杭州某汽车维修科技股份有限公司与天津市某汽车维修服务有限公司、天津市某汽车进口配件公司侵害商标权及不正当竞争纠纷案

## ——反不正当竞争中的竞争不限于直接竞争

## 案件基本信息

1. 法院裁判文书

最高人民法院（2013）民申字第723号民事裁定书

2. 案由

侵害商标权纠纷、不正当竞争纠纷

3. 当事人

再审申请人（一审被告、二审上诉人）：天津市某汽车维修服务有限公司

被申请人（一审原告、二审上诉人）：杭州某汽车维修科技股份有限公司

被申请人（一审原告、二审上诉人）：兰某某

一审被告、二审上诉人：天津市某汽车进口配件公司

## 裁判要旨

单独或突出使用相关标识，足以使公众对服务的来源产生混淆，或者误认

侵权人与被侵权人存在特定联系的，构成侵权。经营者超越法定经营范围从事特许经营且不符合法定条件，虽属于非法经营行为，但不影响其作为被侵权人依法行使制止商标侵权和不正当竞争行为的民事权利的，亦不能以此作为侵权人对其行为不构成侵权的抗辩。

## 基本案情

杭州某汽车维修科技股份有限公司成立于2004年10月22日，法定代表人为兰某某。其经营范围为："许可经营项目：无；一般经营项目：服务；汽车玻璃修补的技术开发；汽车油漆快速修复的技术开发；批发、零售汽车配件；含下属分支机构经营范围；其他无须报经审批的一切合法项目（上述经营范围不含国家法律法规规定禁止、限制和许可经营的项目）。凡以上涉及许可证制度的凭证经营。"其下属分支机构为杭州某汽车维修科技股份有限公司萧山分公司，该分公司成立于2005年11月8日，经营范围为："汽车涂漆、玻璃安装。"该分公司于2008年8月1日取得的道路运输经营许可证载明的经营范围为："维修（二类机动车维修：小型车辆维修）。"

2011年1月14日，杭州某汽车维修科技股份有限公司取得第6573882号"小拇指"文字注册商标，核定服务项目（第35类）：连锁店的经营管理（工商管理辅助）；特许经营的商业管理；商业管理咨询；广告。该商标现在有效期内。

2011年4月14日，兰某某将其拥有的第6573881号"小拇指"文字注册商标以独占使用许可的方式，许可给杭州某汽车维修科技股份有限公司使用。

杭州某汽车维修科技股份有限公司多次获中国连锁经营协会颁发的中国特许经营连锁120强证书，2009年杭州某汽车维修科技股份有限公司"某汽车维修服务"被浙江省质量技术监督局认定为浙江服务名牌。

天津市某汽车维修服务有限公司成立于2008年10月16日，法定代表人田某某。其经营范围为："小型客车整车修理、总成修理、整车维护、小修、维修救援、专项修理。（许可经营项目的经营期限以许可证为准）。"该公司于2010年7月28日取得的天津市机动车维修经营许可证[1]载明类别为"二类（汽车维修）"，经营项目为"小型客车整车修理、总成修理、整车维护、小修、维修救援、专项维修"。有效期自2010年7月28日至2012年7月27日。

天津市某汽车进口配件公司成立于1992年11月23日，法定代表人与天津市某汽车维修服务有限公司的法定代表人系同一人，即田某某。其经营范围为："汽车配件、玻璃、润滑脂、轮胎、汽车装具；车身清洁维护、电气系统维修、涂漆；代办快件、托运、信息咨询；普通货物（以上经营范围涉及行业许可证的凭许可证件在有效期内经营，国家有专项专营规定的按规定办理）。"天津市某汽车进口配件公司取得的天津市机动车维修经营许可证的经营项目为："小型客车整车修理、总成修理、整车维护、小修、维修救援、专项修理"，类别为二类（汽车维修），现在有效期内。

天津市某汽车维修服务有限公司、天津市某汽车进口配件公司在从事汽车维修及通过网站进行招商加盟过程中，多处使用了"小拇指图"标识，且存在单独或突出使用"小拇指"的情形。

2008年6月30日，天津市某汽车进口配件公司与杭州某汽车维修科技股份有限公司签订了特许连锁经营合同，许可其在天津经营"小拇指"品牌汽车维修连锁中心，合同期限为2008年6月30日至2011年6月29日。该合同第3条第4项约定："乙方（天津市某汽车进口配件公司）设立加盟店，应以甲方（杭州某汽车维修科技股份有限公司）书面批准的名称开展经营活动。商号的限制使用（以下选择使用）：（√）未经甲方书面同意，乙方不得在任何场合和时间，以任何形式使用或对'小拇指'或'小拇指微修'等相关标志进行企业名称登记注册；未经甲方书面同意，不得将'小拇指'或'小拇指微修'名称加上任何前

[1] 根据2019年修改的《机动车维修管理规定》，机动车维修经营不再实行许可制。

缀、后缀进行修改或补充；乙方不得注册含有‘小拇指’或‘小拇指微修’或与其相关或相近似字样的域名等，该限制包含对乙方的分支机构的限制。”

2010年12月16日，天津市某汽车进口配件公司与杭州某汽车维修科技股份有限公司因履行特许连锁经营合同发生纠纷，经杭州市仲裁委员会仲裁裁决解除合同。

另查明，杭州某汽车维修科技股份有限公司于2008年4月8日取得商务部商业特许经营备案。天津市某汽车进口配件公司曾向商务部行政主管部门反映杭州某汽车维修科技股份有限公司违规从事特许经营活动应予撤销备案的问题。对此，浙江省商务厅《关于上报杭州某汽车维修科技股份有限公司特许经营有关情况的函》记载：(1)杭州某汽车维修科技股份有限公司特许经营备案时已具备“两店一年”条件，符合《商业特许经营管理条例》第7条的规定，可以予以备案；(2)杭州某汽车维修科技股份有限公司主要负责“小拇指”品牌管理，不直接从事机动车维修业务，并且拥有自己的商标、专利、经营模式等经营资源，可以开展特许经营业务；(3)经向浙江省道路运输管理局有关负责人了解，杭州某汽车维修科技股份有限公司下属直营店拥有道路运输经营许可证，经营范围包含“三类机动车维修”或“二类机动车维修”，具备从事机动车维修的资质；(4)杭州某汽车维修科技股份有限公司授权许可，以及机动车维修经营不在特许经营许可范围内。

## 争议焦点

1. 天津市某汽车维修服务有限公司、天津市某汽车进口配件公司的被诉侵权行为是否侵害了兰某某、原告二杭州某汽车维修科技股份有限公司的注册商标专用权；

2. 是否构成对原告二杭州某汽车维修科技股份有限公司的不正当竞争。

# 裁判理由

## 一、关于天津市某汽车维修服务有限公司、天津市某汽车进口配件公司是否侵害了兰某某、杭州某汽车维修科技股份有限公司的注册商标专用权

天津市某汽车维修服务有限公司、天津市某汽车进口配件公司在从事汽车维修及通过网站进行招商加盟过程中，多处使用了“小拇指图”标识，且存在单独或突出使用“小拇指”的情形，相关公众施以一般注意力，足以对服务的来源产生混淆，或误认被告一天津市某汽车维修服务有限公司与原告二杭州某汽车维修科技股份有限公司之间存在特定联系。某图标识主体及最易识别部分“小拇指”字样与涉案注册商标相同，同时考虑天津市某汽车维修服务有限公司在经营场所、网站及宣传材料中对“小拇指”的商标性使用行为，应当认定该标识与涉案的“小拇指”文字注册商标构成近似。据此，因天津市某汽车维修服务有限公司、天津市某汽车进口配件公司在与兰某某、杭州某汽车维修科技股份有限公司享有权利的第6573881号“小拇指”文字注册商标核定的相同服务项目上，未经许可而使用“小拇指图”及单独使用“小拇指”字样，足以导致相关公众的混淆和误认，属于《商标法》第52条第1项规定的侵权行为。天津市某汽车维修服务有限公司、天津市某汽车进口配件公司通过其网站进行招商加盟的商业行为，根据《关于审理商标民事纠纷案件适用法律问题的解释》第12条〔1〕之规定，可以认定在与兰某某、杭州某汽车维修科技股份有限公司享有权利的第6573882号“小拇指”文字注册商标核定服务项目相类

〔1〕 2020年《关于审理商标民事纠纷案件适用法律问题的解释》修改后，仍为第12条，内容变更为：“人民法院依据商标法第五十七条第（二）项的规定，认定商品或者服务是否类似，应当以相关公众对商品或者服务的一般认识综合判断；《商标注册用商品和服务国际分类表》《类似商品和服务区分表》可以作为判断类似商品或者服务的参考。”

似的服务中使用了近似商标，且未经权利人许可，亦构成《商标法》第52条第1项规定的侵权行为。

## 二、天津市某汽车维修服务有限公司、天津市某汽车进口配件公司是否构成对原告二杭州某汽车维修科技股份有限公司的不正当竞争

### （一）关于经营者是否存在超越法定经营范围行为及其民事权益能否得到法律保护

天津市某汽车维修服务有限公司、天津市某汽车进口配件公司认为其行为不构成不正当竞争的一个主要理由在于杭州某汽车维修科技股份有限公司未依法取得机动车维修的相关许可，超越法定经营范围从事特许经营且不符合法定条件，属于非法经营行为，杭州某汽车维修科技股份有限公司主张的民事权益不应得到法律保护。故本案中要明确天津市某汽车维修服务有限公司、天津市某汽车进口配件公司所指称杭州某汽车维修科技股份有限公司超越法定经营范围而违反行政许可法律法规的行为是否成立，以及相应民事权益能否受到法律保护的问题。

首先，对于超越法定经营范围违反有关行政许可法律法规的行为，应当依法由相应的行政主管部门进行认定，主张对方有违法经营行为的一方，应自行承担相应的举证责任。本案中，对于杭州某汽车维修科技股份有限公司是否存在非法从事机动车维修及特许经营业务的行为，从现有证据和事实看，难以得出肯定性的结论。经营汽车维修属于依法许可经营的项目，但杭州某汽车维修科技股份有限公司并未从事汽车维修业务，其实际从事的是授权他人在车辆清洁、保养和维修等服务中使用其商标，或以商业特许经营的方式许可其直营店、加盟商在经营活动中使用其“小拇指”品牌、专利技术等，这并不以其自身取得经营机动车维修业务的行政许可为前提条件。此外，杭州某汽车维修科技股份有限公司已取得商务部商业特许经营备案，其特许经营备案时

已具备“两店一年”条件，其主要负责“小拇指”品牌管理，不直接从事机动车维修业务，并且拥有自己的商标、专利、经营模式等经营资源，可以开展特许经营业务。故本案依据现有证据，并不能认定其存在违反行政许可法律法规从事机动车维修或特许经营业务的行为。

其次，即使有关行为超越法定经营范围而违反行政许可法律法规，也应由行政主管部门依法查处，不必然影响有关民事权益受到侵害的主体提起民事诉讼的资格，亦不能以此作为被诉侵权者对其行为不构成侵权的抗辩。本案中，即使杭州某汽车维修科技股份有限公司超越法定经营范围而违反行政许可法律法规，这属于行政责任范畴，该行为并不影响其依法行使制止商标侵权和不正当竞争行为的民事权利，也不影响人民法院依法保护其民事权益。被诉侵权者以经营者超越法定经营范围而违反行政许可法律法规为由主张其行为不构成侵权的，人民法院不予支持。

（二）关于如何认定反不正当竞争法调整的竞争关系

经营者之间是否存在竞争关系是认定构成不正当竞争的关键。《反不正当竞争法》第2条规定：“经营者在市场交易中，应当遵循自愿、平等、公平、诚实信用的原则，遵守公认的商业道德。本法所称的不正当竞争，是指经营者违反本法规定，损害其他经营者的合法权益，扰乱社会经济秩序的行为。本法所称的经营者，是指从事商品经营或者营利性服务（以下所称商品包括服务）的法人、其他经济组织和个人。”〔1〕由此可见，《反不正当竞争法》并未限制经营者之间必须具有直接的或具体的竞争关系，也没有要求经营者从事相同行业。《反不正当竞争法》所规制的不正当竞争行为，是指损害其他经营者合法权

〔1〕 2017年和2019年《反不正当竞争法》修改后，本条仍为第2条，但内容变更为：“经营者在生产经营活动中，应当遵循自愿、平等、公平、诚信的原则，遵守法律和商业道德。本法所称的不正当竞争行为，是指经营者在生产经营活动中，违反本法规定，扰乱市场竞争秩序，损害其他经营者或者消费者的合法权益的行为。本法所称的经营者，是指从事商品生产、经营或者提供服务（以下所称商品包括服务）的自然人、法人和非法人组织。”

益、扰乱经济秩序的行为，从直接损害对象看，受损害的是其他经营者的市场利益。因此，经营者之间具有间接竞争关系，行为人违背反不正当竞争法的规定，损害其他经营者合法权益的，也应当认定为不正当竞争行为。

本案中，被诉存在不正当竞争的天津市某汽车维修服务有限公司与天津市某汽车进口配件公司均从事汽车维修行业。根据已查明的事实，杭州某汽车维修科技股份有限公司本身不具备从事机动车维修的资质，也并未实际从事汽车维修业务，但从其所从事的汽车玻璃修补、汽车油漆快速修复等技术开发活动，以及经授权许可使用的注册商标核定服务项目所包含的车辆保养和维修等可以认定，杭州某汽车维修科技股份有限公司通过将其拥有的企业标识、注册商标、专利、专有技术等经营资源许可其直营店或加盟店使用，使其成为“小拇指”品牌的运营商，以商业特许经营的方式从事与汽车维修相关的经营活动。因此，杭州某汽车维修科技股份有限公司是汽车维修市场的相关经营者，其与天津市某汽车维修服务有限公司及天津市某汽车进口配件公司之间存在间接竞争关系。

《反不正当竞争法》第5条第3项规定，禁止经营者擅自使用他人企业名称，引人误认为是他人的商品，以损害竞争对手。〔1〕在认定原、被告双方存在间接竞争关系的基础上，确定天津市某汽车维修服务有限公司登记注册“小拇指”字号是否构成擅自使用他人企业名称的不正当竞争行为，应当综合考虑以下因素：

（1）杭州某汽车维修科技股份有限公司的企业字号是否具有一定的市场知名度。根据本案现有证据，杭州某汽车维修科技股份有限公司自2004年10月成立时起即以企业名称中的“小拇指”作为字号使用，并以商业特许经营的

〔1〕 2017年和2019年《反不正当竞争法》修改后，本条变更为第6条第2项：“经营者不得实施下列混淆行为，引人误认为是他人商品或者与他人存在特定联系……（二）擅自使用他人有一定影响的企业名称（包括简称、字号等）、社会组织名称（包括简称等）、姓名（包括笔名、艺名、译名等）……”

方式从事汽车维修行业，且专门针对汽车小擦小碰的微创伤修复，创立了“小拇指”汽车微修体系，截至2011年，杭州某汽车维修科技股份有限公司在全国已有加盟店400余个。虽然“小拇指”本身为既有词汇，但通过其直营店和加盟店在汽车维修领域的持续使用及宣传，“小拇指”汽车维修已在相关市场起到识别经营主体及与其他服务相区别的作用。2008年10月天津市某汽车维修服务有限公司成立时，杭州某汽车维修科技股份有限公司的“小拇指”字号及相关服务在相关公众中已具有一定的市场知名度。

（2）天津市某汽车维修服务有限公司登记使用“小拇指”字号是否具有主观上的恶意。市场竞争中的经营者，应当遵循诚实信用原则，遵守公认的商业道德，尊重他人的市场劳动成果，登记企业名称时，理应负有对同行业在先字号予以避让的义务。本案中，天津市某汽车进口配件公司作为被特许人，曾于2008年6月30日与作为“小拇指”品牌特许人的杭州某汽车维修科技股份有限公司签订特许连锁经营合同，法定代表人田某某代表该公司在合同上签字，其知晓合同的相关内容。天津市某汽车维修服务有限公司虽主张与天津市某汽车进口配件公司之间没有关联，是两个相互独立的法人，但两公司的法定代表人均为田某某，且天津市某汽车进口配件公司的网站内所显示的宣传信息及相关联系信息均直接指向天津市某汽车维修服务有限公司，并且天津市某汽车进口配件公司将其登记的经营地点作为天津市某汽车维修服务有限公司天津总店的经营地点。故应认定，作为汽车维修相关市场的经营者，天津市某汽车维修服务有限公司成立时，对杭州某汽车维修科技股份有限公司及其经营资源、发展趋势等应当知晓，但天津市某汽车维修服务有限公司仍将“小拇指”作为企业名称中识别不同市场主体核心标识的企业字号，且不能提供使用“小拇指”作为字号的合理依据，其主观上明显具有“搭便车”及攀附他人商誉的意图。

（3）天津市某汽车维修服务有限公司使用“小拇指”字号是否足以造成市

场混淆。根据已查明事实，天津市某汽车维修服务有限公司在其开办的网站及其他宣传材料中，均以特殊字体突出注明“汽车小划小碰怎么办？找天津小拇指”“天津小拇指专业特长”的字样，其“优惠体验券”中亦载明“汽车小划小痕，找天津小拇指”，其服务对象与杭州某汽车维修科技股份有限公司运营的“小拇指”汽车微修体系的消费群体多有重合。且自2010年起，杭州某汽车维修科技股份有限公司在天津地区的加盟店也陆续成立，两者的服务区域也已出现重合。故天津市某汽车维修服务有限公司以“小拇指”为字号登记使用，必然会使相关公众误认两者存在某种渊源或联系，加之天津市某汽车维修服务有限公司存在单独或突出使用“小拇指”汽车维修、“天津小拇指”等字样进行宣传的行为，足以使相关公众对市场主体和服务来源产生混淆和误认，容易造成竞争秩序的混乱。

综上所述，天津市第二中级人民法院作出一审判决：(1)判决生效之日起天津市某汽车维修服务有限公司立即停止侵害第6573881号和第6573882号“小拇指”文字注册商标的行为，即天津市某汽车维修服务有限公司立即在其网站(www.tjxiaomuzhi.net)、宣传材料、优惠体验券及其经营场所(含分支机构)停止使用“小拇指”标识，并停止单独使用“小拇指”字样；(2)判决生效之日起天津市某汽车进口配件公司立即停止侵害第6573881号和第6573882号“小拇指”文字注册商标的行为，天津市某汽车进口配件公司立即停止在其网站使用“小拇指”标识；(3)判决生效之日起10日内，天津市某汽车维修服务有限公司、天津市某汽车进口配件公司连带赔偿兰某某、杭州某汽车维修科技股份有限公司经济损失及维权费用人民币50,000元；(4)驳回兰某某、杭州某汽车维修科技股份有限公司的其他诉讼请求。

宣判后，兰某某、杭州某汽车维修科技股份有限公司及天津市某汽车维修服务有限公司、天津市某汽车进口配件公司均提出上诉。天津市高级人民法院于2013年2月19日作出(2012)津高民三终字第0046号判决：(1)维持天津市第二中级人民法院（2012）二中民三知初字第47号判决第1项、第2项、第3项及逾期履行责任部分；（2）撤销天津市第二中级人民法院（2012）二中民三知初字第47号判决第四项；（3）自本判决生效之日起，天津市某汽车维修服务有限公司立即停止在其企业名称中使用“小拇指”字号；（4）自本判决生效之日起10日内，天津市某汽车维修服务有限公司赔偿杭州某汽车维修科技股份有限公司经济损失人民币30,000元；（5）驳回兰某某、杭州某汽车维修科技股份有限公司的其他上诉请求；（6）驳回天津市某汽车维修服务有限公司、天津市某汽车进口配件公司的上诉请求。

再审申请人天津市某汽车维修服务有限公司不服二审法院判决，向最高人民法院申请再审。

最高人民法院经审查认为，杭州某汽车维修科技股份有限公司许可他人在车辆清洁、车辆保养和维修等服务领域使用其商标，或者其从事商业特许经营活动，许可其直营店、加盟商在经营活动中使用其“小拇指”品牌、专利技术等经营资源，并不以其自身取得经营机动车维修业务的行政许可为前提条件，这与实际经营机动车维修业务的被许可人应依法取得相应的行政许可，并无矛盾之处。无论杭州某汽车维修科技股份有限公司是否获得了经营机动车维修业务的行政许可，均不影响该公司依法制止侵犯其商标权和不正当竞争行为的民事权利，也不影响人民法院依法保护其民事权益。天津市某汽车维修服务有限公司关于杭州某汽车维修科技股份有限公司从事特许经营不符合法定条件或有非法经营行为，故其权利不应受法律保护的主张，没有事实和法律依据。此外，根据原审法院查明的事实，杭州某汽车维修科技股份有限公司2008年4月8日已取得商务部商业特许经营备案。因天津市某汽车进口配件公司向原审法院称其向商务部等行政主管部门反映杭州某汽车维修科技股份有限公司违法经营的问题，二审法院依职权向有关行政机关了解调查处理情况，只是为了印证通过庭审、质证等程序对案件事实形成的判断，并非以此作为本案判决的事实依据，也不会由此替代任何一方当事人的举证责任。天津市某汽车维修服务有限公司主张杭州某汽车维修科技股份有限公司违法经营，应自行承担相应的举证责任，其关于二审程序违法的申请再审理由不能成立。

根据《反不正当竞争法》第2条的规定，该法所称“商品”包括服务。认定不正当竞争行为并不以经营者之间存在直接的竞争关系或处于同一行业为条件。二审判决认为竞争关系“并非仅以相同行业或服务类别为限”，符合法律规定。按照《关于审理不正当竞争民事案件应用法律问题的解释》〔1〕第6条第1款的规定，具有一定的市场知名度、为相关公众所知悉的企业名称中的字号，可以认定为《反不正当竞争法》第5条第3项规定的“企业名称”。〔2〕天津市某汽车维修服务有限公司提出的关于二审判决适用反不正当竞争法存在错误的相关主张，是对该法有关规定的曲解，本院不予支持。

根据二审法院查明的事实，天津市某汽车进口配件公司与杭州某汽车维修科技股份有限公司2008年6月30日签订的特许连锁经营合同明确约定，天津市某汽车进口配件公司未经杭州某汽车维修科技股份有限公司书面同意不得以任何形式使用“小拇指”等相关标志进行企业名称登记注册；但是，该公司的法定代表人田某某在当年10月即作为法定代表人设立了天津市某汽车维修服务有限公司，而且天津市某汽车维修服务有限公司天津总店的经营地点与天津市某汽车进口配件公司的注册地点相同、天津市某汽车进口配件公司的网站内所显示的宣传信息以及相关联系信息均直接指向天津市某汽车维修服务有限公司、天津市某汽车维修服务有限公司宣传单中亦载明天津市某汽车

---

〔1〕 2022年3月20日起《关于适用〈反不正当竞争法〉若干问题的解释》施行，《关于审理不正当竞争民事案件应用法律问题的解释》同时废止。

〔2〕 2022年《关于适用〈反不正当竞争法〉若干问题的解释》，现变更为第9条规定：“市场主体登记管理部门依法登记的企业名称，以及在中国境内进行商业使用的境外企业名称，人民法院可以认定为反不正当竞争法第六条第二项规定的‘企业名称’。有一定影响的个体工商户、农民专业合作社（联合社）以及法律、行政法规规定的其他市场主体的名称（包括简称、字号等），人民法院可以依照反不正当竞争法第六条第二项予以认定。”

进口配件公司的网站。上述事实说明，天津市某汽车维修服务有限公司在明知杭州某汽车维修科技股份有限公司的“小拇指”字号、品牌及其跨省区开展商业特许经营业务的情况下，仍将“小拇指”作为其字号使用，二审判决认定其使用“小拇指”字号主观上明显具有攀附他人商誉的意图，有充分的事实依据。天津市某汽车维修服务有限公司将“小拇指”标识进行著作权登记、在中国香港特别行政区注册德国小拇指公司及注册“小拇指”商标并授权其在中国内地使用的行为，进一步表明其具有不正当的意图。天津市某汽车维修服务有限公司关于其拥有著作权及德国小拇指公司的授权，使用“小拇指”或相关标识不构成侵权的抗辩理由，原审法院不予支持，并无不当。

原审法院另查明，杭州某汽车维修科技股份有限公司自2004年10月成立时起即以“小拇指”作为字号，并创立了专门针对汽车小擦小碰的微创伤修复的汽车微修体系，以“小拇指”品牌开展商业特许经营活动，该公司曾荣获中国连锁经营协会颁发的“2008中国特许经营连锁百强”证书、2009年曾被浙江省质量技术监督局认定为浙江服务名牌等荣誉。二审法院综合考虑本案的事实和证据，认定在2008年10月天津市某汽车维修服务有限公司成立时，杭州某汽车维修科技股份有限公司的“小拇指”字号及相关服务已具有一定的市场知名度，并根据天津市某汽车维修服务有限公司的网站和其他宣传材料上的内容、该公司单独或突出使用“小拇指”或“天津小拇指”等字样进行宣传等事实，认定其使用“小拇指”字号可能使相关公众认为该公司与杭州某汽车维修科技股份有限公司存在某种渊源或联系，从而对市场主体或服务来源产生混淆误认，进而依法认定天津市某汽车维修服务有限公司的行为构成不正当竞争，判决其承担停止使用“小拇指”字号等民事责任，认定事实及适用法律并无不当，天津市某汽车维修服务有限公司关于其不构成不正当竞争的申请再审理由不能成立。

根据原审查明的事实，天津市某汽车维修服务有限公司在经营场所、宣传材料及网站中，不仅多处使用了“小拇指”商标，而且存在单独或突出使用“小拇指”商标的行为；不仅在天津市某汽车维修服务有限公司的网站上存在招商加盟的内容，而且也实际开展了加盟连锁经营活动。天津市某汽车维修服务有限公司使用的“小拇指”商标标识中，主要识别部分为“小拇指”文字，与涉案的“小拇指”注册商标的文字相同，原两审判决认定该商标与“小拇指”商标构成近似并无不当。二审判决根据查明的事实，认定天津市某汽车维修服务有限公司在与杭州某汽车维修科技股份有限公司、兰某某分别注册的两个“小拇指”商标核定的相同服务项目上，未经许可使用相同或近似的商标，足以导致相关公众混淆误认，构成侵害商标权，并判决其承担相应的民事责任，有充分的事实和法律依据。天津市某汽车维修服务有限公司关于其不构成侵权的再审申请理由不能成立，本院不予支持。

此外，杭州某汽车维修科技股份有限公司的商号是否曾经被行政机关认定为知名商号，并非法院认定该公司商号是否具有知名度的法定条件；天津市某汽车维修服务有限公司在二审庭审后提交的浙江省知名商号名单的证据，也不属于法律意义上的新证据，二审法院对该证据未组织质证，并未违反法律规定。天津市某汽车维修服务有限公司关于该证据属于再审新证据、该证据足以推翻原判决的申请再审理由，也不能成立。

综上所述，本院认为，天津市某汽车维修服务有限公司申请再审的理由均不能成立。依照《民事诉讼法》第204条第1款[1]的规定，裁定：驳回天津市小拇指汽车维修服务有限公司的再审申请。

〔1〕 2021年《民事诉讼法》修改后，本条变更为第211条：“人民法院应当自收到再审申请书之日起三个月内审查，符合本法规定的，裁定再审；不符合本法规定的，裁定驳回申请。有特殊情况需要延长的，由本院院长批准。因当事人申请裁定再审的案件由中级人民法院以上的人民法院审理，但当事人依照本法第二百零六条的规定选择向基层人民法院申请再审的除外。最高人民法院、高级人民法院裁定再审的案件，由本院再审或者交其他人民法院再审，也可以交原审人民法院再审。”

# 作者点评

经营者因实施超越法定经营范围而违反行政许可法律法规的行为，并不影响经营者依法行使制止商标侵权和不正当竞争的民事权利，经营者超越经营范围的违法行为，依法由相应的主管部门给予处罚。《反不正当竞争法》对于“不正当竞争行为”也未严格限缩至“经营者之间必须具有直接的竞争关系”，即使经营者之间仅具有间接竞争关系，一旦经营者违反《反不正当竞争法》的规定，损害其他经营者合法权益的，也应当认定该经营者属于不正当竞争行为。这不仅是深入推进市场主体公平竞争的必然要求，也是完善社会主义市场经济体制的内在要求。

本案判决对上述两个极易混淆的问题作了明确的答复，也对是否侵犯商标权和不正当竞争行为作了评判，即自由竞争本身也必须有其限制，对于侵犯专有权利或者破坏公平诚信竞争规则的特定经营行为，监管部门应当予以禁止。

## 法条链接

《中华人民共和国商标法》

**第五十七条** 有下列行为之一的，均属侵犯注册商标专用权：

（一）未经商标注册人的许可，在同一种商品上使用与其注册商标相同的商标的；

（二）未经商标注册人的许可，在同一种商品上使用与其注册商标近似的商标，或者在类似商品上使用与其注册商标相同或者近似的商标，容易导致混淆的；

（三）销售侵犯注册商标专用权的商品的；

（四）伪造、擅自制造他人注册商标标识或者销售伪造、擅自制造的注册商标标识的；

（五）未经商标注册人同意，更换其注册商标并将该更换商标的商品又投入市场的；

（六）故意为侵犯他人商标专用权行为提供便利条件，帮助他人实施侵犯商标专用权行为的；

（七）给他人的注册商标专用权造成其他损害的。

《中华人民共和国反不正当竞争法》

**第六条**　经营者不得实施下列混淆行为，引人误认为是他人商品或者与他人存在特定联系：

（一）擅自使用与他人有一定影响的商品名称、包装、装潢等相同或者近似的标识；

（二）擅自使用他人有一定影响的企业名称（包括简称、字号等）、社会组织名称（包括简称等）、姓名（包括笔名、艺名、译名等）；

（三）擅自使用他人有一定影响的域名主体部分、网站名称、网页等；

（四）其他足以引人误认为是他人商品或者与他人存在特定联系的混淆行为。

30

# 某汽车保险股份有限公司苏州中心支公司与王某某追偿权纠纷案

## ——机动车发生交通事故逃逸后保险公司仍应在交强险责任限额范围内承担赔偿责任

## 案件基本信息

1. 法院裁判文书

江苏省高级人民法院（2014）苏民再提字第00136号民事判决书

2. 案由

追偿权纠纷

3. 当事人

再审申请人（一审被告、二审上诉人）：王某某

再审被申请人（一审原告、二审被上诉人）：某汽车保险股份有限公司苏州中心支公司

## 裁判要旨

保险公司享有追偿权的情形并不包括交通肇事后逃逸，亦未规定其他情形可以参照适用，保险公司的经费源于投保人的缴费，保险公司向受害人支付费用属于履行保险合同义务，系有偿赔付。社会救助基金管理机构的经费源于行政拨款或社会捐助。立法对于保险公司和社会救助基金权利与义务作出

了不同的规定，保险公司不应享有社会救助基金管理机构的追偿权。

## 基本案情

王某某为其所有的苏××××××小型轿车在某汽车保险股份有限公司苏州中心支公司处投保了交强险，保险期间自2011年9月21日0时起至2012年9月20日24时止。

2012年4月28日16时25分左右，王某某驾驶苏××××××小型轿车在苏州市吴江区松陵镇笠泽路、吴模路路口与案外人张某某驾驶的号牌为××××××电动自行车发生碰撞，造成案外人张某某受伤、车辆损坏的交通事故。根据交警大队出具交通事故责任认定书，王某某负该起事故的全部责任，张某某无责任。同时，交通事故责任认定书中还对事故经过作了以下描述："事故发生后，王某某驾车离开现场。次日下午王某某到公安机关投案。"

2012年12月21日，张某某向法院提起诉讼，要求王某某、某汽车保险股份有限公司苏州中心支公司赔偿其因交通事故造成的各项损失。苏州市吴江区人民法院作出的（2013）吴江开民初字第0007号判决，判令某汽车保险股份有限公司苏州中心支公司在交强险范围内赔偿张怀华医疗费等各项损失共计76,700元。后某汽车保险股份有限公司苏州中心支公司向张某某履行了该赔付义务。2013年7月4日，某汽车保险服务有限公司苏州中学支公司向苏州市吴江区人民法院提起诉讼，请求判令王某某赔偿其垫付的赔偿76,700元。

另查明，2012年6月5日，苏州市吴江区公安局交警巡逻警察大队向王某某作出行政处罚决定书一份，对王某某造成交通事故后逃逸，尚不构成犯罪的违法行为，决定给予其罚款1000元的处罚。王某某在规定的期限内未对该行政处罚申请行政复议或者提起行政诉讼。

## 争议焦点

保险公司可否参照社会救助基金享有追偿权。

## 裁判理由

吴江区人民法院一审认为，被告王某某在肇事后逃逸，违反了我国相关法律的规定，导致部分事故证据灭失，致使公安机关对王某某事故发生时的精神、生理状态无法查证。该行为的危险性质较之未取得驾驶资格、醉酒驾车等情形，主观恶性更大，对社会的危害后果更甚。国家设立交强险的目的系使受害人依法得到赔偿，促进道路交通安全，并非让存在违法行为的事故责任人免于承担责任。《侵权责任法》及《机动车交强险条例》都已明确，机动车肇事后逃逸的，由社会救助基金对受害人人身伤亡的抢救、丧葬等费用先行垫付，然后向道路事故责任人追偿。故对于肇事后逃逸行为，应参照《机动车交强险条例》第22条的规定，保险公司对抢救费用等承担先行垫付责任后，有权向致害人进行追偿，由致害人承担终局赔偿责任。

综上所述，双方当事人之间的交通事故责任强制保险合同关系依法成立并有效，某汽车保险股份有限公司苏州中心支公司已按照法院生效判决在交强险责任限额内向受害人予以赔付。在王某某肇事后逃逸的情形下，某汽车保险股份有限公司苏州中心支公司有权就其垫付的款项向王某某进行追偿。吴江区人民法院依照《保险法》第5条、第23条第1款，《机动车交强险条例》第1条、第2条的规定作出判决：被告王某某应于本判决生效后10日内返还原告某汽车保险股份有限公司苏州中心支公司垫付款76,700元。

王某某不服一审判决，向江苏省苏州市中级人民法院提起上诉。

苏州市中级人民法院经二审，确认了一审查明的事实。

苏州市中级人民法院二审认为，交通事故发生后逃逸是严重违反道路交通法规的行为，根据《机动车交强险条例》第24条的规定，道路交通事故中受害人人身伤亡的丧葬费用、部分或者全部抢救费用，由救助基金先行垫付，救助基金管理机构有权向道路交通事故责任人追偿，也就是说受害人损失费用的终局赔偿责任主体系机动车肇事逃逸方。因此，被上诉人某汽车保险股份有限公司苏州中心支公司向交通事故受害人履行赔偿义务后，有权向保险事故的致害人王某某进行追偿，一审法院判决王某某返还某汽车保险股份有限公司苏州中心支公司垫付款76,700元并无不当。

综上所述，一审法院认定事实清楚，适用法律正确，实体处理亦无不当，苏州市中级人民法院依照《民事诉讼法》第170条第1款第1项[1]的规定作出判决：驳回上诉，维持原判。

王某某不服二审判决，向江苏省高级人民法院申请再审称。

江苏省高级人民法院经审查，于2014年8月19日作出裁定：提审本案。

江苏省高级人民法院经再审，对一审、二审查明的事实予以确认。

江苏省高级人民法院再审认为，被申请人某汽车保险股份有限公司苏州中心支公司主张因再审申请人王某某在交通肇事后逃逸，故参照国务院《机动车交强险条例》第22条、第24条的规定，其有权在承担保险赔偿责任后向王某某追偿。

对此，《机动车交强险条例》第22条规定保险公司享有追偿权的情形并不包括交通肇事后逃逸，亦未规定其他情形可以参照适用；第24条仅规定了社会救助基金的追偿权，未规定保险公司享有追偿权，故某汽车保险股份有限公司苏州中心支公司主张适用上述条款，理由不能成立。

《侵权责任法》第53条规定：“机动车驾驶人发生交通事故后逃逸，该机动

〔1〕 2021年《民事诉讼法》修改后，本项变更为第177条第1款第1项。

车参加强制保险的，由保险公司在机动车强制保险责任限额范围内予以赔偿；机动车不明或者该机动车未参加强制保险，需要支付被侵权人人身伤亡的抢救、丧葬等费用的，由道路交通事故社会救助基金垫付。道路交通事故社会救助基金垫付后，其管理机构有权向交通事故责任人追偿。”[1]该条款对于保险公司和社会救助基金权利与义务作出了不同规定，表明了国家立法对保险公司和社会救助基金区别对待的态度。

社会救助基金管理机构的经费源于行政拨款或社会捐助，支付交通事故受害人抢救等费用系无偿垫付，而保险公司的经费源于投保人的缴费，保险公司向受害人支付费用属于履行保险合同义务，系有偿赔付，故保险公司不应享有救助基金管理机构的追偿权。事实上，肇事逃逸系发生在交通事故之后，没有增加保险事故发生的概率和风险，与事故的发生本身并没有关联，因此，其与《机动车交强险条例》第22条中规定的保险公司享有追偿权的情形存在本质区别。

原判决依据《机动车交强险条例》第24条的规定，判决支持某汽车保险股份有限公司苏州中心支公司追偿的诉讼请求，违背了《机动车交强险条例》的立法本意，亦与《侵权责任法》第53条[2]的规定相悖，属适用法律错误，依法应予纠正。

据此，江苏省高级人民法院依照《民事诉讼法》第144条[3]、第170第1款

〔1〕 本条现为《民法典》第1216条：“机动车驾驶人发生交通事故后逃逸，该机动车参加强制保险的，由保险人在机动车强制保险责任限额范围内予以赔偿；机动车不明、该机动车未参加强制保险或者抢救费用超过机动车强制保险责任限额，需要支付被侵权人人身伤亡的抢救、丧葬等费用的，由道路交通事故社会救助基金垫付。道路交通事故社会救助基金垫付后，其管理机构有权向交通事故责任人追偿。”

〔2〕 本条现为《民法典》第1216条：“机动车驾驶人发生交通事故后逃逸，该机动车参加强制保险的，由保险人在机动车强制保险责任限额范围内予以赔偿；机动车不明、该机动车未参加强制保险或者抢救费用超过机动车强制保险责任限额，需要支付被侵权人人身伤亡的抢救、丧葬等费用的，由道路交通事故社会救助基金垫付。道路交通事故社会救助基金垫付后，其管理机构有权向交通事故责任人追偿。”

〔3〕 2021年《民事诉讼法》修改后，本条变更为第147条。

第2项[1]、第174条[2]、第207条第1款[3]之规定，作出判决：（1）撤销江苏省苏州市中级人民法院（2013）苏中商终字第0754号判决及苏州市吴江区人民法院（2013）吴江商初字第0660号判决；（2）驳回某汽车保险股份有限公司苏州中心支公司的诉讼请求。

## 作者点评

对机动车驾驶员肇事逃逸，保险公司在交强险赔付范围内有无追偿权的问题，笔者倾向于保险公司无权追偿。

《民法典》明确规定，机动车驾驶人发生交通事故后逃逸，该机动车参加强制保险的，由保险公司在机动车强制保险责任限额范围内予以赔偿；机动车不明或者该机动车未参加强制保险，需要支付被侵权人人身伤亡的抢救、丧葬等费用的，由道路交通事故社会救助基金垫付。道路交通事故社会救助基金垫付后，其管理机构有权向交通事故责任人追偿。该条表明道路交通事故社会救助基金管理机构具有追偿权。此外，《关于审理道路交通事故损害赔偿案件法律问题的解释》规定的三大追偿情形也均未将“逃逸”列为可追偿范围。

要准确认定驾驶人肇事逃逸后，保险人在交强险范围内有无追偿权，需要对交强险追偿权的目的、性质、利弊进行探讨。

交强险的主要目的是保护非机动车驾驶人的人身安全及财产安全。此外，交通肇事逃逸并没有增加保险事故发生的概率，也非损害事故发生的直接、决定性的原因，同时禁止保险公司对肇事逃逸人追偿不必然诱发道德风险，反而有助于逃逸驾驶人在商业险拒赔后有充足的能力赔付受害人。[4]

---

[1] 2021年《民事诉讼法》修改后，本项变更为第177条第1款第2项。

[2] 2021年《民事诉讼法》修改后，本条变更为第181条。

[3] 2021年《民事诉讼法》修改后，本款变更为第214条第1款。

[4] 参见刘龙：《驾驶人肇事逃逸情形下保险公司不能行使交强险追偿权》，载《人民司法·应用》2016年第16期。

因此，不支持保险公司对肇事逃逸驾驶员在交强险限额责任范围内进行追偿才真正符合《民法典》的立法原意。

## 法条链接

《中华人民共和国民法典》

**第一千二百一十三条** 机动车发生交通事故造成损害，属于该机动车一方责任的，先由承保机动车强制保险的保险人在强制保险责任限额范围内予以赔偿；不足部分，由承保机动车商业保险的保险人按照保险合同的约定予以赔偿；仍然不足或者没有投保机动车商业保险的，由侵权人赔偿。

**第一千二百一十六条** 机动车驾驶人发生交通事故后逃逸，该机动车参加强制保险的，由保险人在机动车强制保险责任限额范围内予以赔偿；机动车不明、该机动车未参加强制保险或者抢救费用超过机动车强制保险责任限额，需要支付被侵权人人身伤亡的抢救、丧葬等费用的，由道路交通事故社会救助基金垫付。道路交通事故社会救助基金垫付后，其管理机构有权向交通事故责任人追偿。

《机动车交通事故责任强制保险条例》

**第二十四条** 国家设立道路交通事故社会救助基金（以下简称救助基金）。有下列情形之一时，道路交通事故中受害人人身伤亡的丧葬费用、部分或者全部抢救费用，由救助基金先行垫付，救助基金管理机构有权向道路交通事故责任人追偿：

（一）抢救费用超过机动车交通事故责任强制保险责任限额的；

（二）肇事机动车未参加机动车交通事故责任强制保险的；

（三）机动车肇事后逃逸的。

31

# 谷某某与河北某公司、某财产保险股份有限公司石家庄中心支行保险合同纠纷案

——保险公司的特别说明义务

## 案件基本信息

1. 法院裁判文书

河北省石家庄市中级人民法院(2008)石民终字第00397号判决书

2. 案由

保险合同纠纷

3. 当事人

上诉人(原审被告):某财产保险股份有限公司

被上诉人(原审原告):谷某某

被上诉人(原审被告):河北某公司

## 裁判要旨

保险业是具有高度专业性和技术性的行业,专业性和技术性的特点决定了保险公司应对自己承保的险种及保险事故发生后给投保人带来的预期利益进行充分说明。但实务中保险合同往往是格式合同,投保人在投保单及保险单上签字是对投保单、保险条款的有关内容表示认可并接受义务的行为,保险公司依据行业惯例解释投保人可不签字的理由于法无据。

## 基本案情

谷某某于2007年9月5日在河北某公司购买北京现代××××××轻型客车一辆，价款172,000元，当日，谷某某在河北某公司内的保险代理点购买了交强险。

2007年12月5日，该车在石家庄市某小区被盗，谷某某向公安部门报案，并要求某保险公司理赔，某保险公司答复该车未上盗抢险。谷某某因保险手续随车丢失，向法院申请调取该车的投保申请及保险合同原件，某保险公司于2008年3月16日提供机动车保险投保单、机动车保险单（副本）、保险业专用发票复印件各一份。经庭审质证，谷某某与某保险公司均对保险业专用发票真实性无异议。

另查明，某保险公司提交的机动车保险单副本载明：被保险人谷某某，保险期限自2007年9月9日0时起至2008年9月8日24时止，保险费3730.33元，险种包括车辆损失险，车上人员责任险、玻璃单独破碎险，商业第三者责任保险，车上人员责任险及不计免赔险；特别约定第5条为被保险人拿到保险单后15日内，应立即核对各项条款，如有疑义，立即通知某保险公司，否则15日后即视同默认。签单日期为2007年9月8日，核保日期为2007年12月12日，无保险人签章。

又查明，某保险公司提交的机动车条款第1条为本保险合同由保险条款、投保单、保险单、批单及其他特别约定组成，均应采用书面形式。

还查明，某保险公司认为原告如果购买盗抢险，应交盗抢险费614.1元。

## 争议焦点

谷某某是否投保盗抢险。

# 裁判理由

一审法院经审理认为，保险是投保人和保险人之间的合同行为，保险合同是明确双方权利义务的重要依据，投保人提出保险要求，经保险人同意承保，保险合同成立，保险人应当及时向投保人签发保险单并应同时对合同履行说明义务。

本案中，谷某某向某保险公司提出投保，某保险公司于2007年9月8日出具收取3730.33元保费的收据，应视为某保险公司同意为原告承保，原告与被告某保险公司之间保险合同成立。

关于谷某某是否投保盗抢险。由于保险合同系格式合同且保险业具有高度专业性和技术性，这就要求某保险公司应对自己承保的险种及保险事故发生后给谷某某带来的预期利益进行充分说明，谷某某在投保单及保险单上签字是被告某保险公司履行上述义务及谷某某对投保单、保险条款的有关内容表示认可并接受议定义务的行为，某保险公司提供的投保单及保险单（副本）均无谷某某本人签字且谷某某现对其不认可，故某保险公司应承担相应的法律责任。某保险公司提供的机动车辆条款第1条明确约定本保险合同由保险条款、投保单、保险单、批单及其他特别约定组成，均应采用书面形式，因此谷某某与某保险公司在本保险合同组成部分上的签名或者盖章是对自己真实意思的确认。某保险公司提供的投保单、保险单谷某某均未签字认可，结合实践，订立保险合同一般应按照填写保险单—交纳保险费—核保—签订保险单的顺序进行，某保险公司提供的保险单上无签单日期、收取保费日期为2007年9月8日，上述顺序中核保时间发生在谷某某2007年12月5日丢车之后，且某保险公司不能提供原告签字认可的投保申请，综上分析，本院认为该保单只能体现某保险公司的单方意愿，不能证明对谷某某具有约束力，该保单谷某某不认可且存有瑕疵，故法院对该保险单不予采纳。

关于某保险公司所称电话录音能够证明谷某某收到保险单。按照保险单特别约定第5条原告未在15日内提出异议，视同默认的主张，因电话录音不能证明谷某某收到保单的时间，某保险公司也不能证明15日已逾期，且谷某某对保险单至今也不认可，故本院对某保险公司的上述主张不予采纳。

关于某保险公司称保单及保费收据按照保险业行规已于2007年9月8日交付谷某某的主张，谷某某不认可。某保险公司提供电话录音以证明谷某某收到保单，但谷某某对录音内容中这一事实否认。根据谷某某与被告某保险公司约定采用书面形式的条款，某保险公司有义务提供其他证据予以印证，因某保险公司未出示其他证据，故本院对该主张不予采纳。

某保险公司称保单上各险种费用之和与谷某某所交保费完全吻合，证明谷某某未交盗抢险费用，谷某某认为是被告某保险公司单方计算的结果，对其不予认可，结合某保险公司能够给投保人自行制定优惠额这一事实，本院对某保险公司称险种费用之和与谷某某所交保费完全吻合从而证明谷某某未交盗抢险费用的主张不予采纳。谷某某实际交纳保费共计3730.33元，该案涉及的盗抢险费用是614.1元，交纳的保费能够涵盖盗抢险费用。

综上所述，根据《民事诉讼证据规定》的规定，谷某某关于河北某保险公司持有对其不利的证据而拒不提供的主张，本院予以采纳，故某保险公司承担不利后果；河北某公司认为自身没有代理保险业务且未对原告作过任何承诺，谷某某对自己的主张无其他证据予以证实，故本院对谷某某要求案外人河北某公司应履行协助理赔义务的主张不予支持。依据《保险法》第13条第1款〔1〕、第14条的规定，判决：(1)被告某保险公司自本判决生效之日10日内赔偿原告谷某某172,000元；(2)驳回原告谷某某要求被告河北某公司协助义务的诉讼请求；(3)本案诉讼费3740元，由被告某保险公司承担。

〔1〕 2009年、2014年和2015年《保险法》修改后，本款仍为第13条第1款，内容变更为“投保人提出保险要求，经保险人同意承保，保险合同成立。保险人应当及时向投保人签发保险单或者其他保险凭证”。

某保险公司不服一审判决提起上诉。

二审法院经审理认为，上诉人某财产保险股份有限公司作为保险人收取被上诉人保费的收据，证明上诉人某财产保险股份有限公司接受了被上诉人谷某某的投保申请及交纳的保费，双方之间已订立保险合同。现被上诉人谷某某称其投保的“全险”中含有盗抢险，上诉人某保险公司主张被上诉人谷某某未投保盗抢险，双方对是否投有盗抢险发生争议。由于上诉人某保险公司是从事保险业务的专门机构，其应当保存有符合法律规定和合同约定的办理保险业务的相关单证。

保险合同为要式合同，投保单是其中的重要组成部分，是投保人向保险人申请订立保险合同的书面要约，一经保险人接受后，即成为保险合同的一部分，与保单、批单等重要凭证共同组成了保险合同。投保人本人在投保单上的签名是投保单真实的最大体现，这也是合同成立的必备条件。上诉人某财产保险股份有限公司提交的中国财产保险股份有限公司机动车辆保险投保单上投保须知第5条更明确说明“投保单填好后，请在投保人签章处签名或签章”。从上诉人某财产保险股份有限公司举证的投保单来看，其在一审和二审中均出示了一份投保单，两份投保单均无被上诉人谷某某签名，且该两份投保单形式不同，内容有别，投保单上核保人签字处亦为空白；从上诉人某保险公司出具的保费收据来看，在保费收据上仅有收取保费总额，并未显示投保的险种，上诉人某保险公司收取的保费3730.33元，足以涵盖盗抢险保费614.1元；从上诉人某保险公司举证的保险单来看，上诉人某保险公司在一审和二审中亦各出示了一份保险单，两份保险单上均无投保人签名，无上诉人签章，不符合保单成立的必备要件，且两份保单的保单号一致，却内容有别，保单流水号不一致，不符合订立保险合同的规律。在被上诉人谷某某称其未收到过保单的情况下，上诉人某财产保险股份有限公司至今仍未出示由投保人签名的保险单。现被上诉人谷某某认为自己投保了盗抢险，该车现被盗，而上诉人某财产保险股份有限公司无证据证实其收取的3730.33元保费中不包括盗抢险，故一审判令上诉人某保险公司承担责任妥当。被上诉人谷某某既主张其投保了盗抢险，就应依照盗抢险保险条款履行。根据上诉人某保险公司提交的机动车辆保险条款第3章第8条“保险车辆发生本条款第1条第1款规定的保险事故，本保险赔偿时实行20%绝对免赔率”的约定，本案被上诉人谷某某的损失应按照20%绝对免赔率免赔，原审判决全部赔偿错误，应予纠正。依照《民事诉讼法》第152条第1款〔1〕、第153条第1款第1项和第3项〔2〕、第158条〔3〕之规定，判决：(1)维持石家庄市桥西区人民法院(2008)西振民一初字第00079号判决第二项即“驳回原告谷某某要求被告河北某公司履行协助义务的诉讼请求”；(2)变更石家庄市桥西区人民法院(2008)西振民一初字第00079号判决第一项即“被告某财产保险股份有限公司石家庄中心支公司自本判决生效之日起10日内赔偿原告谷某某172,000元”为“自本判决生效之日起10日内，某财产保险股份有限公司石家庄中心支公司支付谷某某保险赔偿金137,600元”；(3)一审、二审案件费各3720元，共计7480元。由某财产保险股份有限公司负担5984元，由谷某某负担1496元。

## 作者点评

保险合同是保险人为了重复使用而预先拟定，在订立合同时未与投保人、被保险人协商条款的格式合同。

---

〔1〕 2021年《民事诉讼法》修改后，本条变更为第176条：“第二审人民法院对上诉案件应当开庭审理。经过阅卷、调查和询问当事人，对没有提出新的事实、证据或者理由，人民法院认为不需要开庭审理的，可以不开庭审理。第二审人民法院审理上诉案件，可以在本院进行，也可以到案件发生地或者原审人民法院所在地进行。”

〔2〕 2021年《民事诉讼法》修改后，本两项分别变更为第177条第1款第1项和第3项：“第二审人民法院对上诉案件，经过审理，按照下列情形，分别处理：(一)原判决、裁定认定事实清楚，适用法律正确的，以判决、裁定方式驳回上诉，维持原判决、裁定……(三)原判决认定基本事实不清的，裁定撤销原判决，发回原审人民法院重审，或者查清事实后改判……”

〔3〕 2021年《民事诉讼法》修改后，本条变更为第182条。

在实务中，投保人往往是通过保险销售人员的解释说明来了解保险合同。保险合同往往由投保单、保险单、批单三部分组成，投保人在投保单上的落款签字构成签订保险合同的要约，往往是投保人真实意思表示，也是一份合同成立的必要条件。笔者认为，在本案中，某保险公司不仅先后出示两份不同的投保单作为证据，而且投保单上均无投保人谷某某的签字，对于有谷某某签字的投保单某保险公司也拒不出示，法庭对于谷某某投保的险种类型的事实也无法认定，控制保险合同的保险公司无正当理由拒不提交书证的，法庭可以认定谷某某所主张的投保盗抢险的事实为真实，某财产保险股份有限公司应承担举证不能的败诉后果。

实务中保险合同更加关注格式条款，并非为了偏向保护投保人的利益，而是以司法的制裁功能为手段，促使保险人在制定保险合同格式条款时可以更加公平地确定彼此的权利义务，妥当地履行提示和说明义务，达到兼具契约自由和契约正义的效果。[1]

## 法条链接

《中华人民共和国民法典》

**第四百九十条** 当事人采用合同书形式订立合同的，自当事人均签名、盖章或者按指印时合同成立。在签名、盖章或者按指印之前，当事人一方已经履行主要义务，对方接受时，该合同成立。

法律、行政法规规定或者当事人约定合同应当采用书面形式订立，当事人未采用书面形式但是一方已经履行主要义务，对方接受时，该合同成立。

〔1〕 参见张晗庆:《关于保险合同格式条款的裁判思维》，载《法律适用》2020年第10期。

《中华人民共和国保险法》

**第十三条** 投保人提出保险要求，经保险人同意承保，保险合同成立。保险人应当及时向投保人签发保险单或者其他保险凭证。

保险单或者其他保险凭证应当载明当事人双方约定的合同内容。当事人也可以约定采用其他书面形式载明合同内容。

依法成立的保险合同，自成立时生效。投保人和保险人可以对合同的效力约定附条件或者附期限。

**第十七条** 订立保险合同，采用保险人提供的格式条款的，保险人向投保人提供的投保单应当附格式条款，保险人应当向投保人说明合同的内容。

对保险合同中免除保险人责任的条款，保险人在订立合同时应当在投保单、保险单或者其他保险凭证上作出足以引起投保人注意的提示，并对该条款的内容以书面或者口头形式向投保人作出明确说明；未作提示或者明确说明的，该条款不产生效力。

# 七、汽车与犯罪

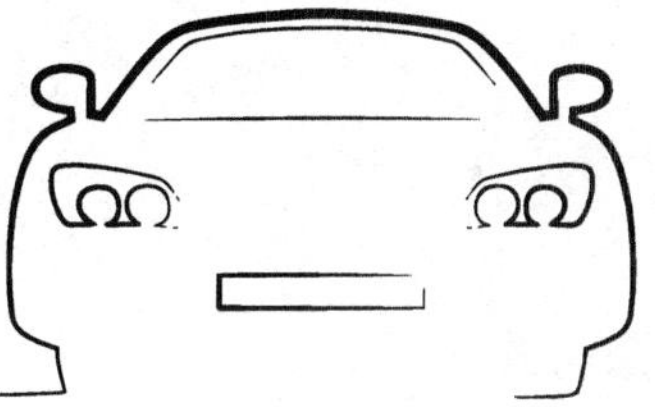

# 32

# 张某某、金某危险驾驶案

## ——危险驾驶罪中追逐竞驶行为的认定

## 案件基本信息

1. 法院裁判文书

上海市浦东新区人民法院(2012)浦刑初字第4245号刑事判决书

2. 罪名

危险驾驶罪

3. 公诉机关与被告人

公诉机关:上海市浦东新区检察院

被告人:张某某

被告人:金某

## 裁判要旨

行为人主观上存在追求追求刺激、炫耀驾驶技能的心理,客观上实施驾驶超标大功率的改装摩托车,多次随意变道、反复并线、多次闯红灯、大幅超速等严重违法行为,且驾驶的系无牌和套牌的大功率改装摩托车,在民警盘查时驾车逃离,给公共交通安全造成一定危险,足以威胁他人生命、财产安全,情节恶劣的,构成危险驾驶罪。

## 基本案情

2012年2月3日20时20分许，被告人张某某、金某相约驾驶摩托车出去享受大功率摩托车的刺激感，约定“陆家浜路、河南南路路口是目的地，谁先到谁就等另一个人”。随后，由张某某驾驶无牌的本田大功率二轮摩托车（经过改装），金某驾驶套牌的雅马哈大功率二轮摩托车（经过改装），从上海市浦东新区乐园路99号车行出发，行至杨高路、巨峰路路口掉头沿杨高路由北向南行驶，经南浦大桥到陆家浜路下桥，后沿河南南路经复兴东路隧道、张杨路回到张某某住所。全程28.5公里，沿途经过多个公交站点、居民小区、学校和大型超市。在行驶途中，两被告人驾车在密集车流中反复并线、曲折穿插、多次闯红灯、大幅超速行驶。当行驶至陆家浜路、河南南路路口时，张某某、金某遇执勤民警检查，遂驾车沿河南南路经复兴东路隧道、张杨路逃离。其中，在杨高南路浦建路立交（限速60 公里/时）张某某行驶速度115 公里/时、金某行驶速度98 公里/时；在南浦大桥桥面（限速60 公里/时）张某某行驶速度108 公里/时、金某行驶速度108 公里/时；在南浦大桥陆家浜路引桥下匝道（限速40公里/时）张某某行驶速度大于59公里/时、金某行驶速度大于68公里/时；在复兴东路隧道（限速60公里/时）张某某行驶速度102公里/时、金某行驶速度99公里/时。

2012年2月5日21时许，被告人张某某被抓获到案后，如实供述上述事实，并向公安机关提供被告人金某的手机号码。金某接公安机关电话通知后于2月6日21时许主动投案，并如实供述上述事实。

## 争议焦点

张某某、金某是否构成追逐竞驶，情节恶劣的情形。

## 裁判理由

根据《刑法》第133条之一第1款规定，"在道路上驾驶机动车追逐竞驶，情节恶劣的"[1]构成危险驾驶罪。

《刑法》规定的"追逐竞驶"，一般指行为人出于竞技、追求刺激、斗气或者其他动机，两人或两人以上分别驾驶机动车，违反道路交通安全规定，在道路上快速追赶行驶的行为。本案中，从主观驾驶心态上看，两被告张某某、金某到案后先后供述"心里面想找点享乐和刺激""在道路上穿插、超车、得到心理满足"，在面临红灯时，"刹车不舒服、逢车必超""前方有车就变道曲折行驶再超越"。两被告上述供述与相关视听资料相互印证，可以反映出其追求刺激、炫耀驾驶技能的竞技心理。从客观行为上看，两被告驾驶超标大功率的改装摩托车，为追求速度，多次随意变道、闯红灯、大幅超速。从行驶路线看，两被告人共同自浦东新区乐园路99号出发，至陆家浜路、河南南路路口接人，约定了竞相行驶的起点和终点。综上所述，可以认定两被告人的行为属于危险驾驶罪中的"追逐竞驶"。

关于本案被告人的行为是否属于"情节恶劣"，应从其追逐竞驶行为的具体表现、危害程度、造成的危害后果等方面，综合分析其对道路交通秩序、不特定多人生命、财产安全威胁的程度是否"恶劣"。本案中，两被告追逐竞驶行为，虽未造成人员伤亡和财产损失，但从以下情形分析，属于危险驾驶罪中的"情节恶劣"：第一，从驾驶的车辆看，两被告驾驶的系无牌和套牌的大功率改装摩托车；第二，从行驶速度看，总体驾驶速度很快，多处路段超速达50%以上；第三，从驾驶方式看，反复并线、穿插前车、多次闯红灯行驶；第四，从

〔1〕 本案裁判时依据的是2011年通过并施行的《刑法修正案（八）》。2015年《刑法修正案（九）》对第133条之一的表述修改为"在道路上驾驶机动车，有下列情形之一的，处拘役，并处罚金：（一）追逐竞驶，情节恶劣的……"

对待执法的态度看，两被告在民警盘查时驾车逃离；第五，从行驶路段看，途经的杨高路、张杨路、南浦大桥、复兴东路隧道等均系城市主干道，沿途还有多处学校、公交和地铁站点、居民小区、大型超市等路段，交通流量较大，行驶距离较长，在高速驾驶的刺激心态下和躲避民警盘查的紧张心态下，极易引发重大恶性交通事故。上述行为，给公共交通安全造成一定危险，足以威胁他人生命、财产安全，故可以认定两被告人追逐竞驶的行为属于危险驾驶罪中的“情节恶劣”。

被告张某某到案后如实供述所犯罪行，依法可以从轻处罚。被告人金某投案自首，依法亦可以从轻处罚。鉴于两被告在庭审中均已认识到行为的违法性及社会危害性，保证不再实施危险驾驶行为，并多次表示认罪悔罪，且其行为尚未造成他人人身、财产损害后果，故依法作出判决：被告人张某某犯危险驾驶罪，判处拘役4个月，缓刑4个月，并处罚金人民币4000元；被告人金某犯危险驾驶罪，判处拘役3个月，缓刑4个月，并处罚金人民币3000元。宣判后，两被告人均未上诉，判决已发生法律效力。

## 作者点评

危险驾驶罪是一种行为犯罪，不以产生损害结果为犯罪的构成要件。认定危险驾驶罪的“追逐竞驶”的行为注意要点有三：

首先，追逐竞驶以具有一定危险性的高速、超速行驶为前提，[1]如果行为人驾驶机动车始终没有超速，而只是在道路上持续不断地追赶，由于车速限制在合理的范围内，对道路交通安全的影响极为有限，因此不宜认定为追逐竞驶。其次，单纯的高速驾驶或者超速驾驶，未追逐竞驶的，也并不直接成立

〔1〕 参见陆诗忠：《论“危险驾驶罪”司法适用中的几个疑难问题》，载《甘肃政法学院学报》2018年第2期。

本罪，不能将本罪等同于超速行驶，超速是形成追逐竞驶的前提，但不是唯一特征。[1]最后，追逐竞驶要求行为人以足以危害交通安全的行为方式驾驶机动车，包括随意追逐、超越其他车辆，突然并线，或者近距离驶入其他车辆之前等，[2]行为人实施上述行为严重影响正常交通秩序，对道路安全构成威胁。

需要说明的是，成立追逐竞驶不要求行为车辆必须是两辆车及以上，单一车辆也可构成追逐竞驶，比如行为人驾驶机动车炫技耍酷，持续高速行驶不断超越道路上的其他车辆，穿梭前行，被超越的车辆未对行为人的挑衅作出反应，该驾驶行为也应当被认定为追逐竞驶。

## 法条链接

《中华人民共和国刑法》

**第一百三十三条**之一　在道路上驾驶机动车，有下列情形之一的，处拘役，并处罚金：

（一）追逐竞驶，情节恶劣的；

（二）醉酒驾驶机动车的；

（三）从事校车业务或者旅客运输，严重超过额定乘员载客，或者严重超过规定时速行驶的；

（四）违反危险化学品安全管理规定运输危险化学品，危及公共安全的。

机动车所有人、管理人对前款第三项、第四项行为负有直接责任的，依照前款的规定处罚。

有前两款行为，同时构成其他犯罪的，依照处罚较重的规定定罪处罚。

〔1〕参见张骁骁：《追逐竞驶型危险驾驶罪认定中的若干问题》，载《湖北警官学院学报》2013年第6期。
〔2〕参见钟燕：《论危险驾驶罪与相关犯罪的关系》，载《法制与社会》2012年第23期。

33

# 张某某以危险方法危害公共安全案

——"毒驾"行为的性质及评价

## 案件基本信息

1. 法院裁判文书

广东省广州市中级人民法院(2017)粤01刑终691号刑事裁定书

2. 罪名

以危险方法危害公共安全罪

3. 公诉机关与上诉人

上诉人(原审被告):张某某

原审公诉机关:广州市番禺区人民检察院

## 裁判要旨

行为人吸毒后违法驾驶车辆在道路上行驶,发生交通事故后驾车逃逸,其间又连续与多车碰撞,致两人重伤,多车损坏,并负事故的全部责任的,构成以危险方法危害公共安全罪。

## 基本案情

2016年2月2日12时许,张某某在吸毒后驾驶一辆号牌为粤××××××

丰田牌小型轿车，在广州市番禺区亚运大道由东往西方向超速行驶，当其驾驶车辆行驶至该道大龙街傍雁路路口，闯红灯直行过程中，与杨某甲驾驶的一辆号牌为粤××××××马自达牌小型轿车发生碰撞，造成车辆损坏的交通事故。事故发生后，张某某驾驶肇事车辆逃离现场，逃至大龙街金海岸小区对开路段时，与左侧路基发生碰撞后继续逃逸，随后再先后与前方同向由陈某某驾驶的一辆号牌为桂××××××宝马牌小型轿车、黄某某驾驶的一辆号牌为粤××××××尼桑牌轻型普通货车、杨某乙驾驶的一辆号牌为粤××××××雪佛兰牌小型轿车、冯某某驾驶的一辆号牌为粤××××××福克斯牌小型轿车和吴某甲驾驶的一辆无号牌的凌某三轮摩托车，搭载被害人罗某某、吴某乙、吴某丙、吴某丁、吴某戊发生碰撞，造成吴某甲、罗某某、吴某乙、吴某丙、吴某丁、吴某戊受伤须送医院抢救的重大交通事故。被告人张某某由于涉嫌吸食违禁药品后驾驶机动车，被广州市公安局交通警察支队番禺大队事故中队执勤民警查获。经交警部门认定，被告人张某某承担全部责任，陈某某、黄某某、杨某甲、杨某乙、冯某某、罗某某、吴某甲、吴某乙、吴某丙、吴某丁、吴某戊无责任。

经鉴定，被告人张某某血液样本中检出甲基苯丙胺、苯丙胺成分，甲基苯丙胺游离碱含量为1.25 ug/ml，苯丙胺游离碱含量为0.28 ug/ml。被害人吴某丁和罗某某的损伤程度均属于重伤二级。

## 争议焦点

交通肇事后为逃避责任，高速驾驶车辆逃逸过程中冲撞车辆、人群造成特别严重后果的行为，应当如何论处。

## 裁判理由

一审法院认为，被告人张某某无视国家法律，吸毒后驾驶机动车违法，发生交通事故后驾车逃逸，在逃离现场过程中又连续与多车相撞，致二人重伤，多车损坏，负事故全部责任，其行为已构成以危险方法危害公共安全罪，依法应当对其适用“十年以上有期徒刑、无期徒刑或者死刑”的量刑幅度予以处罚。

鉴于被告人张某某在犯罪后自动投案，如实供述自己的罪行，是自首，可以从轻处罚；被告人张某某曾因故意犯罪被判处有期徒刑，刑罚执行完毕以后，在五年以内再犯应当判处有期徒刑以上刑罚之罪，是累犯，应当从重处罚。被告人家属赔偿部分被害人的经济损失，可酌情从轻处罚。依照《刑法》第115条、第55条、第56条、第65条第1款以及《关于处理自首和立功具体法律问题的解释》第1条、第3条的规定，以被告人张某某犯以危险方法危害公共安全罪，判处其有期徒刑10年，剥夺政治权利3年。

宣判后，一审被告人张某某不服该判决，向广州市中级人民法院提出上诉。

广州市中级人民法院审理查明的事实与原判认定的事实相同，原审判决所依据的证据均经原审庭审出示和质证，形式合法，确实充分，予以确认。

广州市中级法院经审理认为，关于上诉人张某某所提上诉意见：(1) 上诉人张某某案发后体内检出甲基苯丙胺、苯丙胺成分，其在案发前和案发过程中超速行驶，在经过亚运大道大龙街傍雁路路口时闯红灯，与被害人杨某某驾驶的小汽车发生碰撞后，毫无停驶迹象逃离现场；后在大龙街某小区对开路段与路基发生碰撞后亦未立即停止，而是继续逃逸，先后碰撞四辆小汽车和一辆摩托车，致两人受重伤。可见，上诉人张某某明知违法而吸毒，吸毒后驾驶机动车在公共交通道路上高速行驶，罔顾公共交通安全、其他司机和行人的生命及财产安全，在第一次与他人碰撞后没有停车查看，反而驾车逃逸，接二连三发生连续碰撞和事故，造成两人受重伤、多车受损的严重后果，其行为属于以其他危险方法危害公共安全的行为。上诉人张某某系具有相当社会生活经验的成年人，应当知道其高速驾车连续冲撞的行为可能危及不特定多数人的生命或者公私财产安全，仍实施上述高速驾驶、多次碰撞的行为，放任危害结果的发生，其主观上是间接故意，亦符合以危险方法危害公共安全罪的客观要件。因此，上诉人张某某认为其并非故意的上诉意见于法不符，不能成立。（2）上诉人张某某案发后主动投案，能如实供述其基本犯罪事实，可视为自首，且案发后赔偿了被害人的部分经济损失，可对其从轻判处，但同时其还是累犯，依法应当从重处罚。原判综合考虑上诉人所实施的罪行、造成的社会后果、认罪态度等情节，判处其有期徒刑十年适当，上诉人张某某请求再从轻判罚缺乏新的事实和理由，本院不予采纳。

上诉人张某某吸毒后违章驾驶车辆在道路上行驶，发生交通事故后驾车逃逸，其间又连续与多车碰撞，致两人重伤，多车损坏，并负事故的全部责任，其行为已构成以危险方法危害公共安全罪，依法应予严惩。上诉人张某某案发后自动投案，如实供述其罪行，是自首，可依法从轻判处。上诉人张某某是累犯，依法应当从重处罚。上诉人家属主动赔偿了被害人的部分经济损失，可酌情从宽。上诉人张某某所提上诉意见经查均据理不足，本院均不予采纳。原判认定事实清楚，证据确实充分，定罪和适用法律正确，量刑适当，审判程序合法，本院予以维持。依照《刑事诉讼法》第225条第1款第1项[1]的规定，裁定：驳回上诉，维持原判。本裁定为终审裁定。

---

〔1〕 2018年《刑事诉讼法》修改后，本款变更为第236条第1款第1项。

# 作者点评

驾驶人员服用国家管制的精神药品或麻醉药品的，不得驾驶机动车。驾驶人员吸食毒品后，精神状态异常，辨别、控制能力大幅下降，极易引发重大交通安全事故。

"毒驾"给交通安全带来的危险不次于"醉驾"。因"毒驾"检测技术复杂、毒品种类繁多、检测方法多样、立案标准难确定等种种原因，导致历次刑法修正案，均未将"毒驾"纳入危险驾驶罪之中，这对"毒驾"的刑事司法定性形成了一定的障碍。

"毒驾"行为所引发的驾驶人员的精神状态异常，辨别、控制能力的下降，威胁着道路交通安全。那么可否将"毒驾"行为定性为"以其他危险方法危害公共安全罪"来加以惩治呢？〔1〕具体要评判"毒驾"行为是否对公共安全造成不特定的、具体危险甚至实害结果，在本案中张某某"毒驾"行为对道路交通安全造成了具体的、现实的、不特定的危险，因此，法院将张某某的"毒驾"行为评价为以危险方法危害公共安全罪罪名适用正确，符合罪刑相适应的刑法原则。

## 法条链接

《中华人民共和国刑法》

**第五十五条** 剥夺政治权利的期限，除本法第五十七条规定外，为一年以上五年以下。

判处管制附加剥夺政治权利的，剥夺政治权利的期限与管制的期限相等，

〔1〕 参见冯骁聪：《"毒驾"行为的定罪困境及立法完善——以黄某"毒驾"案为切入点》，载《广西警察学院学报》2019年第1期。

同时执行。

**第五十六条** 对于危害国家安全的犯罪分子应当附加剥夺政治权利；对于故意杀人、强奸、放火、爆炸、投毒、抢劫等严重破坏社会秩序的犯罪分子，可以附加剥夺政治权利。

独立适用剥夺政治权利的，依照本法分则的规定。

**第六十五条** 被判处有期徒刑以上刑罚的犯罪分子，刑罚执行完毕或者赦免以后，在五年以内再犯应当判处有期徒刑以上刑罚之罪的，是累犯，应当从重处罚，但是过失犯罪和不满十八周岁的人犯罪的除外。

前款规定的期限，对于被假释的犯罪分子，从假释期满之日起计算。

**第一百一十五条** 放火、决水、爆炸以及投放毒害性、放射性、传染病病原体等物质或者以其他危险方法致人重伤、死亡或者使公私财产遭受重大损失的，处十年以上有期徒刑、无期徒刑或者死刑。

过失犯前款罪的，处三年以上七年以下有期徒刑；情节较轻的，处三年以下有期徒刑或者拘役。

**《最高人民法院关于处理自首和立功具体应用法律若干问题的解释》**

**第一条** 根据刑法第六十七条第一款的规定，犯罪以后自动投案，如实供述自己的罪行的，是自首。

（一）自动投案，是指犯罪事实或者犯罪嫌疑人未被司法机关发觉，或者虽被发觉，但犯罪嫌疑人尚未受到讯问、未被采取强制措施时，主动、直接向公安机关、人民检察院或者人民法院投案。

犯罪嫌疑人向其所在单位、城乡基层组织或者其他有关负责人员投案的；犯罪嫌疑人因病、伤或者为了减轻犯罪后果，委托他人先代为投案，或者先以信电投案的；罪行尚未被司法机关发觉，仅因形迹可疑，被有关组织或者司法机关盘问、教育后，主动交代自己的罪行的；犯罪后逃跑，在被通缉、追捕过程中，主动投案的；经查实确已准备去投案，或者正在投案途中，被公安机关捕获的，应当视为自动投案。

并非出于犯罪嫌疑人主动，而是经亲友规劝、陪同投案的；公安机关通知犯罪嫌疑人的亲友，或者亲友主动报案后，将犯罪嫌疑人送去投案的，也应当视为自动投案。

犯罪嫌疑人自动投案后又逃跑的，不能认定为自首。

（二）如实供述自己的罪行，是指犯罪嫌疑人自动投案后，如实交代自己的主要犯罪事实。

犯有数罪的犯罪嫌疑人仅如实供述所犯数罪中部分犯罪的，只对如实供述部分犯罪的行为，认定为自首。

共同犯罪案件中的犯罪嫌疑人，除如实供述自己的罪行，还应当供述所知的同案犯，主犯则应当供述所知其他同案的共同犯罪事实，才能认定为自首。

犯罪嫌疑人自动投案并如实供述自己的罪行后又翻供的，不能认定为自首，但在一审判决前又能如实供述的，应当认定为自首。

**第三条** 根据刑法第六十七条第一款的规定，对于自首的犯罪分子，可以从轻或者减轻处罚；对于犯罪较轻的，可以免除处罚。具体确定从轻、减轻还是免除处罚，应当根据犯罪轻重，并考虑自首的具体情节。

34

# 余某某交通肇事案

## ——交通肇事中“逃逸”作为入罪情节与量刑情节的区分

## 案件基本信息

1. 法院裁判文书

北京市第一中级人民法院(2019)京01刑终628号刑事判决书

2. 罪名

交通肇事罪

3. 抗诉机关与上诉人

抗诉机关(原审公诉机关):北京市门头沟区检察院

上诉人(原审被告):余某某

## 裁判要旨

行为人在意志清醒、视力正常、熟悉路况以及路况及照明良好的情况下辩称事故发生时不知道撞人,只感觉车轧到马路牙子,与客观证据明显不符且在自动投案后始终对这一关键事实不能如实供述的,其行为不能被认定为自首。行为人在明知发生交通事故且已撞人的情况下驾车离开现场,该客观行为直接反映其在逃离现场时主观上存在逃避法律追究的意图,属于交通运输肇事后逃逸,因而该行为构成交通肇事罪的加重犯而非基本犯,犯罪情节特别恶劣,不符合适用缓刑的条件。

## 基本案情

余某某系中国中铁股份有限公司总部纪委综合室工作人员。2019年6月5日18时许，余某某与朋友王某、何某、孙某一起前往北京市海淀区五棵松附近某餐馆聚餐，其间喝了四两左右42度汾酒。20时30分左右聚餐结束，余某某步行离开。

21时02分39秒，余某某步行到达单位。21时04分35秒，余某某驾驶自己所有的车牌号为京××××××的白色丰田牌小型普通客车驶离单位内部停车场。21时28分37秒，余某某驾车由南向北行驶至北京市门头沟区河堤路1公里处，在行车道内持续向右偏离并进入人行道，后车辆右前方撞击被害人宋某，致宋某身体腾空砸向车辆前机器盖和前挡风玻璃，后再次腾空并向右前方连续翻滚直至落地，终致宋某当场因颅脑损伤合并创伤性休克死亡。后余某某驾车撞击道路右侧护墙，校正行车方向回归行车道，未停车并驶离现场。

21时33分30秒，余某某驾车进入其居住小区地下车库。21时33分53秒，余某某停车熄火并绕车查看车身，发现车辆右前部损坏严重，右前门附近有斑状血迹。21时34分27秒，余某某返回驾驶室，取出毛巾并擦拭车身血迹。21时35分25秒，余某某擦拭车身完毕，携带毛巾走出地下车库，并将毛巾抛弃至地库出口通道右侧墙上。21时36分50秒，余某某离开小区步行前往现场。6月6日0时55分40秒，余某某进入北京大福汗天堂美容有限公司的足疗店，4时59分离开该足疗店。5时左右，余某某前往北京市公安局门头沟分局交通支队投案。5时30分，余某某接受呼气式酒精检测，血液酒精浓度为8.6毫克/100毫升。6时12分，余某某接受血液酒精检验，但未检出酒精。

6月5日21时39分，路人杨某发现该事故后电话报警。后北京市公安局门头沟分局交通支队民警前往现场，并于22时30分开始勘查现场，确定肇事车辆系车牌号为京××××××的白色丰田牌小型普通客车，且该车在事故发生后驶离现场。现场道路东侧人行道台阶处留有轮胎撞击后形成的挫印，被害人倒在前方道路护墙之上的人行便道且已死亡。被害人头部距离肇事车辆右前轮在地面形成的挫划痕迹起点约26.2米，留有被害人血迹的灯杆距离肇事车辆右前轮在地面形成的挫划痕迹起点约15米，灯杆上布满血迹且血迹最高点距地面3.49米。此外，现场还遗有肇事车辆的前标志牌及右前大灯罩碎片。

6月6日1时25分，民警在余某某居住地的地下车库查获京××××××的白色丰田牌小型普通客车，并勘查现场提取物证。该车右前机器盖大面积凹陷，右侧前挡风玻璃大面积粉碎性裂痕、右前轮胎及轮毂有撞击痕迹，右侧车身有多处血迹（部分血迹已被擦除）、车标脱落。

北京市公安局门头沟分局交通支队认定，余某某驾驶小型普通客车上道路行驶时未确保安全的交通违法过错行为致使事故发生，与本起道路交通事故的发生有因果关系，是事故发生的全部原因；余某某发生事故时系酒后驾车，因其驾车逃逸，导致发生事故时体内酒精含量阈值无法查证；宋某无与本起道路交通事故发生有因果关系的交通违法过错行为。据此确定，余某某为全部责任，宋某无责任。

6月17日，余某某在妻子李某甲的协助下与被害人宋某的母亲李某乙达成和解协议，李某甲代为赔偿并实际支付李某各项经济损失共计人民币160万元，李某出具谅解书，对余某某的行为表示谅解。

## 争议焦点

是否应对余某某适用缓刑。

# 裁判理由

## 一、关于抗辩争议问题的具体评述

### （一）关于余某某案发时是否明知发生交通事故且撞人的问题

抗诉机关认为本案并无证据证实余某某在事故发生时即知道自己撞了人，按照存疑有利于被告人的原则，应认定其是在将车开回车库看到血迹时才意识到自己撞人；上诉人认为发生事故时自己没有意识到撞人；辩护人则认为余某某在事发当时没有意识到发生交通事故，而是在将车辆停在地下车库发现车上有血迹时才意识到可能撞人。

对此，合议庭经评议认为，第一，从现场道路环境看，本案虽然案发时间为21时28分，但现场道路平坦，路灯照明正常，路面视线良好，肇事车辆前灯正常开启，现场没有影响余某某行车视线的环境、天气等因素。第二，从现场物证痕迹看，被害人落地后头部距余某某所驾车辆右前轮撞击人行道台阶形成的挫划痕迹26.2米，现场路边灯杆上血迹最高点距地面3.49米，且肇事车辆右前大灯罩损坏、前部右侧机器盖大面积凹陷及右侧挡风玻璃大面积粉碎性裂痕，证明被害人遭受撞击时力度非常之大，且被害人与肇事车辆前机器盖、前挡风玻璃的撞击及随后的腾空连续翻滚均发生在余某某视线范围之内。第三，从被害人身体情况及现场监控情况看，被害人身高1.75米，发育正常，营养中等。其在被肇事车辆撞击后身体腾空，并伴随肇事车辆的前行在空中连续向前翻滚，最终落在前方26.2米的人行便道上。被害人被撞击后的上述运动轨迹处于余某某的视线范围之内。第四，从上诉人自身情况看，余某某当庭供称自己视力正常，不用佩戴近视眼镜，案发前虽曾饮酒但并未处于醉酒状态，意识清醒，能够有效控制自己身体。现场监控录像也显示，余某某在撞人后并未刹车，且能准确及时校正行车方向，回归行车道继续行驶。

上述证据足以证明，虽然余某某在事故发生前有可能因注意力不集中等自身因素导致对撞人缺乏清楚的认知，但在撞人之后，其并未停车，车亦未失控，而是校正行车方向继续驾驶，正常驶回小区车库并查验车辆。上述一系列行为表明，余某某始终处于清醒自控的状态，结合被害人的身高、体重及在被车辆撞击后身体腾空，砸在车辆前机器盖及前挡风玻璃上的情况，以及被害人随着车辆的运动在空中连续翻滚并最终落到前方26.2米处的客观事实看，余某某作为视力正常、并未醉酒、熟悉路况且驾龄较长的司机，在路况及照明良好的情况下，被害人近在咫尺，其对于驾车撞人这一事实应是完全明知的。在此情况下，其始终辩称事故发生时自己不知道撞人，只感觉车轧到马路牙子，这与本案客观证据明显不符。

因此，抗诉机关及上诉人所提余某某在事故发生时不明知撞人的意见不能成立，辩护人所提余某某在事发当时没有意识到发生交通事故的意见更与客观事实及证据不符，不能成立。

（二）关于余某某的行为是否构成自首的问题

一审法院认定余某某自动投案，到案后如实供述犯罪事实，可认定为自首。抗诉机关、支持抗诉机关及上诉人、辩护人也均认为余某某的行为构成自首。

对此，合议庭经评议认为，根据我国《刑法》相关规定，自首是指犯罪嫌疑人自动投案，并如实交代自己的主要犯罪事实。在交通肇事案件中，主要犯罪事实包括交通事故的具体过程、事故原因及犯罪对象等方面事实。对于驾驶机动车肇事致人死亡的案件而言，行为人在事故发生时驾车撞击的是人还是物属关键性的主要犯罪事实，应属犯罪嫌疑人投案后必须如实供述的内容。本案中，根据现场道路环境、物证痕迹、监控录像等可以认定，余某某在事故发生时对于撞人这一事实是明知的。其在自动投案后始终对这一关键事实不能如实供述，因而属未能如实供述主要犯罪事实，故其行为不能被认定为自首。

因此，一审法院认定余某某具有自首情节并据此对其减轻处罚有误，二审应予纠正。抗诉机关、支持抗诉机关及上诉人、辩护人的该项意见不能成立。

（三）关于余某某的行为是否构成交通肇事后逃逸的问题

上诉人在二审中提出其离开事故现场没有逃避法律追究的意图；辩护人认为余某某的行为不属于“交通肇事后逃逸”情形，且余某某的投案行为也说明其不具有逃避法律追究的目的。

对此，合议庭经评议认为，《道路交通安全法》第70条规定：“在道路上发生交通事故，车辆驾驶人应当立即停车，保护现场；造成人身伤亡的，车辆驾驶人应当立即抢救受伤人员，并迅速报告执勤的交通警察或者公安机关交通管理部门。”《刑法》第133条中“交通运输肇事后逃逸”指的是在发生交通事故后，为逃避法律追究而逃跑的行为。第一，余某某在案发前五年即取得驾驶证，应当知道车辆驾驶人在发生交通事故后的法定义务。现场勘查笔录及照片显示现场并未遗留刹车痕迹，现场监控录像也显示肇事车辆在事故发生后并未停车。余某某在明知发生交通事故且已撞人的情况下驾车离开现场，该客观行为直接反映其在逃离现场时主观上存在逃避法律追究的意图。第二，余某某本人在侦查阶段曾稳定供称，自己案发后逃离现场系因在出事故前半小时刚喝酒，害怕受到法律惩罚。第三，余某某虽在案发后自动投案，但并不能据此认为其逃离现场时不具有逃避法律追究的目的。余某某在明知发生交通事故且已撞人的情况下逃离现场，该行为已构成交通运输肇事后逃逸的情节。其在案发8小时后的投案行为，只能反映其具有一定的认罪悔罪态度，而不能改变其逃离现场所持有的逃避法律追究目的。

因此，余某某的行为构成交通运输肇事后逃逸情节，上诉人在二审中的辩解不能成立；辩护人的该项辩护意见明显缺乏法律依据，亦不能成立。

（四）关于对交通运输肇事后逃逸情节的评价问题

抗诉机关认为，交通运输肇事后逃逸行为属于加重情节，一审法院在事实认定时已作为加重的犯罪情节作出了评价，且已因此升格法定刑，在量刑时不应再作为量刑情节予以从重处罚，否则属于对同一情节的重复评价。辩护人认为余某某的行为构成一般的交通肇事罪。

对此，合议庭经评议认为，第一，余某某交通运输肇事后逃逸，因而该行为构成交通肇事罪的加重犯而非基本犯。依照《刑法》第133条及《关于审理交通肇事刑事案件法律问题的解释》第2条第1款第1项及第3条规定，余某某违反交通运输管理法规，驾驶机动车发生重大事故，致一人死亡，并负事故全部责任，该行为已经构成交通肇事罪。鉴于其在肇事后逃逸，对其应当在三年以上七年以下有期徒刑的法定刑幅度内处罚。因此，辩护人有关余某某的行为构成一般的交通肇事罪的意见不能成立。第二，一审法院并未将交通运输肇事后逃逸情节二次评价为从重处罚情节。余某某对于事故负全部责任并非基于交通肇事后逃逸，本案中的逃逸行为属于法定的加重情节而非入罪情节，故不存在二次评价的问题。因此，抗诉机关有关一审法院在量刑时将交通运输肇事后逃逸情节二次评价为从重处罚情节的意见不能成立。第三，一审法院将余某某肇事后逃逸作为不适用缓刑的理由之一，并不违反禁止重复评价原则。一审法院确实将余某某“在发生交通事故后逃逸，特别是逃逸后擦拭车身血迹，回现场附近观望后仍逃离，意图逃避法律追究”作为不应对其适用缓刑的理由，但是否适用缓刑并非具体刑罚的裁量，而系刑罚执行方式的选择。一审法院在将交通运输肇事后逃逸评价为法定刑加重情节的同时，再评价为不适用缓刑的理由，并不属于对同一情节的重复评价。因此，抗诉机关有关一审法院对交通肇事后逃逸情节存在重复评价的意见不能成立。

（五）关于对酒后驾驶机动车情节的评价问题

抗诉机关认为，余某某酒后驾车系认定其构成交通肇事全部责任的主要理由，已在事实认定时作为加重的犯罪情节作出了评价，不应在量刑时再作为量刑情节予以从重处罚，否则便属于对同一情节的重复评价。

对此，合议庭经评议认为，第一，余某某酒后驾车并非认定其承担交通事故全部责任的理由。北京市公安局门头沟分局交通支队出具的道路交通事故认定及道路交通事故调查报告均认定，余某某驾驶小型普通客车在道路行驶时未确保安全的交通违法过错行为致使事故发生，与本起道路交通事故的发生有因果关系，是事故发生的全部原因。余某某发生事故时确系酒后驾车，但这并非认定其承担交通事故全部责任的理由，而只是因其驾车逃逸进而导致发生事故时其体内酒精含量阈值无法查证而已。即便不存在酒后驾驶及逃逸行为，余某某也应承担本起事故全部责任，也构成交通肇事罪。因此，抗诉机关有关余某某酒后驾车系认定其构成交通肇事全部责任主要理由的意见不能成立。第二，一审法院在事实认定时并未将酒后驾车作为加重的量刑情节作出评价。因余某某本次肇事致一人死亡且负全部责任，根据最高人民法院《关于审理交通肇事刑事案件法律问题的解释》第2条第1款第1项及第3条之规定，余某某系因其具有交通肇事后逃逸情节而非因酒后驾车情节才导致法定刑升格。因此，抗诉机关有关一审法院在事实认定时已将酒后驾车作为加重的犯罪情节作出评价的意见不能成立。第三，一审法院在裁判理由中仅将余某某酒后驾车情节作为不宜对其适用缓刑的理由评价一次，未曾评价为量刑情节并对其从重处罚，一审判决并不存在重复评价问题。因此，抗诉机关有关一审判决对酒后驾车情节存在重复评价的意见不能成立。第四，一审法院未将酒后驾车作为量刑情节予以评价并据此对余某某从重处罚有误。在交通肇事犯罪中，酒后驾驶机动车辆应属于从重处罚情节，可以增加基准刑。一审法院在已查明余某某交通肇事时系酒后驾驶机动车的情况下，却未据此在量刑时对余某某予以从重处罚，量刑不当。对此，二审应予纠正。

（六）于对余某某身份的评价问题

抗诉机关认为余某某系中国中铁股份有限公司总部高级经理，在纪检部门办公室工作，不参与纪检案件办理，不属于纪检干部，且该身份与交通肇事犯罪行为无关，并非法律、司法解释规定的法定或酌定从重处罚情节，一审法院以此作为从重处罚理由没有法律依据。辩护人也认为一审法院将余某某具有纪检干部身份作为不适用缓刑的理由不能成立。

对此，合议庭经评议认为，第一，无论余某某在中国中铁股份有限公司纪委部门具体从事办公室文字工作还是纪检案件办理，其从事的都是纪律检查工作，其本人对自己工作岗位的性质、职责与工作内容非常清楚。一审法院认定余某某系纪检干部并无不当。第二，一审法院的判决理由仅将余某某作为纪检干部未严格要求自己及知法犯法，作为不采纳原公诉机关判处缓刑的量刑建议的理由，而并未作为从重处罚的理由。是否适用缓刑只是刑罚执行方式的选择，而非对刑罚种类或者刑期长短的调整，不存在刑罚孰轻孰重的问题。因此，抗诉机关对一审法院判决理由的理解不能成立。第三，余某某的纪检干部身份与其本次交通肇事犯罪行为本身确实不存在因果关系，但该特殊身份却系评估应否对其适用缓刑的重要考量因素。法院在评估适用刑罚执行方式时，不仅要考虑到个案本身的罪责刑相一致问题，还要考虑到个案判决对社会公众的价值导向问题。就本案而言，余某某作为纪检工作人员，本身应比普通公民更加严格要求自己，更加模范遵守法律法规。法院在评估对余某某是否适用缓刑时，应该充分考虑到本案判决对于社会公众严格遵守道路交通安全法规、高度尊重生命价值、充分信任司法公正的积极正面导向。一审法院将余某某系纪检干部作为对其不适用缓刑的理由之一，并无不当。因此，抗诉机关及辩护人的该项意见不能成立。

（七）关于对主观恶性的评价问题

抗诉机关认为本案系过失犯罪，余某某投案自首，真诚悔过，积极主动一次性赔偿160万元，获得被害人母亲的谅解，以上均可反映其主观恶性较小。支持抗诉机关亦认为，余某某酒后驾车交通肇事属过失犯罪，主观恶性小。上诉人及辩护人也均认为余某某的主观恶性较小。

对此，合议庭经评议认为，第一，对余某某主观恶性的评价对象应确定为其犯罪过程中的主观心理，而非其案发8小时后的投案行为及案发11天后的赔偿并获得谅解行为。一般而言，犯罪人的主观恶性主要体现在其罪过心理，通常指犯罪主体对自己行为及社会危害性所持的心理态度。余某某在案发后确实投案，且在家属的协助下积极赔偿被害人亲属并取得谅解，但这些均应属于认罪悔罪的评价对象，而非主观恶性的评价对象。第二，虽然过失犯罪中行为人的主观恶性通常小于故意犯罪的行为人，但也并非一概而论且仅系相对而言。交通肇事犯罪虽为过失犯罪，但作为危害公共安全犯罪，其犯罪对象为不特定多数人的生命、健康与重大公私财产安全，主观恶性整体要重于一般的过失犯罪。抗诉机关及支持抗诉机关以本案系过失犯罪为由认为余某某主观恶性较小的意见，不能成立。第三，余某某作为富有驾驶经验的驾驶人员，在饮酒后长距离驾车，明知发生事故撞人却不停车保护现场，给公安机关的侦查取证造成障碍；不抢救伤者却驾车逃离，置被害人伤亡于不顾。一审法院据此认定其主观恶性较大，并无不当。

因此，抗诉机关、支持抗诉机关及上诉人、辩护人有关余某某主观恶性较小的意见不能成立。

（八）关于对犯罪情节的评价问题

抗诉机关、支持抗诉机关、上诉人及辩护人均认为余某某本次犯罪系过失犯罪，因而犯罪情节较轻。

对此，合议庭经评议认为，第一，虽然过失犯罪的情节一般要轻于故意犯罪，但主观罪过并非判断犯罪情节轻重的唯一标准。第二，根据《刑法》第133条有关“交通运输肇事后逃逸或者有其他特别恶劣情节的，处三年以上七年以下有期徒刑”的规定，“交通运输肇事后逃逸”即属交通肇事犯罪中情节特别恶劣的一种，刑法在罪状中对此予以特别明示并据此升格法定刑幅度。本案中，余某某的行为属典型的交通运输肇事后逃逸行为，因而依法应被评价为情节特别恶劣。第三，余某某除具有前述交通运输肇事后逃逸这一特别恶劣情节之外，还存在饮酒后驾驶机动车这一情节。

因此，余某某的行为应被综合评价为犯罪情节特别恶劣，而非犯罪情节较轻。抗诉机关、支持抗诉机关、上诉人及辩护人有关余某某本次犯罪系过失犯罪，因而犯罪情节较轻的意见不能成立。

## 二、关于抗辩争议焦点的综合评述

### （一）关于一审法院作出与原公诉机关量刑建议不同的判决是否属于程序违法问题

抗诉机关认为一审法院在无法定理由的情况下改判认罪认罚案件的量刑建议，属程序违法。

对此，合议庭经评议认为，《刑事诉讼法》第201条第2款规定，人民法院经审理认为量刑建议明显不当，人民检察院可以调整量刑建议。人民检察院不调整量刑建议或者调整量刑建议后仍然明显不当的，人民法院应当依法作出判决。本案中，一审法院经审理认为原公诉机关适用缓刑的量刑建议明显不当，并建议调整量刑建议，后在原公诉机关坚持不调整量刑建议的情况下，依法作出本案判决。一审法院的审判程序符合《刑事诉讼法》的规定，并无违法之处，抗诉机关的该项意见不能成立。

### （二）关于余某某是否符合适用缓刑的条件及原公诉机关的量刑建议是否适当的问题

抗诉机关、支持抗诉机关、上诉人及辩护人均认为余某某符合适用缓刑条件，且原公诉机关的量刑建议适当。

对此，合议庭经评议认为，《刑法》第72条规定，适用缓刑应当符合四个条件，即犯罪情节较轻、有悔罪表现、没有再犯罪的危险、宣告缓刑对所居住的社区没有重大不良影响。本案中，虽然余某某确有悔罪表现，没有再犯罪的危险且宣告缓刑对所居住社区没有重大不良影响，但综合其酒后驾驶机动车长距离行驶，交通肇事致一人当场死亡且负事故全部责任，明知撞人却为逃避法律追究而逃离现场，置他人生命于不顾，可以认定其犯罪情节特别恶劣而非较轻，因而余某某不符合适用缓刑的条件，法院不应对其适用缓刑。原公诉机关适用缓刑的量刑建议明显不当，一审法院未采纳该量刑建议正确合法。因此，抗诉机关、支持抗诉机关、上诉人及辩护人的该项意见均不能成立。

（三）关于一审法院对余某某判处实刑是否属于同案不同判问题

抗诉机关及支持抗诉机关均认为，一审法院曾对具有类似情节的率某交通肇事案判处了缓刑，而对本案判处实刑属同案不同判。

对此，合议庭经评议认为，第一，本案与率某交通肇事案存在诸多差异。两案虽在酒后驾车、交通肇事致一人死亡、肇事后逃逸及赔偿谅解等方面确有一定的相似性，但也在被告人是否存在救助行为、是否立即逃离现场及是否具有自首情节等方面存在较大差异，因而两案不能构成同案，本案裁判亦不属于同案不同判。第二，法院在对个案裁量刑罚及决定刑罚执行方式时，一般应当与类案裁判规则保持一致。合议庭经检索北京市类案确认，交通肇事逃逸类案件的类案裁判规则是交通肇事致人死亡，负事故全部责任而逃逸的，不适用缓刑；交通运输肇事后逃逸，具有自首、积极赔偿等情节而予以从轻处罚的，慎重适用缓刑。率某交通肇事案只是个案而非类案，具体判决不能代表类案裁判规则。第三，法院在对个案量刑时必须遵守罪责刑相适应原则。本案中，余某某在明知发生交通事故及撞人后逃离事故现场，依法应当在三年以上七年以下有期徒刑的法定刑幅度内量刑。其虽然在案发后积极赔偿并取得被害人亲属谅解，但经济赔偿属其法定义务；其虽然在案发后自动投案，但投案时距离事故发生已近8小时，此时肇事车辆已被查获，现场勘查已经完成，物证痕迹已经提取，因而其投案仅能反映其具有一定的认罪悔罪态度，而对于案件侦破的价值极为有限，亦不具有救治伤者的价值。在不具有自首情节且未考虑酒后驾驶机动车这一从重处罚情节的情况下，本案如比照率某交通肇事案，对其大幅从轻或者减轻处罚并适用缓刑，将与余某某犯罪的事实、犯罪的性质、情节和对于社会的危害程度不相适应。综上所述，抗诉机关及支持抗诉机关的该项意见不能成立。

（四）关于对余某某宣告缓刑能否取得更好社会效果问题

支持抗诉机关提出，余某某两度被羁押，已经深刻感受和体验到痛苦和煎熬，对其宣告缓刑能达到教育挽救目的，更符合诉讼经济原则。同时，在余某某被羁押后，其妻子既要工作又要照顾年幼孩子，家庭存在巨大困难，对其宣告缓刑能取得更好社会效果。

对此，合议庭经评议认为，第一，法院在个案裁判时首先考虑的是本案裁判是否公平公正，能否确保罪责刑相适应，同时也要考虑判决的社会价值导向。《道路交通安全法》第70条明确将发生交通事故后立即停车、保护现场、抢救伤员、迅速报警规定为车辆驾驶人的法定义务。《刑法》第133条将交通运输肇事后逃逸作为特别恶劣情节予以明示并作为法定刑幅度升格要件。上述立法体现的价值精神在于，交通运输肇事后逃逸行为既增加公安机关的执法难度，还可能造成被害人因得不到及时救助而死亡等一系列严重后果，给被害人及其亲属带来沉重的经济和精神负担，因而为维护国家法律尊严和社会公平正义，保护社会公众的生命健康和财产安全，司法机关应对该类行为予以严惩，不能作出与《道路交通安全法》《刑法》及社会公平正义价值观相反的裁判。第二，经济赔偿金额、获得谅解与宣告缓刑之间不存在直接法律关系。赔偿被害人亲属因犯罪而遭受的经济损失，是被告人应负的法律责任。余某某在侦查阶段就在家人的协助下向被害人亲属赔偿各项经济损失总计人民币

160万元，并获得被害人亲属谅解，对此可以作为余某某认罪悔罪的一种表现，并在具体量刑时予以体现。赔偿与谅解是裁量刑罚时应该考虑的因素，但不是唯一因素。具体的刑罚要根据犯罪的事实、性质、情节以及对于社会的危害程度来确定。第三，余某某本人因犯罪被羁押而感受到痛苦与煎熬，余某某的家庭因其被羁押而出现困难，我们对此非常理解与同情，但在法律与情感之间出现冲突并无法兼顾时，司法不能擅自突破法律的规制而一味地强调同情。如果抛开犯罪的事实、性质与具体犯罪情节，而只考虑赔钱、谅解和家庭困难即突破法律明确规定和类案裁判规则作出判决，则容易引发社会公众对裁判本身的质疑。因此，支持抗诉机关的该项意见不能成立。

**三、关于本案的定罪量刑**

二审法院认为，上诉人余某某违反交通运输管理法规，驾驶机动车发生重大事故，致一人死亡，并负事故全部责任，且在肇事后逃逸，其行为已构成交通肇事罪，依法应予惩处。余某某因在交通运输肇事后逃逸，依法应对其在3年以上7年以下有期徒刑的法定刑幅度内处罚。鉴于余某某在发生本次交通事故前饮酒，属酒后驾驶机动车辆，据此应对其酌予从重处罚。其在案发后自动投案，认罪认罚且在家属的协助下积极赔偿被害人亲属并取得谅解，据此可对其酌予从轻处罚。北京市门头沟区人民检察院及北京市人民检察院第一分院有关原判量刑错误并应对余某某适用缓刑的意见均不能成立，本院均不予采纳；上诉人余某某所提应对其改判适用缓刑的理由及其辩护人所提原判量刑过重，请求改判两年以下有期徒刑并适用缓刑的意见均缺乏法律依据，本院均不予采纳。原审人民法院根据余某某犯罪的事实、犯罪的性质、情节以及对于社会的危害程度所作出的判决，认定余某某犯交通肇事罪的事实清楚，证据确实、充分，定罪正确，审判程序合法，但认定余某某的行为构成自首并据此对其减轻处罚，以及认定余某某酒后驾驶机动车却并未据此对其从重处罚不当，本院一并予以纠正。据此，依照《刑事诉讼法》第236条第1款第2项，《刑法》第61条、第133条及《关于审理交通肇事刑事案件法律问题的解释》第2条第1款第1项、第3条之规定，判决：(1)驳回北京市门头沟区人民检察院的抗诉及余某某的上诉；(2)撤销北京市门头沟区人民法院(2019)京0109刑初138号判决；(3)上诉人余某某犯交通肇事罪，判处有期徒刑3年6个月(刑期从判决执行之日起计算。判决执行以前先行羁押的，羁押一日折抵刑期一日，即自2019年9月11日起至2023年1月23日止)。本判决为终审判决。

## 作者点评

道路交通事故频发是目前我国交通运输领域存在的一大安全隐患，交通肇事素有“马路杀手”之称，是过失犯罪之王。

在交通肇事罪案件“交通肇事后逃逸”被推定全责情况下，依据道路交通事故责任认定书的责任划分，是应该将行为人“逃逸”的行为作为入罪情节评价，还是作为加重情节评价的问题，笔者认为可以从以下两个方面寻求解决路径。

第一，《关于审理交通肇事刑事案件法律问题的解释》第2条第2款第6项规定的“交通肇事后逃逸”被界定为交通肇事罪的定罪条件。同时，《关于审理交通肇事刑事案件法律问题的解释》第3条规定“交通肇事后逃逸”属于交通肇事罪加重处罚的量刑情节。“交通肇事后逃逸”在该司法解释中具有不同的评价标准，应针对不同的情况分别适用。

第二，刑事定罪处罚坚持主客观相统一的原则，法院采信的必须是有证据印证的法律事实。因“交通肇事后逃逸”被推定全责情况下，认定被告人行为是否构成犯罪以及如何定罪处罚，须结合法院审理查明的客观事实综合判定。

鉴于交通肇事逃逸情节具有定罪情节和量刑情节双重作用，实务中须结合交通肇事罪的犯罪构成区分不同情况适用，防止在同一案件中重复评价。在行为人某一违法行为同时符合定罪情节和量刑情节的情况下，应当首先考虑定罪情节。刑法作为调整社会关系的强制手段，其适用的前提是行为人违法行为是否具有刑事可罚性，而不是以有罪推定的思维判定对其应该判轻还是判重的问题。从刑法有利于被告人角度出发，定罪情节优先于量刑情节适用，更体现刑法谦抑的审慎理念。〔1〕

## 法条链接

《中华人民共和国刑法》

**第一百三十三条** 违反交通运输管理法规，因而发生重大事故，致人重伤、死亡或者使公私财产遭受重大损失的，处三年以下有期徒刑或者拘役；交通运输肇事后逃逸或者有其他特别恶劣情节的，处三年以上七年以下有期徒刑；因逃逸致人死亡的，处七年以上有期徒刑。

**《最高人民法院关于审理交通肇事刑事案件具体应用法律若干问题的解释》**

**第二条** 交通肇事具有下列情形之一的，处三年以下有期徒刑或者拘役：

（一）死亡一人或者重伤三人以上，负事故全部或者主要责任的；

（二）死亡三人以上，负事故同等责任的；

（三）造成公共财产或者他人财产直接损失，负事故全部或者主要责任，无能力赔偿数额在三十万元以上的。

交通肇事致一人以上重伤，负事故全部或者主要责任，并具有下列情形之一的，以交通肇事罪定罪处罚：

〔1〕 参见王永亮：《“交通肇事逃逸”情节的法律分析》，载《理论周刊》2021年第524期。

(一)酒后、吸食毒品后驾驶机动车辆的;

(二)无驾驶资格驾驶机动车辆的;

(三)明知是安全装置不全或者安全机件失灵的机动车辆而驾驶的;

(四)明知是无牌证或者已报废的机动车辆而驾驶的;

(五)严重超载驾驶的;

(六)为逃避法律追究逃离事故现场的。